문화와
역사를
담 다
0 2 9

KB140449

임승범 林承範

한남대학교 사범대학 역사교육과를 졸업하고 동대학원에서 석사 학위를, 연세대학교 대학원
에서 박사학위를 취득하였다.
국립문화재연구소와 국립고궁박물관, 문화재청을 거쳐 현재 국립무형유산원 학예연구관으로
있으며, 한국전통문화대학교, 한남대학교 등에서 문화재학, 한국민속학 등의 강의를 하였다.
주요 저서로는 『태안 설위설경』 외 다수가 있다.

문화와 역사를
담다   029

임승범

해원을 위한

저승길 여정

민속원

책 머리에

앉은굿은 법사 또는 보살이 앉아서 스스로 북과 양판으로 장단을 치며 경문을 구송하는 형태의 굿이다. 조선시대에는 맹인盲人들이 판수라는 이름으로 독경讀經을 통해서 생계를 이어갔다. 독경은 전국에서 보편적으로 행해졌다.

대부분 가정에서는 법사를 초빙해서 집안의 평안을 기원하는 안택安宅을 하거나, 각종 우환을 제거 또는 예방했다. 환자 치료를 위해서 경을 읽기도 했다. 법사들은 이를 위해 경문을 학습하고 송경하는 것을 업業으로 삼는 사람들이다.

충남 태안 지역 앉은굿 법사들에게 전해지는 경문 중에 망자 천도를 위한 해원경解冤經이 있다. 「황천길 닦는 해원문」 또는 『황천해원경黃泉解冤經』 등 다양한 제목으로 불린다.

『황천해원경』은 태안 지역 법사들 사이에서 그다지 중요한 경문으로 꼽히지 않는다. 그러나 이 지역에서는 죽은 이를 위한 천도굿에서는 반드시 송경되는 필수 경문이기도 하다.

이 책은 충남 태안 지역에서 전해지는 『황천해원경』을 분석하여 세상에 내 놓은 것이다. 『황천해원경』은 장편 서사가 아니다. 비교적 짧은 경문이다. 법사가 앉은 자리에서 독경하면, 1시간 남짓이면 충분히 읽을 수 있는 분량이다. 그러나 그 안에는 한 인생이 죽음을 맞이해서 이승을 떠나 저승까지 가는 노정기가 담겨있다.

이야기의 구조는 망자가 정든 가족과 이웃을 뒤로하고 이승을 떠나 저승으로 가는 험난한 여정을 통해 저승 세왕의 심판을 받는다는 것이다. 이를 통해서 망자는 극락세계로 천도된다.

이승에서의 고단한 삶을 살지 않은 이는 없다. 『황천해원경』은 그 삶을 마치고 사랑하는 사람들, 정든 이웃의 곁을 떠나는 망자를 위한 마지막 이별의 말이며, 배웅의 노래이다. 사랑하는 이의 죽음을 지켜봐야 하는 사람들을 위한 위로이기도 하다.

이 경문은 문서로만 존재하지 않는다. 지금 이 순간에도 송경誦經하는 법사가 있고, 죽은 이를 그리워하며 듣는 이가 있는 그런 경문이다.

『황천해원경』에 대해서 공부하면 할수록 나에게 과분한 자료라는 것을 알았다. 대수롭지 않게 읽으면 망자의 저승 가는 이야기에 「별회심곡」 일부가 편집된 것으로 보이지만, 자세히 들여다보고 음미할수록 인간이 죽음을 어떻게 극복하려는 지에 대한 민간의 철학적 사고가 담겨져 있음을 알게되었다. 경문 안에는 오랜 기간 축적되어온 우리의 생사관과 함께 인생관이 함축되어 있다. 이러한 내용이 수백 년간 많은 사람들의 죽음 앞에서 불려졌다. 그러한 민간의 철학이 이 경문을 통해서 오늘날 우리에게 전해지고 있다. 그 축적된 시간만큼 내용은 더욱 다듬어졌을 것이고, 많은 이들에게 삶과 죽음을 가르친 교과서 역할을 했다.

필자의 공부가 짧고, 재주가 부족해서 이 경문의 대강을 겨우 파악하는데 그쳤다. 모름지기 연구자가 훌륭한 자료를 만나는 것은 더 없는 행운이지만, 반대로 아둔하고 게으른 연구자를 만나는 자료에게는 미안한 일이다. 그럼에도 이 자료를 책으로 엮어서 세상에 소개하는 것도 연구자로서 나름의 책임과 역할이라고 생각했기 때문에 출판을 결심했다.

이 공부를 하면서 특별히 감사의 인사를 전해드리고 싶은 분들이 있다.

벌써 충남 태안에 드나든 지 20년이 넘었다. 그동안 여러 법사님들의 배려와 도움 속에서 무속 공부를 할 수 있었다. 태안의 여러 독경 현장을 참관할 수 있게 흔쾌히 허락해 주시고, 궁금한 것에 대해 일일이 답을 주셨다. 이미 오래 전에 고인이 되셨지만, 20년 전 이내황 법사님과의 만남은 무속 공부를 막 시작한 나에게는 행운이고 운명이었다. 단 한 번의 만남이었지만, 그 분이 건네주신 경문집 한 권이 오늘날 이 책을 쓰게 되는 씨앗이 되었다. 그리고 장세일 법사님, 정해남 법사님, 정종호 법사님, 조부원 법사님, 김연희 보살님, 김종일 법사님 등 다 열거하기도 어려울 정도로 많은 지역의 법사님들과 보살님들이 당신들의 삶과 무속의 이야기를 담담히, 때로는 진솔하게 들려주셨다. 특히, 이미 생을 달리하신 김종일 법사님의 모습이 담긴 사진을 볼 때마다 아직도 마음이 아프다. 따뜻하고 선한 분들 덕분에 무속에 대한 깊이 있는 이해를 할 수 있었다. 태안을 비롯한 충남의 여러 법사님들에게 지면을 빌어 다시한번 진심으로 감사의 인사를 드린다.

그리고 함께 민속학 공부를 하며 여러모로 부족한 필자에게 큰 도움을 주었던 선·후배 동학들에게 감사의 마음을 전한다.

무엇보다 오랜 기간 애정과 열정으로 제자의 공부 뒷바라지를 해주신 스승 이필영 선생님께 깊은 감사의 인사를 올린다. 너무 부족한 제자인데도, 포기하지 않으시고 늘 한결같은 자상함으로 가르쳐 주셨다. 그 어떤 감사의 인사도 부족하다. 선생님을 만나지 못했다면 민속학 공부의 길로 가지도 못했을 것이다. 부모님이 나를 낳아주신 은혜도 잊을 수 없지만, 선생님께서 나를 학문의 세상에서 길러주신 은혜도 잊을 수 없다.

또한, 내 삶을 이어갈 수 있도록, 먼발치에서도 항상 나를 지켜봐 주는 이들에게 감사를 전한다.

마지막으로 오랜 인연을 귀히 여겨주시고, 이 책을 출판해 주신 민속원 출판사의 홍종화 대표님께 진심으로 감사의 말씀을 드린다.

2021년 5월
임승범 삼가

차례

해원을 위한

저승길 여정

01

•

머리말

충남 태안 지역에는 망자가 이승에서 저승으로 가는 노정기를 다룬 경문이 전해진다. 이 경문은 법사에 따라『황천해원경』,『황천길 닦는 해원문』,『황천해원풀이』,『망자해원경』등 다양한 제목으로 불린다.[1] 그 내용은 대동소이大同小異하다. 대략적인 내용을 소개하면 다음과 같다.

저승사자들이 천운天運이 다한 망자를 잡으러 오자, 망자의 집에 좌정하고 있는 성주·조왕 등 가신家神들이 막는다. 저승사자들은 집안의 신령들에게 세왕의 명을 받고 왔음을 확인시킨 후에야, 망자를 이끌고 저승길에 오른다. 망자는 단발령, 용안강, 수석강, 삼멸강, 어흥재 등을 거치며, 우여곡절 끝에 세왕 앞에 당도하여 그의

---

1) 이 책에서는 경문 내용과 성격을 참고하여『황천해원경』으로 부르고자 한다.

심판을 받은 후에 극락왕생한다는 내용이 그 대강大綱이다.

경문의 내용은 19세기 불교계 가사인 회심곡回心曲류 및 경기 남부지역 무가巫歌 등과 공유하면서, 그리고 상호 영향을 주고받으며 완성된 것으로 보인다. 그러나 망자가 저승으로 가는 노정기는 『황천해원경』에만 있다.

『황천해원경』은 조상을 해원解冤시켜서 극락으로 천도시킬 목적으로 만들어진 경문이다. 조상 탈은 물론이고, 그것과 직접 관계가 없어도 모든 앉은굿²¹에서 널리 불린다. 그만큼 조상 해원은 선굿만이 아니라 앉은굿에서도 '조상과 후손의 관계'에서 가장 중요한 문제이다.

조상은 후손에 의하여 그 자격과 지위가 부여되고 유지되며, 후손의 삶은 조상의 음조陰助 여부와 일정 부분 밀접한 관계를 지닌다. 이와 같이 조상과 후손의 관계가 설정되려면, 조상을 해원시켜서 저승으로 천도시키는 일이 중요하다. 망자가 저승으로 잘 가기 위한 전제 조건은 바로 해원이다.

해원은 '원통한 마음을 푼다'는 뜻이다. 그러나 『황천해원경』의 해원은 '어떤 비극적 삶과 죽음이 지닌 분함과 억울함'을 푼다는 뜻보다는, '인간 실존의 유한성과 허무성이 갖는 원통함'을 의미한다. '특정한 원한'이 아니라 '보편적 원한'이다. 그래서 객사·횡사 등의 비일상적 죽음만이 아니라, 일상적 죽음을 해원할 때에도 당

---

2) 앉은굿은 법사 또는 보살로 불리는 무속인이 앉아서 스스로 북과 양판으로 장단을 치며 경문을 구송하는 형태의 굿이다. 서서 가무를 하며 굿을 진행하는 선굿과 대비해서 쓰는 말이다.

연히 구송된다.

『황천해원경』에는 세왕(시왕+王)이나 극락極樂 등의 불교적 요소가 보이지만, 이는 극히 표면적인 불교 용어 및 관념 차용에 불과하다. 피상적으로 불교의 윤회를 바탕으로 하는 생사관이 나타나는 듯 하지만, 불교의 교리와는 다소 맞지 않는 저승의 세계가 설명된다.[3]

『황천해원경』에 언급되는 극락은 단순한 저승이고, 세왕도 저승왕 정도로 이해된다. 오히려 『황천해원경』의 기반은, 다소 모호한 표현이기는 하지만, 한국의 전통적인 민속 문화와 그에 따른 생사관이다. 곧 『황천해원경』 연구는 한국인의 조상 및 생사관 이해에도 긴요한 과제이다. 더 나아가서 우리가 어떻게 살아야 바람직한 삶을 사는 것인지, 그 지향점을 가리킨다. 즉, 한국인의 삶의 지향성 이해에도 매우 필요하다.

『황천해원경』에서 '황천'은 망자가 이승을 떠나서 간다는 저승을 일컫는다. 그러나 황천黃泉은 말뜻 그대로 지하세계는 아니다. 다만 저승을 뜻할 뿐이다. 따라서 『황천해원경』은 저승으로 가는 망자를 해원시키는 경문이다. 여기에서 주목할 사안의 하나는 제목이 『황천해원경』으로 되어있지만, 실제 그 내용에 있어서 해원에 관한 직접적인 이야기는 없다. 오히려 망자가 저승사자에 이끌려

---

3) 유교의 성리학과 불교, 한국의 전통적 생사관은 각각 다른 관념을 가지고 있는데, 어느 시점에서인가 섞여있다. 『황천해원경』에서 망자가 저승으로 가서 겪는 일련의 행위는 이승과 저승의 삶이 연결되어 있음을 보여준다. 성리학의 귀신론 및 불교의 윤회와는 다른 차원의 문제이다. 불교의 윤회인 듯하나, 깊이 분석해 보면 본질적으로 윤회는 아니다.

정든 집을 떠나, 파란만장한 저승길 여행을 거쳐서, 마지막으로 세왕전에 이르러 심판을 받는 장면이 주된 서사를 이룬다. 그 이후 극락이라고 막연히 미화된 저승으로 간다고 여겨지지만, 서사는 여기에서 멈추고 저승에서의 삶은 말하지 않는다.

이런 서사로 보면 해원이란 소극적 의미에 불과하다. 구체성을 지닌 비극을 뜻하지 않는다. 떠나기 싫은 이승을 저승사자에게 강제당하여 저승길 여행을 무사히 마치고 세왕의 심판을 받고 극락으로 간다는 사실 자체가 해원인 셈이다. 이런 관점에서 보면, 『황천해원경』의 해원은 인간의 실존적 한계마저 벗어나 자유롭게 된다는 뜻이 된다. 곧 『황천해원경』의 목적은 망자가 이승에 일체의 회한과 미련을 남기지 않고 저승에서 영원한 안식을 취하도록 하는 데 있는 것이다. 앉은굿에서 잘 살다 죽은 조상이나 그렇지 않은 조상이나, 탈이 난 조상이나 그렇지 않은 조상이나, 가까운 조상이나 먼 조상이나 가리지 않고 『황천해원경』이 두루 구송되는 이유가 바로 그러하다.

조상은 후손을 낳는다. 영겁의 시간을 거쳐 조상으로부터 잉태된 나이기 때문에, 조상이 곧 나이고 나는 곧 조상이다. 그러나 모든 망자가 조상이 되는 것은 아니다. 당연히 망자에게 후손이 있어야 조상이 된다. 후손 없는 조상이 없고, 조상 없는 후손이 없다. 조상과 후손은 하나이다. 양자는 연기緣起 관계에 있다. 따라서 조상이 편해야 후손이 편하고, 후손이 편해야 조상이 편하다. 조상이 편하다는 것은 실제상에서는 후손의 문제이다. 상상계想像界가 아닌 현상계現象界에서 조상은 이미 죽은 사람들이기에 편함이나 불편함이 있을 수 없다. 조상의 편함 여부는 오로지 후손의 상상계 안에서만 존재한다. 현상계에서는 나에게 생명을 준 조상은 모두 조상이건만, 상상계 안에서는 이를 분류하여 조상과 객귀客鬼로 나눈다.

조상은 혼인을 하여 후손을 두고 비교적 편하게 살다가, 죽은 후에는 저승으로 간 망자만이 될 수 있다. 후손을 두었다는 것은 망자가 그의 조상으로부터 받은 생명을 다음 세대로 이어주었다는 사실을 뜻한다. 이는 망자가 생전에 해야 할 인간으로서의 당연한 의무이다. 또한 삶의 완성이기도 하다. 과거와 현재 그리고 미래를 잇는 생명의 역할을 다 한 것이다. 후손으로부터 제사를 받는 망자는 조상으로서의 자격을 당당히 획득하고 유지할 수 있다.

망자가 저승으로 갔다는 것은 이승에 회한과 미련을 남기지 않고 이승을 완전히 떠났음을 의미한다. 이승에 대한 어떤 마음이나 생각도 끊어버린 것이다. 이승으로부터 해탈한 망자만이 저승으로 갈 수 있다. 실제로는 망자가 저승으로 간 것이 아니라, 후손이 그러한 삶과 죽음의 조건을 갖춘 망자를 저승으로 보낸 것이다. 그렇게 관념해야만 후손은 이승에서 후손의 삶을 온전히 살 수 있다. 후손이 망자를 그렇게 저승으로 떠나보내야, 후손은 조상과 정상적이고 원만한 관계를 지닐 수 있다. 갈 사람이 가지 않으면, 있어야 할 사람도 방황한다. 어차피 이별할 사람들은, 그것이 부모 자식 사이라도, 떠날 사람은 보내야 하고 남을 사람은 남아야 한다. 조상이 되어야, 이승을 떠나 저승으로 갈 수 있다. 그리고 그 이후 '저승의 조상'과 '이승의 후손'은 기본적으로 정기적 제사를 통해서만 상봉한다.

이와는 달리 조상이 되지 못하고 객귀客鬼가 되는 망자가 있다. 물론 이들 망자도 넓은 의미의 조상이기는 하다. 매우 불행한 삶을 살아서 원한이 가득하거나 또는 비극적 죽음을 겪은 망자 등은 대체로 객귀가 된다. 이승에서의 삶에 대한 억울함이나 분함 그리고 원망과 미련 등이 충만하다. 또한 어느 정도 천수를 누리고 자손이 임종하는 가운데 죽은 것이 아니라, 어떤 사건이나 사고 등에 연루되어 참담하고 급박하게 죽은 망자 역시 객귀가 된다. 객귀는 우리말로 '뜬귀'라고도 한다. 저승으로 가지 못하고 이승을 떠돌아다니는 귀신이란 뜻이다. 조상이 객귀가 된다면 당연히 그 후손이 무탈할 리 없다.

한국 무속에서는 법사 또는 무당이 죽은 망자를 위한 천도의례를 베풀어서 그러한 문제를 해결한다. 특히, 앉은굿의 경우에는 인간을 괴롭히는 잡귀의 정체가 뜬 조상인지 그렇지 않은지를 구별해서 그에 맞는 처분을 해야 한다. 만약 우환의 원인이 조상과 관련 없는 잡귀 또는 액살厄煞 등이라면 축사경逐邪經을 통해서 이를 퇴치한다. 이와 반대로 조상이 탈이 난 것이라고 판단되면 축귀逐鬼를 하지 않고, 해원을 해 준다. 그래야 조상과 후손이 모두 편안해진다. 이 때 『황천해원경』이 그러한 기능과 역할을 수행한다.

『황천해원경』은 1968년 김태곤 교수에 의해 학계에 처음 소개되었다.[4] 김태곤 교수는 충남 태안군(당시 서산군) 근흥면 안기리에 거

4]   김태곤, 「황천해원풀이」, 『국어국문학』 39·40, 국어국문학회, 1968.
      이 자료는 그의 저서인 『한국무가집』 2권(1971) 부록 편에 「서산지역 무경」이라

주하던 맹인 법사 박필관에게서 이 경문을 채록했다. 그는 이를 '서사적 무가와 동일한 성격의 구성'이라고 언급하며, 타 지역에서 보기 드문 경문이라고 소개했다. 특히 다른 지역에서도 이와 유사한 '해원' 또는 '해원풀이' 등이 있으나 독창적이지 못하고, '회심곡'을 절충하거나 '회심곡'을 그대로 '해원'이라 이름만 바꾸어 구송하는데 반해, 태안지역의 『황천해원경』은 독창성을 가지고 있다고 보았다.

그동안 이 경문은 망자의 저승 천도와 관련한 논문에도 몇 차례 인용되었으나[5] 경문에 대한 구체적인 연구는 진행되지 못했다.

그러던 중 필자는 2002년에 태안군 근흥면 안기리에 거주했던 이내황 법사와 태안군 원북면에서 활동하던 한응회 법사의 경문집 (1957년 제작 추정)에서 김태곤 교수가 채록한 경문과 거의 유사한 『황천해원경』 필사본을 찾았다.[6] 이를 통해 『황천해원경』이 충남 태안군 일대에 널리 알려진 경문임을 확인하였다. 또한, 이 경문이 한국 무속에 담긴 생사관과 내세관, 그리고 저승사자 등을 비롯한 한국인들이 관념해왔던 저승에 대한 실체가 담겨져 있는 매우 중요한 자료로 판단했다.

　　는 제목으로 재수록 되었다. 그는 이 무경의 제목이 '황천해원', '황천해원문', '황천해원경'으로도 불려지나, 대표적으로는 '황천해원풀이'라고 소개하고 있다.

5)　『황천해원경』이 인용된 논문 및 자료는 다음과 같다.
　　홍태한, 「한국 무가에 나타난 저승」, 『한국문화연구』 3, 경희대민속학연구소, 2000;
　　주강현, 「죽음이란 무엇인가」, 『상장례, 삶과 죽음의 방정식』, 두산동아, 2005;
　　김명자, 「시무굿 무가」, 『한국민속신앙사전(무속신앙)』, 국립민속박물관, 2009.

6)　필자는 충남 태안 이외의 타 지역에서 『황천해원경』을 찾아내고자 하였으나 아직 발견하지 못했다.

이 책에서는 『황천해원경』의 여러 필사본 중 가장 완결성이 높은 이내황 법사 본의 서사단락구조를 정밀하게 분석하여 경문의 의미를 밝히고자 한다. 이를 위해서 『황천해원경』이 오늘날까지 전해왔던 과정을 살피고, 경문의 주요 내용을 7개의 단락으로 구분하여 각 단락별 내용을 고찰하였다.

이를 통해 『황천해원경』이 어떠한 종교적 심성에서 구성되어 오늘에 이르고 있는지, 또 그 민속 문화적 의미와 가치를 도출하고자 한다. 나아가 한국인의 생사관과 내세관에 대해서 고찰하고자 한다. 이를 통해 한국인의 인생관을 이해하는 것이 이 책을 구성하는 목적이다. 부수적으로는 한국인들이 관념하고 있는 저승사자와 저승세계 등에 대한 실체 규명에 대해서도 한 걸음 더 나간 정보를 제시할 것으로 기대한다.

『황천해원경』에 나타나는 내용은 역사의 변화·발전 및 그와 맥락을 같이 하는 민속 관념과 매우 밀접한 관련이 있다. 『황천해원경』은 여느 무가나 무경이 그렇듯이, 어느 특정인의 독창적인 작품이 아니다. 오랜 시간 민간사고Folk Idea가 축적되어 오늘날 전해지고 있다고 보는 것이 타당하다. 이는 민속학의 타 분야도 마찬가지다. 그러므로 본문의 화소話素를 민속학의 일반 지식과 정보를 기초로 하여 고찰하였다.

또한, 『황천해원경』에 대해서 공시적·통시적 접근 방식을 토대로 하는 연구방법을 지향하였다. 즉, 역사의 지속과 변화에 따른 민民의 인식과 관념이 무경에 용해되어 있음을 파악하고, 그에 담겨진 내용을 추출·분석했다. 그러기 위해서 『조선왕조실록』을 비롯한 각종 문헌을 참고하고, 기존의 무가와 무경 등의 자료를 수집하여 이를 비교 분석 하였다. 특히,『목민심서』를 비롯해서 조선후기에 쓰인 기행紀行 및 유배가사流配歌辭, 불교계 가사 등의 자료는 19세기 조선 사회와 문화에 대한 이해를 높이는데 큰 도움을 주었다.『황천해원경』의 역사성과 문화를 이해하는 데에도 큰 역할을 하였다.

또한, 현재 충남 내포지역에서 거주하며 무업에 종사하고 있는 앉은굿 법사들에 대한 면담 및 현장 조사를 통해,『황천해원경』의 전체적인 모습을 이해하고자 하였다.

현재 충남 지역에서 무업에 종사하고 있는 법사 및 보살들의 증언은 이 책을 구성하는데 많은 도움을 주었다. 특히, 태안의 일부 법사들이『황천해원경』을 비롯한 여러 무경들에 대한 의미 있는 가르침을 주었다. 필자는 망자 및 조상 천도를 위한 해원경을 비롯해서 여러 독경에 참관할 기회를 오랜 기간 가졌다. 이러한 현지조사 경험은 경문을 단순히 문학작품으로만 이해하지 않도록 했다. 무경은 텍스트로만의 의미가 있는 것이 아니다. 앉은굿의 현장에서 실제로 살아서 숨 쉬는 경문으로 존재하는 것이다.

구체적으로 본 연구를 진행하는데 도움을 주었던 법사들은 다음과 같다.

장세일(남, 1932년생, 충남 태안군 소원면 소근리)

정해남(남, 1938년생, 충남 태안군 근흥면 안기리)

김종일(남, 1947년생, 충남 태안군 태안읍 동문리)

조부원(남, 1950년생, 충남 태안군 소원면 법산리)

한상인(남, 1952년생, 충남 태안군 원북면 장대리)

정종호(남, 1931년생, 충남 서산시 석림동)

김연희(여, 1958년생, 충남 서산시 석림동)

임철호(남, 1936년생, 충남 청양군 비봉면 방한리)

김문겸(남, 1938년생, 충남 보령시 신촌)

김현길(남, 1955년생, 충남 보령시 제석리)

강노심(남, 1946년생, 충남 홍성군 홍성읍 대교리)

정진완(남, 1949년생, 충남 홍성군 광천읍)

이 밖에도 필자는 충남 내포 일대의 많은 법사들과 보살들의
직·간접적인 도움을 받았다. 지면을 빌려 깊은 감사의 마음을 전한
다. 이들이 없었으면 이 연구는 온전히 지속되지도 못했거니와,
그 의미와 전통을 제대로 파악하기도 어려웠다. 무엇보다 무경巫經
이 생명력을 갖고 지금까지 전해지고 있는 것은 전적으로 그들의
덕분이다.

02

·

『황천해원경』이 전하는 과정

　『황천해원경』은 충남 태안 지역의 앉은굿 법사들 사이에서 널리 필사되어 전해 온다. 이 지역 법사들에게『황천해원경』은 매우 빈번히 구송되는 경문이다. 그들이 조상해원을 목적으로 하는 굿을 할 때에는 기본적으로 이 경문을 읽는다. 굿에서 조상이 차지하는 비중이 적지 않기 때문이다. 큰굿을 하게 되면 반드시 송경한다. 그래서 이 지역 옛 법사가 소장했던 어떤 경문집에도『황천해원경』은 포함되어 있다.

　이와 달리, 다른 지역 법사들 중에 이 경문을 소장하고 있거나, 또는 그 존재를 알고 있는 경우는 매우 드물다. 그 이유는 정확하게 알 수 없다. 보편적으로 알려진 경문은 아닌 듯하다. 다른 지역에서는 해원굿을 할 때, 주로『육갑해원경』,『십대왕풀이』,『불설해원경』등이 구송된다. 물론 이들 경문은 태안 지역에서도 쓰인다. 만약 타 지역의 법사가『황천해원경』을 소장하고 있거나 실제 송경

誦經하고 있으면, 이는 아마도 근래에 태안 법사들에게서 사사했거나 필사했을 가능성이 높다.[1] 그만큼 『황천해원경』은 다른 경문들과 달리 태안 법사들 사이에서만 전해져 왔다.

필자가 태안 지역에서 확인한 『황천해원경』은 모두 3개의 본本이 있다.[2]

태안군 근흥면 안기리에서 살았던 이내황 법사의 본, 그리고 그와 같은 마을에서 활동했던 박필관 법사 본, 태안군 원북면 장대리의 한응회 법사 본이 그것이다. 이들은 한 세대 이전에 태안에서 활약했던 큰 법사들이다.

이내황 법사(1919~2003)는 태안군 근흥면 마금리 3구에서 태어나 17세에 안기리로 이주하여 작고할 때까지 그곳에서 살았다. 그의 부친도 신神을 모신 법사였다. 그 역시 신병神病 치료를 위해 독경을 배웠다. 이내황 법사는 본격적으로 무업巫業을 하게 되면서 부친의 신당神堂을 이어받고 일부 경문도 물려받았다. 그의 경문집에는 4편의 해원경이 수록되어 있다. 「해원문」(굴원해원경이라고도 칭함), 「육갑해원문」, 「십대왕풀이」, 「황천길 닥는 해원문」이 그것이다.

이들 해원문은 그의 제자들이 스승의 경문을 한데 모아 엮은 『경문대요』에 다시 수록되어 있다. 「황천길 닥는 해원문」은 「황천길 닦는 해원경」으로 제목만 바뀌었다.

---

1) 필자가 확인한 바에 의하면, 적어도 태안과 서산을 제외한 충청남도 일대의 법사들은 이 경문의 존재를 알지 못하고 있다.
2) 장세일 법사(충청남도 무형문화재 제24호 「태안설위설경」 명예보유자)의 경문집에도 「해원경」이 수록되어 있다. 그러나 그 앞 부분은 『황천해원경』과 다르기 때문에, 여기에서는 분석 대상에서 제외하였다.

박필관 법사(1897~1970)의 「황천해원풀이」는 김태곤 교수가 1960
년 8월 3일에 채록하여 소개하였다. 당시 박 법사의 나이는 64세였
다. 그는 태안군(당시는 서산군) 근흥면 안기리 2구에 거주하고 있었다.
그는 60세에 실명失明하여, 그 이후 맹인 법사로 활동하고 있었던
듯하다.[3] 박 법사는 그의 부친으로부터 독경업을 이어받았고, 그의
아들인 박수천도 현재까지 법사로 활동하고 있다. 그는 1970년에
74세의 나이로 별세하였다. 그가 남긴 「황천해원풀이」는 이내황
법사의 『황천해원경』과 그 내용이 거의 같다. 다만 일부 내용만
첨삭되어 약간의 차이가 있을 뿐이다.

박필관 법사와 이내황 법사의 선친들도 모두 태안에서 법사로
활동했다. 이로 보면 『황천해원경』은 적어도 19세기 말부터는 널
리 구송되었을 것으로 짐작된다.

한응회 법사(1890~1959)는 태안군 원북면 장대리 출신이다. 그
일대에서 큰 법사로 활동했다. 그는 한학漢學을 하는 집안에서 태어
났다.[4] 그래서 그를 아는 이들은 그가 한문에 대한 지식이 높았다고
기억한다. 원북면 일대에서 그를 따라다니는 제자들이 많았다. 그
는 특히 「기문축사경奇文逐邪經」에 능통했다. 이는 귀신을 쫓는 경문
이기 때문에, 병경病經[5]을 할 때 자주 쓰였다.

---

3) 김태곤, 『한국무가집』 2, 원광대 민속학연구소·집문당, 1971, 319쪽.
4) 한응회 법사의 본명은 한홍석韓洪錫이다. 그의 부친 한철교韓喆敎는 안성군수安城郡
    守 겸 남양진관병마동첨절제사南陽鎭管兵馬同僉節制使를 역임했고, 조부 한진구韓鎭龜
    는 동지중추부사同知中樞府使 겸 가의대부嘉義大夫를 지냈다. 하지만 그의 가정은
    경제적으로 빈곤하였다(신상구, 「태안지역 무속문화연구」, 국제뇌교육종합대학
    원대학교 박사학위논문, 2011, 83쪽).
5) 병 치료를 위한 목적으로 진행되는 독경 및 그에 수반되는 의례.

그의 장손인 한상진 씨의 증언에 따르면, 한 법사 외에는 그의 가족 및 직계 후손 중에 독경을 전업으로 하는 이는 없었다고 한다. 그래서 조부가 누구에게 경문을 배우고 얻었는지도 알 수 없다고 하였다. 그는 1956년에 자신의 경문 일부를 필사한 경문집을 남겼다. 그로부터 3년 후인 1959년에 세상을 떠났다.

그가 남긴 경문집에는 「망자해원경」이 국한문 혼용으로 수록되어 있다. 이 경문은 이내황 법사의 「황천길 닦는 해원문」과 제목만 다를 뿐, 같은 내용의 것이다. 경문 뒷부분은 누락이 되어 그 내용을 확인하기 어렵다. 이내황 법사의 제자인 정해남 법사도 스승의 것을 필사하여 소장하고 있다. 원본은 그의 스승 것이고, 제목은 「황천해원 길닦기」로 되어 있다. 정해남 법사의 것은 1973년에 필사된 것이다. 하지만 경문 전문이 모두 필사되지는 않았다. 일부 내용이 누락되어 있다.

법사들의 말에 따르면 『황천해원경』을 비롯해서 여러 해원경을 모두 구송하려면 약 2시간이 소요된다. 충분하게 독경할 수 있는 상황이 아니라면 경문을 축약해서 송경하는 일이 잦다. 곧 법사가 경문을 필사하는 과정에서 임의로 내용 일부를 생략하기도 한다. 정해남 법사 경문집의 「황천해원 길닦기」가 요약본 형태로 필사된 이유도 그러하다.

이내황 법사 본은 그의 제자들이 스승을 기리기 위해서 2007년에 편집하여 간행한 경문집에 전한다. 박필관 법사 본은 1965년에 김태곤 교수가 채록하여 남긴 것이다. 한응회 법사 본은 그의 장손 댁에서 소장하고 있다.

한응회 법사의 『망자해원경』 上
한응회 법사의 『망자해원경』 본문 下

第六位 變成大王
第七位 泰山大王
第八位 平等大王
第九位 都市大王
第十位 五道轉輪大王

⑩十大王위패
第一位 秦廣大王
第二位 初江大王
第三位 宋帝大王
第四位 五官大王
第五位 閻羅大王

天운이 그뿐이오, 윗명이 되진하여, 황천
객이 되엿구나, 世토이사자 불너, 분부
(하세) 이삼위, 海東조선국 충청남도
,,,~ 거하옵은 모생신을, 잡어오라,
분부하니, 사자들 거동보소, 年기옛서,
月직사자, 日직사자, 時직사자, 사직

「황천해원 길닦기」 (정해남 법사 소장)

이 세 본은 각각 「황천길 닦는 해원문」, 「황천해원풀이」, 「망자 해원경」으로 그 제목은 다르다. 그러나 약간의 첨삭으로 인한 차이만 있을 뿐 그 내용은 거의 같다. 사실상 하나의 경문이다.

이들 경문 중에서 이내황 본과 박필관 본이 비교적 충실하다. 이내황 본은 현재까지도 그의 제자들인 정종호, 정해남, 김연희, 조부원 법사 등이 송경하고 있다. 한응회 본은 낙장으로 인하여 경문 뒷부분 내용은 확인하기 어렵다.

다음 장에서는 『황천해원경』 3본 중에 내용이 가장 충실하게 남아있는 이내황 본을 기준으로 하여 설명하고자 한다.

『황천해원경』에 묘사된 저승길

　　『황천해원경』에 나타나는 저승은 수평적 공간관을 바탕으로
하고 있다. 저승은 천상 또는 지하에 있지 않고, 이승에서 멀리
떨어진 수평적 공간 그 어딘가에 있다고 관념된다.[1] 저승길이란
낱말 자체가 그러한 수평적 공간관을 전제하고 있다.

---

[1]　이와 달리 저승이 천상 또는 지하에 있다는 수직적 저승관도 있다. 여기에서
　　수직적이란 지상을 기준으로 하는 표현이다. 망자의 속적삼을 들고 지붕 위로
　　올라가, 허공을 향해 망자의 혼을 부르는 고복皐復이 그러하다. 망자의 혼이 허공
　　에 떠서 저승으로 간다고 여기기 때문이다. 시신을 매장하는 장례 풍속으로 인하
　　여, 망자가 지하에 거주한다고 인식하기도 한다. 물론 여기에는 하늘로 오르는
　　혼魂과 땅으로 내려가는 백魄에 대한 개념이 상정되기도 한다. 그러나 사자상使者床
　　위에 짚신이나 밥 등을 차리는 풍습은 이승과 저승이 수평적 공간에 있다는 관념
　　에서 비롯된 것이다. 망자가 저승사자들에게 이끌려 걸어서 저승으로 가는 것이
　　다. 도중에 배가 고프면 밥도 먹어야 한다. 짚신은 먼 저승길에서 갈아 신어야
　　할 여분의 신발이다. 짚신은 허공을 날 수 있는 날개나 물을 건너는 배가 아니다.
　　『황천해원경』은 수평적 공간관을 전제하고 전개된다.

다른 무가巫歌나 고전소설 등에도 이러한 수평적 공간관이 보인다. 가령 바리데기 공주가 부왕을 위해 약수를 구하러 저승으로 갈 때에도, 그녀는 걸어서 길을 가고 고개를 만나면 걸어서 넘는다. 그리고 강을 만나면 배를 타고 건넌다. 조선 초기 김시습金時習(1435~1493)의『금오신화金鰲新話』「남염부주지南炎浮洲志」에서도 주인공 박생은 꿈속에서 홀연히 넓은 바다 한가운데 있는 섬에 도착한다. 그곳은 하늘과 땅의 남쪽에 있는 '염부주'라는 곳이다. 역시 이승과 저승은 동일한 수평적 공간에 있다. 2)

이처럼 수평적 공간에 함께 있는 이승과 저승을 연결해주는 길이 바로 저승길이다. 그러나 이승에서 저승으로는 갈 수 있는 길이지만, 저승에서 이승으로 다시 올 수는 없는 길이다. 쌍방 통행의 길이 아니라, 일방 통행의 길이다. 다만 저승사자는 저승에서 이승으로, 이승에서 저승으로 오갈 수 있다. 저승길은 기본적으로 이승에서 저승으로 가는 길을 뜻한다.

저승은 한 번도 가본 적이 없는 세계이다. 그리고 그 저승은 이승으로부터 사람은 감히 헤아릴 수 없을 정도로 멀리 떨어져 있는 곳으로 관념된다. 3)

한편 죽음은 느닷없이 예기치 않게 일어날 수 있는 사건이므로, "저승이 어디인가 했더니 집 대문 바깥이 바로 저승이다."라는 속담

---

2)   김시습, 이지하 옮김,『금오신화』, 민음사, 2009, 88쪽.
3)   바리데기 공주 무가에서 석가여래 아미타불 지장보살은 저승길을 가는 바리데기 공주에게 육로로 삼천리를 왔거니와, 아직 험로 삼천리가 더 남았다고 말을 해 준다(김태곤,『황천무가연구』, 창우사, 1966, 265쪽). 여기에서 삼천은 당연히 물리적 숫자가 아니다. 불교의 삼천대천세계에서 나온 말로, 무량수를 뜻한다.

이 있다. 죽음은 항상 그림자처럼 삶과 밀착되어 있다는 뜻이다. 대문 밖이 저승이란 의미가 아니다. 이는 저승이 어디에 있는 가와 는 관계없이, 아차하면 죽을 수밖에 없는 인간 존재의 나약함을 드러내는 말일 뿐이다.

수평적 저승관은 만주족 샤만들의 신가神歌에서도 나타난다. 만 주족 샤머니즘의 저승관을 다룬 대표적 신화인 「니샨 샤먼 신가」에 도, 저승 세계는 이승과 수평적인 공간에 존재한다.[4]

그러나 바리데기 무가나 만주의 니샨 샤먼 신가에서도 저승길 자체에 대한 구체적 내용은 없다. 주인공은 저승길을 도보로 가고 있으며, 그 도중에 강을 만나게 되면, 누군가의 도움으로 강을 건넌 다는 정도의 이야기만 나온다.

본고의 텍스트인 『황천해원경』에서는 다른 무가나 고전소설 등과는 달리, 특이하게도 망자의 저승길 여정이 매우 구체적이고 상세하게 묘사되어 있다. 이는 유례를 볼 수 없는 『황천해원경』만 의 특징이다. 현재로서는 오로지 『황천해원경』에서만 저승길에 관 한 가장 풍부한 서사를 볼 수 있다.

그 대강의 내용은 다음과 같다.

『황천해원경』은 천운天運이 다한 망자를 데리러 저승사자들이 찾아오는 것으로 부터 시작된다. 망자는 저승에서 온 사자使者들에 게 이끌려 집을 나서서 저승으로 끌려간다. 사자들이 망자의 집에 들어오면, 이때 조왕신·성주신·후토지신이 저승사자들을 차례대

---

4) 최준, 「니샨 샤먼의 저승 여행」, 『동아시아고고학』 21, 동아시아고대학회, 2010, 358쪽.

로 나와서 막는다. 이렇게 가신家神의 저항을 받는 저승사자들은 세왕世王으로부터 받은 위임장인 배자牌字[5]를 가신들에게 펼쳐 보여 준 후에야, 가신들을 물리치고, 망자를 데려갈 수 있다. 세왕의 배자를 확인한 가신들은 어쩔 수 없이, 사자들이 망자를 데리고 가도록 뒤로 물러선다.

망자는 저승길을 떠나기에 앞서 조상들의 혼령을 모신 사당에 하직 인사[6]를 하고, 부모 형제 및 친척과 이별하게 된다.[7]

망자는 집을 떠난 후에 곧이어 주산主山, 안산案山, 월산月山, 화산火山을 넘는다. 이곳을 지나 하나의 관문인 단발령斷髮嶺을 넘는다. 다음에는 3개의 대강大江인 수석강·용안강·삼멸강을 차례대로 만난다. 망자가 강을 건너지 못해서 어찌할 바를 모르고 있을 때, 태사관·설령할미·청의동자(남해용왕의 셋째아들)[8]가 나타나서 망자가 강을 건널 수 있도록 도와준다. 대강을 무사히 건넌 다음에는, 석가세존 아미타불 부처님이 계시는 혈명산에 도착하게 된다.

---

5) 조선후기에 쓰인 일종의 위임장 또는 증명서.
6) 하직이란 먼 길을 떠날 때 웃어른에게 작별을 아뢰는 일을 말한다. 이 경우의 하직은 결코 영영 되돌아오지 못하는 이별을 고하는 인사이다. 추후에 망자는 자신이 하직인사를 고했던 사당에 모셔질 수 있다. 그러나 이 사당은 자신과 조상들이 항상 머물러 있는 곳이 아니다. 사당은 조상과 후손이 만날 수 있는 공식적 공간이다. 정확히 말하면 조상의 위패를 모신 곳이지, 조상의 거주 공간이 아니다. 『황천해원경』에 등장하는 망자는 사당이 있는 양반 가문의 자손일 것이다. 일반 백성들은 안방이나 그 밖의 방 하나를 정해서 이곳에 조상단지를 모셔놓는다.
7) 이 문장을 축자적으로 이해하면, 망자는 부모를 앞세운 불효자가 된다. 그러나 이는 혈육을 두고 홀로 떠나는 망자의 슬픔과 외로움을 표현하기 위한 상투적 표현으로 이해하는 것이 옳다. 부모 형제란 표현은 가장 중요한 웃대 혈육을 말할 뿐이다.
8) 한응회 본에서는 사해용왕의 삼자三子로 기록되어 있다. 이내황 본과 차이가 있다.

34

이윽고 망자는 최판관과 십이대왕이 열좌한 곳에서 세왕에게 질문을 받는다. 세왕은 망자가 이승에서 사람답게 살았었는지를 집중적으로 묻는다. 곧 망자가 생전에 아사구제餓死救濟, 활인공덕 活人功德, 염불공덕念佛功德 등 불교의 선행을 베풀었는지 질문을 한다. 이어서 충忠과 효孝, 형제우애兄弟友愛나 붕우유신朋友有信 등 유교적 덕목을 실천했는지 확인한다. 이러한 면담을 거친 후에야, 세왕은 비로소 망자를 극락세계로 보내라고 명한다.

필자는 이 내용을 다음과 같이 7개의 단락으로 나누어 살펴 보고자 한다.

① 망자를 데리러 오는 저승사자
② 저승사자들을 따라 집을 나서는 망자
③ 망자를 버리고 사라지는 저승사자
④ 청의동자의 도움을 받아 강을 건너는 망자
⑤ 다시 나타난 저승사자들에 이끌려 세왕 앞에 선 망자
⑥ 인생의 재미를 누리고 선심공덕도 했는지 묻는 세왕
⑦ 극락세계로 천도되는 망자

이 중에서 ①, ②, ⑥, ⑦은 불교계 가사인 「별회심곡」의 내용을 부분적으로 수용해서 재편집한 것이다. 전국의 망자천도굿 관련 무경巫經과 무가巫歌는 대부분 이 4개의 단락을 참고하여 편집한 것 이다.

그러나 ③, ④, ⑤ 단락은 『황천해원경』에서만 볼 수 있다. 망자

의 저승길 여정이 가장 사실적으로 묘사되어 있는 텍스트인 것이다. 다만, 일제강점기에 아까마쓰 지죠赤松智城가 채록한 시흥 무부巫夫 하영운의 「죽엄의 말」에서 『황천해원경』과 유사한 대목을 부분적으로 볼 수 있다.[9] 그러나 그 내용의 풍부함과 세밀함은 『황천해원경』에 크게 미치지 못한다.

다음에서는 이들 단락의 화소를 세밀하게 나누어서 그 안에 담겨진 내용을 자세히 살펴보고자 한다. 각 단락의 내용을 이해하기 쉽도록 먼저 경문의 본문을 소개하고 그 다음에 이에 대한 내용 분석을 할 것이다.

---

9)   赤松智城·秋葉隆, 심우성 譯, 『朝鮮巫俗の研究』 上(1937), 동문선, 1991.

원문 1. 망자를 데리러 오는 저승사자

천운天運이 불길하고 원명이 쇠진하니
황천길이 머 잖았네 명부冥府에서 사자 불러 분부하되
이승의 해동조선국 ○○○도 ○○군 ○○면 ○○리에 거주하는
○○생신生身을 데려오라 하시니
사자님들 거동보소 활대같이 굽은 길을 살대같이 달려들제
연직사자 월직사자 일직사자 시직사자 사직사자 칙호사자
삼중팔중 만고의 당사들이 망자씨를 데리러오는 거동이야
밀거니 딱치거니 나는 듯이 달려와서
첫 번째 잡으러드니 조왕대신이 밀어 막아 못 데려가고
두 번째 잡으러드니 만년안택 성조대신이 밀어 막아 못 데려가고
세 번째 잡으러드니 오방명당 후토지신이 밀어 막아 못 데려가네
저승사자 거동보소 각처각위 신령 전에 배자 올려 보여드리니
각위 신령이 천문을 열어놓고 배자를 펼쳐보니
세왕전에서 보낸 배자 분명한지라
사정은 애석하나 원명이라 하릴없이 데려가라 허락하니

『황천해원경』은 천운天運이 다한 망자를 데리러 저승사자들이 그의 집에 오는 것으로부터 시작된다. 사람이 숨을 거두게 되면 그 넋은 몸에서 나간다. 몸과 넋이 분리되면 그 넋은 혼란한 상황이 된다.[10] 몸에는 넋이 실려서, 이들이 하나로 있어야 온전한 사람이 될 수 있을 뿐 아니라, 한 인간으로서도 자신의 정체성을 비로소 가질 수 있다. 그러나 죽음을 계기로 넋이 몸을 떠나게 되면, 이미 사람이 아닌 것이다.

넋이 떠난 몸은 이제 아무 쓸모가 없다. 몸은 망한 것이다. 그래서 죽은 이를 가리켜 '망자亡者'라고 부른다. 망자의 실체는 몸은 망한 채 넋만 남은 상태이다. 몸은 스스로 움직일 수도 없고, 넋만 떠돌아 다닐 수 있다.

그런데 몸이 망하면 넋은 스스로 몸에서 유리되는 것으로도 여겨진다. 고복皐復에서 그러한 관념을 엿볼 수 있다. 그러나 『황천해원경』처럼 저승사자의 역할이 부각되는 경우에는, 저승사자가 예비 망자에게서 넋을 끌어내야, 비로소 죽음이 발생한다. 다시 말하면, 저승사자가 넋을 끌어내지 않으면, 죽음은 일어나지 않는다. 저승사자는 예비 망자에게서 넋을 끌어내는 책무를 세왕으로부터 부여받은 존재들이다. 그리고 망자를 데리고 저승길을 경유하여 세왕 앞에까지 도착하는 것이 그들의 임무인 것이다. 여기에서 망

---

10) 망자와 그 죽음의 성격에 따라서 혼란한 상황의 정도가 다르다. 급사나 비명횡사 등 비일상적인 죽음을 맞이한 망자는 그 혼란함이 극에 달한다. 특히 제 명을 다 살지 못하고 청춘에 죽은 혼신은 훨씬 혼란스럽다. 이런 경우에는 산 사람에게도 피해와 고통을 준다. 이승의 가족들에게 탈을 일으키는 것이다. 그 대표 사례가 왕신이다. 왕신은 청춘에 죽은 처녀의 넋을 말한다.

자의 실체는 넋이라고 할 수 있다. 이승을 떠난 망자는 다시 이승으로 되돌아 올 수 없지만, 저승사자는 저승에서 이승으로 그리고 다시 이승에서 저승으로 넘나 들 수 있는 존재들이다.

1) 천운이 다하여 명부에서 사자 불러 분부하되 이승의 해동조선국 ○○도 ○○군 ○○면 ○○리에 거주하는 ○○ 생신生身을 데려오라 한다.

하늘이 준 운이 다해서 사람이 죽을 때가 되면,[11] 인간 수명과 저승의 삶을 관장하는 명부에서 저승사자들에게 그를 데리고 오라는 명을 내린다.[12] 사람의 수명은 하늘이 준 운에 달린 것이라는 사고에 기초한 관념이다.

그러나 인간은 이를 순순히 받아들이기 어렵다. 누구도 죽음을 원하지 않는다. 이때 명부에서 데리고 오라는 것은 육신肉身이 아니다. 이제 썩어서 없어질 육신은 이승에 두어야 한다. 압송押送의 대상은 몸에서 이탈된 넋이다. 살아있을 때는 몸에 넋이 있지만, 죽으면 넋은 몸에서 분리된다. 죽음이란 그러한 상태를 뜻한다. 몸은 유한한 시간성을 지니지만, 넋은 무한하거나 또는 몸보다는

---

11) 어떤 죽음이든 모두 천운이라는 범위 안에 있다. 그러나 민속적인 관념에 있어서는 자기의 운을 다하지 못한 죽음도 있다는 인식이 함께 있다. 그렇기 때문에 제명을 다 살지 못하고 죽은 죽음에 대해서는 별도의 천도굿 등이 베풀어지기도 한다.

12) 인간은 태어날 때부터 수명이 정해져 있다고도 여겨지지만, 다른 한편으로는 칠성을 비롯한 여러 신령들이 그 수명에 일정부분 개입할 여지가 있다고도 관념된다.

훨씬 장구한 시간을 갖는다.

저승사자들은 망자의 넋을 저승으로 끌고 가기 시작한다. 망자는 썩어서 없어질 몸만 이승에 남기고, 넋만 남은 존재가 되었다. 망자의 실체는 넋이다. 그러나 저승에 가서는 육신화肉身化된 상태라고도 관념된다. 넋은 비물질이지만, 저승에서 상상되는 넋은 물질로서의 육신이 있는 것처럼 가상화되기도 한다.

망자는 저승사자를 따라서 순순히 저승길을 떠나기 싫다. 개똥밭에 굴러도 저승보다야 이승이 좋다고 하지 않았는가. 그래서 저승사자는 망자를 저승으로 인도하는 것이 아니라, 압송하는 것이다. 즉, 강제로 붙잡혀 가는 것이다. 죽음을 거부하는 인간 본성이 반영되어 개념화된 존재가 저승사자이다.

『황천해원경』에서는 저승사자가 망자를 데리러 오는 장면을 다음과 같이 구송한다.

천운이 불길하고 원명이 쇠진하니 황천길이 머잖았네 명부에서 사자불러 분부하되 이승의 조선국 ○○도 ○○면 ○○리에 거주하는 ○○생신을 데려오라 하시니 사자님들 거동보소 활대같이 굽은 길을 살대같이 달려들 제 연직사자 월직사자 일직사자 시직사자 사직사자 칙호사자 사중팔중 만고의 당사들이 망자씨를 데리러오는 거동이야 밀거니 닥치거니 나는 듯이 달려와서..(중략) 저승사자 거동보소 각처각위 신령 전에 배자올려 보여드리니...

사람의 죽음은 천수를 다 한 것으로만 발생하는 것이 아니다. 한국인의 관념 속에서는 저승사자들이 망자를 압송해야 비로소 죽음이 발생한다. 저승사자들은 세왕의 명을 받들어 굽은 길임에도 한순간의 머뭇거림도 없이 서둘러 빨리 온다. 저승과 이승의 교통로가 굽은 길이란 생각은 전근대사회의 길이 반영되었기 때문이다. 당시에 직선 도로는 거의 없었다. 조선시대 한양 도성 이나 그 인근 지역의 길도 노면이나 노폭 등은 매우 열악했다. 수레가 다니기 어려웠고, 다닌다고 해도 서로 부딪치기 일쑤였다. 강을 만나면 길은 끊어지기 일쑤였고, 때로는 다리가 있으되 건너기가 힘들었다.[13]

이제 망자는 이 길을 지나 한 번 저승으로 가면, 다시는 이승으로 되돌아 올 수 없다.

2) 사자님들이 망자 씨를 잡으려 들자 조왕대신, 성조대신, 후토지신이 막는다.

저승사자들이 망자를 잡아들이면 비로소 숨이 끊어진다.[14] 한 인생에서 이보다 큰 흉사凶事가 없다. 저승사자들은 망자, 곧 그의 넋과 함께 저승으로 떠날 채비를 서두른다.

이때 조왕대신·성조(성주)대신·후토지신 등 집안의 신령들은 망자가 사자들에게 이끌려 저승길 가는 것을 차마 용납할 수 없다.

가신家神의 역할은 한 가정의 안녕을 책임지는 일이다. 일상 속에서 가신들은 가족 구성원과 특별히 밀접한 관계를 지닌다. 성주

---

13) 이필영·남향, 『논산의 옛길과 그 문화』 I, 논산문화원, 2014, 26쪽.
14) 엄밀한 의미에서 보면, 저승사자가 망자의 집안에 있는 가신들을 물리치고 방안에 누워있는 망자의 넋을 끌어내야 비로소 죽음이란 사건이 발생한다.

와 대주大主, 조왕과 지주地主, 삼신과 아기 또는 어린이, 칠성과 자손
은 보다 특수한 관계이다. 한 집안의 아버지, 어머니, 어린이 그리
고 자손 등은 각각 성주, 조왕, 삼신, 칠성에 의하여 더욱 각별한
보호를 받는다.

조왕은 부엌을 주관하는 신령이다. 집안의 길흉을 관장하고 자
식들의 안녕과 건강을 기원하는 신령이기도 하다. 각종 굿과 고사
의 제물을 장만하는 곳이기도 하지만, 가장 먼저 치성을 드리는
장소가 부엌이다. 환자 치료를 위한 병경病經을 할 때에도 급박한
상황이면, 부엌에서 조왕경을 읽은 후에 곧바로 조왕대에 문복問卜
을 해서 병의 원인을 확인한다. 이처럼 조왕도 성주와 마찬가지로
집안 식구들의 생사와 우환에 적극적으로 관여한다.

성주는 가왕家王으로서 집안 전체를 총괄하는 으뜸 신격이다.
흔히 "대주는 성주를 믿고, 성주는 대주를 믿는다."라는 말이 있듯
이, 성주는 그 집안의 가장家長과 매우 밀접하다. 만일 한 집안의
대주가 죽는다면, 성주는 가장 강력하게 저항할 신령이다.

후토지신은 일반적으로 지신地神을 일컫는 존칭어이다. 다른 지
역에서는 지신을 터주로도 부른다.

충남 태안에서는 다른 어느 지역보다 지신을 중요하게 여긴다.
정초에 안택을 하지 못했다면, 길일을 택한 후에 집안 식구들끼리
뒤란에서 지신제를 지낸다. 이 지역에서는 성주 다음가는 높은 신
으로 지신을 꼽는다.

이들 신령들은 저승사자들에게 식구가 붙들려 가는 것을 속수
무책으로 방관만 할 수는 없다. 경문에 이 부분에 대한 묘사는 없지
만, 다른 지역의 무가巫歌에서 보듯이, 가신들은 저승사자에게 데려

가지 말라고 애원도 하고 막아서기도 하고, 발을 붙잡기도 했을 터이다. 그러나 세왕의 배자를 본 이상, 가신들도 더 이상은 어쩔 수 없다. 포기하고 절망한 상태에서 망자의 저승길을 지켜 볼 뿐이다. 망자도 그러한 가신들이 고마웠을 것이다. 가신들조차 막지 못하는 저승길을 누가 막을 수 있으랴.

집안 신령들이 저승사자들을 막아서는 대목은 서울을 비롯해서 경기 시흥과 화성, 경북 안동 등에서 전하는 다음의 무가에서도 찾아볼 수 있다(밑줄은 필자).

두 번째 일직사자 밧게서 들어오며
어서나오너라 밧비나스거라
서리갓치재촉하니
<u>조부조상과 성조지신이 조만이 애걸하니</u>
<u>그도 인정이라 못잡어내더귀요</u> (시흥 무부巫夫 하영운의 무가)

마당 가운데 들어서니 오방지신이 산란하다
<u>마루대청 올라서니 성주왕신 못막는다.</u>
(서울새남굿 中 사제타령, 정영숙 만신 구송)

활등같이 굽은 길을 설대 같이 다다라서
닫은 대문 박차여니 수문장이 살난 허구
마당 간데 들어서니 원당지신 살난 허고
<u>마루대청 떼구르니 성주 왕신 산란허구</u> (서울, 사재삼성 中)

삼사재가 심씨 기주 잡으랴구 뒷동산에 윗막치구 마당 끝에

참대 꽂어 한번을 나위치니 성주 지신이 말유하야

그두 잠깐 인정이라 못 잡어내시구

두 번을 나위 치니 노그미 진적 극진하야

그두 잠깐 인정이라 못 잡어내시구 (화성지역 무가 집가심 中)

그 골매기로 돌아드니 (중략)

까치 궁구르 돌아드니 천년 성주도 막아 못 잡아간다

큰방으로 돌아드니 할머님의 삼신 문장도 막아 못 잡아가

(안동, 시무굿 中)

이처럼 무가에 등장하는 가신들은 저승사자들이 망자를 잡아갈 때 이를 말리거나 애걸할 뿐, 결국 사자들 앞에서 대체로 무기력하다. 그들의 만류로 인하여 약간의 시간을 벌 수 있을 뿐이다. 이들도 죽음 자체를 돌이킬 수 있는 방법이 없다. 가신들도 저승사자들이 집에 들이치자 산란하여 어찌할 바를 모른다. 망연자실한 상태이다. 죽음 앞에 아무 것도 할 수 없는 식구들과 크게 다를 바 없다. 가신들이 저승사자들을 막아 보지만, 그들도 애초부터 그것이 가능하다고 여기지 않는다. 그만큼 세왕의 명을 받은 저승사자들을 말릴 수 없는 것이다. 저승사자들이 대문을 박차고 마당에 들어서면 대문신이나 지신은 심히 당황한다. 이윽고 대청마루에 올라서면 성주도 꼼짝하지 못한다. 그리되면 어떤 가신들도 더 이상 그들을 막아내기가 어렵다.

3) 저승사자가 각처각위 신령 전에 배자를 보여주니 원명이라 데려가라 허락한다.

『황천해원경』에서 저승사자들을 밀어내고 막아내는 가신은 조왕 - 성주 - 지신의 순서로 이루어진다. 이는 경문의 전승 지역인 충남 태안의 안택安宅 순서와 대개 동일하다.

안택은 정초에 집안의 평안을 빌기 위해서 무당 또는 독경법사를 불러다가 가정의 여러 신령을 축원하고 위하는 굿이다. 안택을 할 때에 먼저 조왕을 위하고, 그 다음에 성주를 위하며, 마지막으로 지신을 위한다. 다만, 박필관 본에서만 성주와 조왕의 순서가 바뀌어 있다. 성주가 집안의 으뜸 신령이기 때문에 그리 배치한 것으로 보인다.

이처럼 저승사자들이 집안 신령들의 적극적인 방어에 직면하자, 권위와 완력만으로는 망자를 데려갈 수 없다. 세왕世王에게 명命 받았음을 확인하는 문서를 내보여야 한다. 저승사자는 세왕의 명을 증명하는 배자를 보인 후에야, 집안 신령들의 마지못한 동의 및 포기를 얻어낸다. 집안 신령들은 천문天門을 열어놓고, 세왕이 보낸 배자가 진본眞本임을 확인하고, 애석하지만 망자를 데리고 가는 것을 용인한다. 배자에는 망자의 원명原命이 기록되어 있는 듯 하다. 원명은 망자가 본래 태어나면서 부여받은 수명이다.

경문에 쓰인 배자의 정확한 표기는 패자牌子이다. 패자는 원래 조선시대 매매買賣 행위에서 쓰이는 일종의 위임장 또는 증명서이다. 또한 조선시대에 높은 지체의 사람이나 관청에서, 아래 사람에게 어떤 일을 지시 또는 통보할 때 사용하였다. 주로 궁방宮房, 서원

書院, 관官, 문중門中 등에서 썼다. 이러한 패자가 무속에서도 높은 신령이 낮은 신령이나 사람에게 어떤 일을 이행하도록 하는데 빈번히 쓰인다. 특히 체포 또는 압송할 때에 그러하다.[15] 「성주본가成造本歌」에서도 천하궁이 황우양을 잡아들일 때, 차사에게 특패자를 내어준다. 시흥 무가 「죽엄의 말」에서도 같은 내용이 나온다.

이처럼 『황천해원경』의 저승사자들은 가신家神들을 제어하고 설득하기 위하여 패자를 사용하였다. 이는 조선시대의 법률 및 행정체계가 그대로 경문에 반영된 결과이다. 『황천해원경』의 형성 시기를 가늠해 볼 수 있는 한 전거가 되기도 한다. 곧 조선시대의 어느 시점이라고 밝히기는 어렵지만, 다소 막연하게나마 조선 후기에는 경문이 이미 널리 유포되고 있지 않았을까 여겨진다. 또한 당연한 지적이지만, 가신家神 신앙의 역사성도 살필 수 있는 자료가 된다.

---

15) 전북대학교 박물관 소장의 8건 패자는 무주도호부사가 유가면주인柳加面主人에게 발급한 패자로 추정된다. 그리고 모두 전세나 답세 등을 납부하지 않은 특정 인물을 잡아들이라는 내용으로 밝혀졌다(박성호, 「고문서 패자에 관한 고찰 - 패자의 유형과 성격 고찰을 중심으로」, 『국학연구』 15, 한국국학진흥원, 2009, 310쪽).

원문 2. 저승사자들을 따라 집을 나서는 망자 –

사자들 거동보소 연직사자 월직사자 일직사자 시직사자 사직사자
저승사자 오계다리 밖에서고 이승사자 강림도량 문안에 들어서서
천둥같이 호령하며 성명 삼자 불러내어 어서 나오소 바삐 가세
뉘 분부라서 거역하며 뉘 분부라 지체하랴
팔뚝 같은 쇠사슬로 망자씨의 실낱같은 목을 잡아 끌어내니
인간하직 망극하다 망자씨가 위령威令에 하릴없이 저승길을 가려하고
구사당舊祠堂에 하직하고 신사당新祠堂에 허배虛拜하고
집안을 둘러본 뒤 부모형제 이별하고 일가친척 작별하고
대문을 썩 나서니
사자님들 거동보소 철추鐵錐를 둘러메고 두발을 구르면서
어서가자 재촉하네 그러면서 사자님들 망자더러 묻는 말이
망자씨의 부모형제 처가권속은 있겠거니와 일가친척 친구들도
많이 있소 하고 물으니 망자씨 정신이 혼미한중 애원이도 이르되
아무도 없거니와 사자님은 무슨 연고로 묻습니까 하고 물으니
사자들이 하는 말이 망자씨의 부모형제 처가권속 일가친척 친구들이
구비俱備하게 있다하면 우리가 오가기에 신발도 떨어지고
노자路資도 다했기로 신발도 얻어 신고 노자 돈이나 타갈까 하였더니
아무도 없다하니 어서 길이나 바삐 가자 재촉이 성화같다
애고답답 설은지고 심산험로 어이가나 정처 없는 길이로다
눈물짓고 한 숨 쉬며 사자들을 따라갈 새 주산안산 월산화산을
넘어들고 넘어나니 산천은 절승絶勝하고 초목은 성쇠로다
낮에 우는 접동새와 밤에 우는 두견조는 슬픈 심정 돋워내네

저승사자들은 망자를 끌어내어 저승으로 데리고 간다. 망자는 저승길로 나서기에 앞서 조상의 위패를 모셔놓은 사당을 찾아 하직 인사를 한다. 조선시대에 사당제는 사대부가의 일반적 전통이었다. 경문의 형성 시기도 어느 정도 가늠할 수 대목이다. 망자는 부모·형제·친척과도 이별을 하게 된다.

저승사자들은 망자의 일가친척에게서 짚신과 노잣돈 등을 얻기 바란다. 상갓집 대문 앞에 사자상使者床을 차리는 이유는 이러한 관념에서 비롯된다.[16]

사자상을 차리는 풍습은 유교의 예서禮書에 나타나지 않는다. 한국 상례에 보이는 하나의 특징이다.

망자는 저승사자들의 성화에 못 이겨 슬픈 심정을 안고, 살던 곳을 떠나 저승길로 들어선다.

1) 연직사자 월직사자 일직사자 시직사자 사직사자 저승사자가 오계다리 밖에서고 이승사자 강림도량 문안에 들어서서 천둥같이 호령하며 성명삼자 불러내어 망자씨의 목을 잡아 끌어낸다.

망자는 저승사자들에 의해 끌려 나와야 진정한 의미에서 망자가 된다. 엄밀하게 보면 저승사자들에 의해 체포되지 않은 상태에

---

16) 사자상에는 밥과 간장을 각각 세 그릇 차린다. 상 아래에는 짚신도 세 컬레 놓는다. 저승사자들이 3명이라고 여기기 때문이다. 노잣돈 명목으로 동전도 조금 놓는다. 이들 사자를 먹이는 밥은 사자밥이라 부른다. 메라고 명명하지 않는다. 사자는 조상이나 신령이 아니기에 그러하다.

서는 온전한 망자가 아니다. 다만, 가쁜 숨을 몰아쉬며 죽음을 기다
리는 상태이다.

저승사자들은 망자의 손을 잡고 집을 나서지 않는다. 망자의
실낱같은 목을 잡고서 끌어낸다. 이런 망자의 모습은 더할 나위
없이 비참하다. 이 순간이 죽음의 시점이다.

김준근의 〈기산풍속도〉에는 나졸이 죄인을 잡아들이는 장면을
묘사한 그림이 있다. 죄인이 체포되는 모습을 포착하였다. 이 그림
을 보면 나졸이 죄인의 상투를 왼손으로 움켜쥔 채 끌고 간다. 죄인
의 두 손은 자유롭지만 어찌할 바를 모르고 엉거주춤한 모습이다.
죄인의 발 모양을 보면 억지로 끌려가고 있는 듯하다.

저승사자들과 망자도 그러한 모습으로 상상된다. 이승을 떠나
고 싶지 않은 망자를 억지로 끌고 가는 저승사자와 저승으로 결코
가고 싶지 않은 망자의 모습이 바로 그러할 것이다.

일반적으로 망자를 데리고 가는 저승사자들은 3명이라고 여긴
다. 3명이 한 조가 되는 셈이다. 그러나 불교 경전 등에 표현되는
저승사자들은 그보다는 훨씬 많고 그 소임도 다양하다.

불교 경문인 『예수시왕생칠경預修十王生七經』[17]에는 사람이 죽을
때 염라왕이 흑의黑衣에 흑번黑幡을 들고, 흑마黑馬를 탄 사자를 망자

---

17) 9세기 후반 중국 당대 사천의 대자사에서 활동하였던 것으로 추정되는 장천藏川이
지은 경이다. 정확한 경명은 '염라왕수기사중역수생칠왕생정토경閻羅王授記四衆逆修
生七往生淨土經'이다. 이 불경은 생전에 미리 극락왕생을 기원하는 의식을 행함으로
써, 죽은 후에 명부 시왕十王의 심판을 받아 지옥에 떨어지는 것을 면할 수 있도록
하는데 목적이 있다(국립중앙도서관 서지정보).

의 집에 보낸다고 설명하고 있다. 이 책에 그려진 변상도變相圖에서는 각 시왕마다 일직사자日直使者와 월직사자月直使者를 거느리고 있는 모습이 확인된다.

또, 『예수시왕생칠재의찬요預修十王生七齋儀纂要』에는 직부사자直符使者, 추혼사자追魂使者, 주혼사자注魂使者, 황천인로사자黃川引路使者, 연직사자年直使者, 월직사자月直使者, 일직사자日直使者, 시직사자時直使者, 제지옥관전사자諸地獄官典使者, 제마직사자諸馬直使者, 부리사자府吏使者 등의 여러 사자를 열거하고 있다.

이들 사자의 호칭으로 그 직무를 추정해 볼 수 있다.

직부사자는 저승의 명부를 관장하는 사자로 보인다. 추혼사자는 혼을 추적하는 사자일 것이다. 주혼사자는 혼을 체포하여 붙들고 있는 사자로 추정된다.[18] 추혼사자가 망자의 혼을 뒤쫓아 가면, 주혼사자가 이를 체포한다. 그리고 황천인로사자가 망자의 혼을 황천으로 구인하는 역할을 수행한다. 이처럼 저승사자들의 명칭에는 그들이 망자를 체포하는 일련의 과정이 드러난다.

저승사자들에게 체포되지 않으려는 망자의 넋이 전제가 되는 것이다. 이들은 망자를 저승으로 체포해 오는 최선봉에 있다. 인간의 수명과 시간을 관장하는 연직, 월직, 일직, 시직사자를 비롯해서, 모든 감옥과 말馬을 주관하는 제지옥관전사자, 제마직사자, 명부의 관리가 파견한 것으로 보이는 부리사자가 그 뒤를 따른다.

---

18) '주注'의 낱말 뜻 중에는 '일정기간 머물게 하다'라는 의미가 있다.

잡아딜으는 사람

죄인을 잡아들이는 모습
(김준근, 〈잡아딜으는 사람〉, 《기산풍속도》, 19세기, 출처 : 숭실대학교 한국기독교박물관)

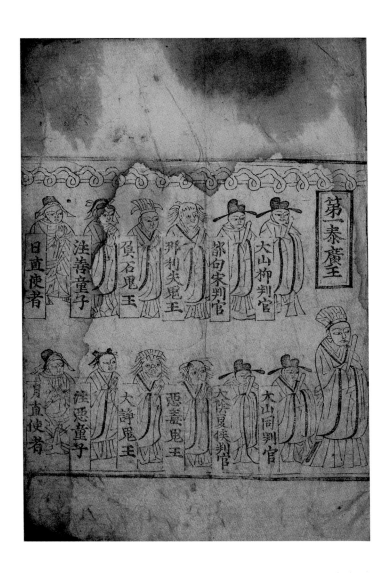

『예수시왕생칠경預修十王生七經』- 광덕사(1564) / 0004b_第一秦廣王 等
각 대왕마다 거느리는 관리들이 등장한다. 그림 좌측에 일직사자와 월직사자의 모습이 보인다.
(출처 : 동국대학교 불교학술원)

한 명의 망자를 데리고 가려고 이렇게 많은 저승사자들이 동원되는 것이다.

망자를 잡으러 파송된 저승사자들은 세 부류로 구분된다. 첫 번째는 망자를 직접 체포하는 역할로 추혼사자, 주혼사자, 황천인로사자이다. 두 번째는 연직, 월직, 일직, 시직사자로 그 뒤에 선다. 세 번째 부류인 제지옥관전사자와 제마직사자, 부리사자는 후방 보급의 역할로 추정된다.

여기서 주목할 명칭이 제마직사자諸馬直使者이다. 그 명칭을 통해 알 수 있듯이, 불경에 등장하는 저승사자들은 말을 타고 이승에 와서 망자를 체포해간다. 그러나 정작 민간의 상례에서는 사자상에 짚신을 놓아줄 뿐이다.

유족의 입장에서는 망자를 잡아가는 얄미운 저승사자들에게 말의 안장까지 해 주고 싶지 않을 것이다. 무엇보다 백성들의 삶 속에 이동수단으로써 말은 이질적이다. 백성들의 시각과 안목으로는 말보다는 짚신이 더욱 친숙하다. 말 대신 짚신으로 이동수단이 재해석되어 사자상에 짚신이 놓인 것이다.

그러면 저승사자들의 모습은 어떻게 상상되었을까? 옛 그림을 통해서 어느 정도 짐작해 볼 수 있다. 충남 서산의 개심사 소장 〈사직사자도〉(1676)와 국립중앙박물관 소장 〈사직사자도〉가 대표적이다. 저승사자들의 모습은 저승길을 거부하고, 가지 않으려고 저항하는 망자를 강제로 구인하기 위해서 무장武裝한 형태로 나타난다. [19]

한편, 『황천해원경』에서 망자를 데리고 가려는 사자들은 연직사자, 월직사자, 일직사자, 시직사자, 저승사자, 이승사자, 강림도령 등이다.

연직사자 월직사자 일직사자 시직사자 사직사자 저승사자 오계다리
밖에 서고 이승사자 강림도령[20] 문안에 들어서서 천둥같이 호령하며
성명삼자 불러내어 어서나오소 바삐가세 뉘 분부라서 거역하며
뉘 분부라 지체하랴 (『황천해원경』 中)

앞서 언급했듯이, 연직, 월직, 일직, 시직사자들은 『예수시왕생
칠재의찬요預修＋王生七齋儀纂要』 등의 불경과 여러 무가에도 등장하는
저승사자들이다. 사직사자는 연직, 월직, 일직, 시직의 사자 넷을
통칭하여 부른 듯하다.

『황천해원경』에 등장하는 저승사자들은 망자의 집을 기준으로
오계다리 건너편에 서서 대기한다. 오계다리를 기준으로 저승사자
들이 각자의 위치에서 망자를 체포하기 위해 진을 친다. 이 중에서
이승사자와 강림도령은 직접 망자에게 다가가서 그의 이름을 부르
며 끌어내는 역할을 수행한다. 즉, 경문에서 망자와 직접 접촉하는
사자는 이승사자와 강림도령이다. 강림도령은 다른 저승사자들과는
달리 무속에서 유래한 저승사자이다.[21] 『황천해원경』에서는 불교와

---

19) 김정희, 『불화, 찬란한 불교미술의 세계』, 돌베개, 2008, 257쪽~269쪽.
20) 이내황 본과 한응회 본에서는 강임도량으로 표기되어 있으나, 박필관 본에는 강림
    도령으로 되어 있다. 강임도량은 강림도령에 대한 오기誤記로 보인다.
21) 제주도의 차사본풀이에서는 강림이 저승차사가 되는 과정이 구체적으로 묘사되
    어 있다. 강림은 본래 이승의 관속이었다. 그는 과양생이 처가 김치원에게 올린
    소지를 해결하는 과정에서 염라대왕에게 발탁되어 저승차사가 된다.

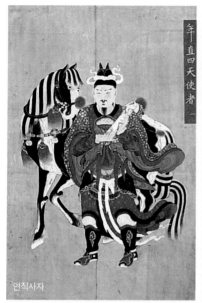

年直四天使者 一

언직사자

月直空行使者 二

월직사자

日直地行使者 三

일직사자

時直琰魔使者 四

시직사자

사직사자도 (국립중앙박물관 소장)

무속의 저승사자들이 함께 망자를 잡으러 오는 셈이다.

강림도령은 『차사본풀이』를 비롯한 여러 무가에 등장한다. 부여 지역의 축원굿 가운데 여덟 번째 거리에서 구송되는 〈장자풀이〉에도 강림도령에 대한 대목이 등장한다.[22]

사마장자는 급히 집으로 돌아와 며느리에게 일렀다. "여봐라. 며늘아가, 앞 노적 뒷 노적 헐어내어 동네 기민에게 주라더라. 옷도 세 벌 새로 짓고 돈도 삼천 냥 내어놓고, 소 잡고 돼지 잡고 사제풀이 하라더라." 이렇게 집안 식구들을 동원하여 모든 준비를 마친 사마장자는 마당에 차일 치고 상을 차려 놓고 밤이 되기를 기다려 사자풀이를 시작했다.
밤이 깊어지자 저승사자, 이승사자, 강님도령, 강님차사가 나온다. 어떤 사자는 쇠사슬, 어떤 사자는 쇠뭉치를 각각 손에 들었다. 이승사자가 들고 온 사명기司命旗를 마당에 꽂는다. 사마장자는 세수를 정히 하고 기다리고 있다가 나아가 제 목숨 값으로 재물을 바친다며 살려 달라고 애원한다. 사자들은 저희끼리 말을 주고받는다.(중략)
(부여 규암리 이어인년의 무가, 1966년 김태곤 채록).

시흥 무부 하영운의 「죽엄의 말」에도 강림도령이 언급된다.

저승지부왕전에서 팔배특배자 노와
성화갓치재촉하니, 엇썬 사자나오든고

---

22) 김태곤, 『한국무가집』 1, 원광대 민속학연구소 · 집문당, 1971, 132쪽~137쪽.

일직사자, 월직사자 조리씨저반의 강림도령
팔배자특배자 내여주며... [23]

「장자풀이」와 「죽엄의 말」에서도 강림도령은 사자들 일행에 함께 등장한다.

강림은 무경과 무가에 따라서 차사로도 불리고, 도령으로도 불린다. 차사는 국왕이 중요한 임무를 위해서 파견하던 임시 벼슬이기도 하지만, 지방 관아에서는 심부름을 하는 하인의 역할이다. 강림의 호칭으로 보면, 저승에서 고위급 신분은 아닌 듯하다. 그의 역할은 이승사자와 함께 망자를 직접 체포하는 것이다. 일군의 저승사자들 중에서도 망자를 직접 대해야 하는 궂은일을 담당하는 셈이다.

『황천해원경』 본문에는 이승사자가 오계다리를 넘어서 망자의 집으로 들어온다. 저승사자는 다리 밖에서 대기한다.

그렇다면 오계다리는 이승과 저승을 구분하는 또 하나의 경계로 해석된다. 한편, 「죽엄의 말」에서는 집안에 들어온 저승사자들이 문지방을 넘나들며 망자를 잡아간다. [24]

---

23) 赤松智城·秋葉隆, 심우성 역, 『朝鮮巫俗의 硏究』上(1937), 동문선, 1991, 179쪽.
24) 충남 서산의 일부 섬 지방에서는 관이 방 바깥으로 나갈 때, 문지방에 도끼나 부엌칼로 X 표시를 해 놓는다. 만일 문지방에 X 표시가 2개면, 그 방에서 두 사람의 시신이 나갔다는 뜻이 된다. 이렇게 해야 망자의 혼백이 집으로 다시는 돌아오지 못한다고 여기지만, 그 뜻은 정확하지 않다. 일반적으로 민속상에서 X 표시는 '죽음'과 '차단'이란 상징성을 지닌다.

오계다리에서 오계는 불자가 지켜야 할 다섯 가지의 계율[25]로 이해되지만,[26] 그것이 구체적으로 무엇을 말하는지, 또한 오계다리와 그것이 어떤 상관 관계에 있는지는 분명하지 않다.

한편, 다리는 강이 있다는 것을 전제한다. 강은 양쪽의 육지를 가르는 경계가 된다. 그러므로 이승과 저승은 강으로 분리되었다는 의미이며, 이를 이어주는 역할을 하는 것이 오계다리이다. 이렇게 해석하면 오계五溪의 계는 다섯 개의 시내溪를 의미한다고 유추해 볼 수도 있다. 후술하겠지만 또 건너야 할 세 개의 강, 곧 대강大江은 오계五溪의 다음에 건너야 할 강이다. 좁은 물인 계를 건넌 후에, 넓은 물인 강을 건너는 것이다.

강은 『황천해원경』에서만 유독 보이는 것이 아니다. 이승과 저승 사이에 강이 흐르고 망자는 이 강을 건너야 한다는 관념은 매우 보편적인 인류 문명의 소산이다.

인간은 이승에서 저승으로 가기를 원하지 않는다. 그렇기 때문에 저승사자들은 죽음에 이른 망자를 강제로 끌어낸다. 다른 무가에서도 망자가 저승사자들에게 강제로 끌려나가는 장면이 흔히 등장한다.

안동 시무굿 무가와 화성 집가심 무가에서는 저승사자가 망자

---

25) 불교에서 말하는 오계五戒는 재가불자在家佛者가 지켜야 할 다섯 가지 계율이다. 그 내용을 보면, ①중생을 죽이지 말라不殺生, ②훔치지 말라不偸盜, ③음행하지 말라不邪婬, ④거짓말 하지 말라不妄語, ⑤술 마시지 말라不飮酒이다.
26) 이내황 법사의 제자들이 스승의 경문을 정리하여 발간한 『경문대요』에는 '오계五戒'로 표기되어 있다.

를 세 번 내려쳐서 데리고 나간다. 죽음을 거부하는 인간을 강제로 끌고 간다는 상징적 표현이다. 인간은 자신의 출생과 죽음을 스스로 결정할 수 없다. 주어진 삶과 죽음은 본인의 의지와 상관없이 자연의 순리대로 이루어진다.

사제삼성무가에서는 저승사자가 닫혀있는 방을 박차 열고, 성명 삼자를 외치면서 최판관에게서 소지가 나왔음을 알려준다. 최판관은 명부에서 망자의 생전 죄업을 기록하는 벼슬아치다. 이 무가에서 "실낱같은 목을 세 번 낚아챈다."는 구절은 『황천해원경』과 「별회심곡」의 내용과 맥락을 같이 한다. 「죽엄의 말」에서도 강림도령이 달려들어 한번 잡아 낚아채니 열손에 맥이 없고, 두 번 잡아 낚아채니 열발에 맥이 없고, 삼세번 낚아채니 폈든 손과 다리를 감출길이 전혀 없다고 한다. 망자가 죽음에 이르는 순서를 표현한 것이다.

이들 무경과 무가는 「별회심곡」과 상호 영향을 주고받으면서 구성된 것으로 보인다.

그러나 「별회심곡」에서 찾아볼 수 없는 저승사자들의 구체적 활동은 『황천해원경』을 비롯한 여러 무경 또는 무가에 보이기도 한다. [27]

---

27) 불교의 영향을 받은 「별회심곡」에서는 망자가 생전에 쌓은 업에 대한 심판, 극락 왕생, 환생 등의 여부가 중요하다. 그렇기 때문에 망자를 이승에서 저승으로 데리고 가는 저승사자의 역할은 비중이 크지 않다. 반면에, 무가와 무경에서는 망자의 삶을 마감시키고, 타계인 저승으로 끌고 가는 저승사자들의 활약이 돋보인다.

저승사자 중 직부사자도 (국립중앙박물관 소장)

「별회심곡」에서는 열시왕이 부리는 일직사자와 월직사자만 등장한다. 시흥 무부 하영운의 「죽음의 말」에는 일직사자와 월직사자, 강림도령이 3사자로 나온다. 그러나 『황천해원경』에는 연직, 월직, 일직, 시직, 사직, 칙호 사자 등 더 많은 수의 사자들이 등장한다. 망자에게는 일군의 저승사자들이 더욱 무섭다.

안동 시무굿 무가에서는 저승사자들이 망자를 잡으러 왔다가 실패하여 퇴각하고 만다. 그러자 저승 명부에서는 전라도 나주 땅 나문 밖에 살던 정씨 성을 가진 차사를 보내서 망자를 잡아들인다. 정씨 차사도 강림과 마찬가지로 망자를 직접 체포하는 역할을 한다.

화성의 집가심 무가에서는 3사제(使者使者)가 등장한다. 이들은 뒷동산에 윗막을 치고 마당 끝에 참대를 꽂는 등 망자를 잡아들이기 위한 태세를 갖춘다. 한판 전투라도 각오한 듯하다. 심지어 망자의 제안에 따라 윷놀이 내기까지 벌이는 등 저승사자에게 끌려가지 않으려는 망자의 노력이 자세히 묘사된다. 망자는 간발의 차이로 내기에 져서 저승으로 끌려간다.[28] 죽음을 거부하는 인간의 저항을 상징적으로 보여준다.[29] 이렇듯 무가에서 나타나는 저승사자들은

---

28) 김태곤, 『한국무가집』 3, 원광대 출판부, 1978, 219쪽.
29) 저승사자가 망자를 잡으려 하자, 망자가 자신의 원명인지 아닌지를 알아보기 위해서 사자들에게 윷놀이를 제안한다. 일직사자가 망자의 제안에 응한다. 저승사자들 중에서 '날日'을 담당하는 일직사자가 나섰던 이유는 아마도 그날이 망자의 원명이었는지를 확인하기 위해서였던 듯하다. 망자가 뒷동산에 올라 왕대싸리로 네 가락의 윷을 만들어서 던져보았더니 다섯 모 개가 나왔고, 일직사제는 다섯 모 걸이 나왔다. 일직사자가 이겼다. 일직사자와 망자가 각각 6번 씩 던져서 접전을 벌이며 대결하였지만, 개와 걸 차이로 망자가 진 것이다. 인간의 삶과 죽음이 간발의 차이라는 상징성을 내포하고 있다. 이러한 사고관 속에는 삶과 죽음은 한순간이므로, 삶에 너무 집착하지 말라는 철학이 담겨있다. 그러기에 오늘 하루

「별회심곡」에서 등장하는 사자들에 비해서 훨씬 구체적이고 능동적인 역할을 수행하고 있다.

2) 망자가 저승길을 가기 전에 집안을 둘러본 뒤 부모형제 일가친척과 작별하고 대문을 나선다.

망자는 황천길을 나서기 직전에 조상을 모시고 있는 사당에 하직 인사를 한다. 집을 나서게 되면 부모에게 출입을 고하는 것이 자식의 기본적인 도리이다. 『사자소학』에도 '출필고지出必告之 반필면지反必面之'라 하여 밖에 나갈 때에는 반드시 아뢰고, 돌아오면 반드시 뵈라고 가르친다. 혼인을 위해서나, 과거를 보기 위해 집을 나서게 되면 우선 사당에 인사를 하는 것과 마찬가지이다. 하물며 이제 다시는 돌아오지 못할 저승길을 나서기 전에 인사를 고해야 하는 것은 너무나 당연하다.

바리공주 무가를 비롯해서 망자가 저승길 가는 장면이 등장하는 무가에서는 이처럼 집을 떠나기 전에 구사당과 신사당에 하직인사와 허배虛拜[30]를 하는 표현이 관용적으로 등장한다.

"여보시오 사자님네 시장하고 배고프니 음식이나 지어먹고

매 순간 삶에 최선을 다하는 마음이 생긴다. '아차'하면 죽어지고, 저승이 먼 듯하나, 산 모랭이 돌아서면 저승이 있는 것이다. 이처럼 늘 죽음이 가까이 있다는 관념은 삶과 죽음을 초월할 수 있는 여백을 만들어 준다. 결국 망자는 할 수 없이 잡혀간다.

30) 신위神位에 하는 절. 허배일虛拜日은 초하루, 보름, 명절과 조상의 생일 등이다.

쉬어갑시다

에라 이놈아 잔말 말고 어서 가자

어이 가나 어이 가나 머리맡을 쳐다보니 약탕반이 놓였구려

늙으신 부모님은 가지마라 가지마라 산천초목이 슬프도다

어린 처자식은 가지마오 가지마오 오장 간장이 다 녹으니 어이

가오리까

에라 이놈아 잔말 말고 어서 가고 바삐 가자

<u>구사당에 하직을 하고 신사당에 허배하고</u>

적삼내어 손에 들고 혼백 불러 초혼하니 없던 곡성이 낭자하다[311]

바늘같이 약한 몸에 팔뚝같은 쇠사슬로 끌고가니..."

(〈바리공주 무가〉 中)

　　망자가 저승길로 떠나기에 앞서 사당에서 참배하는 것은 객사
客死가 아닌 정상적인 죽음이라는 전제가 깔려 있다. 민간의 관념에
서는 객사를 흉사凶事로 여긴다.

　　망자는 사당에 하직인사를 한 후에 부모, 형제, 일가친척들과도
작별한다. 또한, 이제 다시는 자신이 살았던 정든 집을 볼 수 없다.
집안 곳곳에는 망자의 추억이 남아 있었을 것이다. 가족들과 함께
밥을 먹었던 곳, 아이들이 뛰어놀던 곳을 이제 뒤로하고 영원히
떠나야 한다.

　　상례에서는 발인 아침에 상여꾼들이 상여를 들고 집안을 한번

---

311)　초혼 후에 곡이 시작된다는 사실을 암시한다.

둘러보거나 안채를 향해 상여를 숙여서 인사한다. 그런 후에 상여가 대문 밖으로 나간다. 망자의 마음이 상례의 한 과정으로 구성되었고, 무경과 무가에도 그대로 묘사된 것이다.

한편, 위의 바리공주 무가에는 망자의 마음과 몸의 상태를 짐작할 수 있는 내용도 담겨 있다. 망자는 저승사자들에 의해 강제로 끌려 나오면서 '이 놈아!'라는 험담을 듣는다. 죽음을 겪어야 하는 망자의 서러움이 극에 달할 것이다. 더욱이 죽음을 앞둔 망자의 모습은 체중이 감소하여 바늘처럼 바짝 마르게 된다.

강제로 구인하려는 저승사자들의 입장에서 망자는 멸시와 무시의 대상이다. 그러나 사실상 망자가 무시당할 이유는 딱히 없다. 굳이 그 이유를 든다면 그저 망자가 되었기 때문이다. 망자가 집안에서는 조상으로 대접받을 수 있는 존재이지만, 명부와 저승사자들의 입장에서는 '놈'으로 하대될 수 있는 대상으로 인식될 수 있는 민간사고의 한 단면을 보여준다. 이처럼 무가나 경문에는 '망자씨'라는 존칭과 '놈'이라는 하대가 혼용되어 나타난다. 망자는 이승의 후손들에게는 조상이기도 하지만, 명부에서는 심판을 받아야 하는 미결수이기도 하다. 그렇기 때문에 망자를 바라보는 저승사자의 시각에는 존대와 하대라는 두 가지의 대립되는 감정선이 존재한다.

그러나 『황천해원경』에 등장하는 망자에 대한 호칭은 '망자씨'로 존칭어만 등장한다. 해원경의 구송 목적은 망자의 해원이다. 망자를 하대할 이유가 없다. 더욱이 해원경은 글로 쓰여서 책으로만 존재하는 것이 아니다. 유족들을 비롯한 망자의 지인들 앞에서 구송된다. 그러므로 법사가 경문을 구송하는 과정에서 망자에 대한 존칭은 당연할 수밖에 없다.

3) 사자님들이 망자더러 부모형제 처가권속은 있겠거니와 일가친척 친구들도 많이있냐고 묻자 아무도 없다고 답하며 무슨 연고로 묻냐고 되묻는다.

저승사자들이 망자에게 부모 형제와 처가 권속, 일가친척이 있는지 묻는다. 특히, 한응회 본과 박필관 본에는 사자들의 질문이 보다 더 구체적으로 나타난다. 우선 망자에게 부모와 형제가 있는지를 물어보고 이승에서 인연을 맺은 사람들과 자식이 있는지를 물어본다(박필관 본). 망자가 없다고 잡아떼자 이어서 일가권속 삼사오 육촌(한응회 본), 칠판촌(박필관 본)까지 일가친척의 여부를 계속 확인한다. 망자는 아무도 없다고 대답한다.

저승사자들은 자신들의 질문에 딱 잡아떼는 망자가 답답하다. 이승과 저승을 넘나드는 능력을 가지고 있을 뿐만 아니라 집안 신령들을 제압할 수 있는 능력을 소유한 저승사자들도 망자 외에는 이승의 인간들을 볼 수 없는 모양이다. 그래서 이번엔 망자가 입고 가는 옷은 누가 지어줬는지를 묻는다. 망자는 이웃집 '면권당 할머니'가 줘서 입고 간다고 둘러댄다(한응회 본, 박필관 본). 면권당 할머니는 다른 무가와 무경에서는 나타나지 않는다. 그래서 그녀가 구체적으로 누구인지는 정확하게 알 수 없다.

의외로 저승사자들은 망자의 말에 더 이상 시비를 걸지 않는다. 저승사자들은 면권당 할머니가 누구인지 아는 모양이다. 당호를 쓰는 이웃집의 지체 높은 노파인 것은 분명한 듯하다. 이웃에 지체

흑의를 입은 저승사자 (국립민속박물관 소장)

높은 인물이 산다면, 망자도 어느 정도 그러할 것이다. 이웃집이란 표현에서 당연히 망자와 노파는 혈연관계에 있지 않다.

노파는 상징적으로 삶과 죽음의 경계에 있는 인물이다. 인간이면서 신이고, 신이면서 인간인 존재이다. 곧 그녀는 신령스러운 존재일 가능성도 있다.

4) 사자들이 하는 말이 망자씨의 부모형제 처가권속 일가 친척 친구들이 구비하게 있다하면 우리가 오가기에 신발도 떨어지고 노자도 다했기로 신발도 얻어신고 노자돈이나 타갈까 하였더니, 아무도 없다하니 어서 길이나 바삐가자 재촉한다.

저승사자들이 망자의 일가권속에 대해서 집요하게 묻는 이유가 드러난다. 그들에게 노자와 신발을 얻어내기 위함이었다. 망자는 육신에서 이탈하여 넋만 남았기 때문에 산 사람들과는 달리 저승사자들을 볼 수 있지만, 그들에게 음식 등을 제공할 수 있는 입장이 아니다. 그렇기 때문에 저승사자들은 망자에게 일가친척 등 살아있는 사람들의 존재 유무를 묻는다.

그러나 망자가 사자들에게 부모 형제 등이 없다고 거짓말하는 이유는 드러나지 않는다. 단순히 저승사자들에게 금품을 빼앗기기 싫어서는 아닐 것이다.

망자가 사자들에게 거짓말 하는 이유가 분명하지 않지만, 함흥지역 무가 「타승」에 이를 추측할 만한 내용이 나온다. '타승'은 사람이 죽어서 가는 저승의 다른 말이다.[32]

염나대왕에 들어서니 염나대왕이 문추를 하실 적이요

네 성명이 누기야

나는 성명이 아무개요다

네 이름은 아무개요 하고 불너 디리니

너이 가족들과 인상人生이 몇 분이나 있느냐

아무 것두 없습니다 세상이 나서 혼자 있다 혼자 오라니 왔습니다.

가자니 왔습니다.

나는 죄 없소 우리 가족은 없습니다.

<u>그 망녕이 알구 가구 보며는 인상人生 다리러(데리러) 나갈가 봐</u>

<u>지 가족을 아니 대구 사다가 혼자 있다 혼자 왔다구 하오십니다.</u>

(「타승」, 김태곤 채록.)

무가 후반부 내용에서 보이듯, 망자는 가족들이 있다고 대답하면 그들마저 저승으로 끌려갈까봐 걱정한다. 망자는 이미 죽은 몸이라 어쩔 수 없지만, 군이 저승사자들에게 이승의 가족들을 알려줄 이유가 없다. 저승사자가 실수로라도 이승의 가족들을 잡아갈지도 모르기 때문이다. 그래서 자신에게는 가족이 없다고 둘러댄다. 즉, 가족들을 보호하기 위함이다. 금품을 제공하는 것은 아깝지 않지만, 사랑하는 가족들마저 같이 끌려가는 일은 없도록 해야 하기 때문이다.

「죽엄의 말」에서는 지부왕이 망자에게 사랑동 아들, 진지동 딸,

---

32) 김태곤, 『한국무가집』 3, 원광대 민속학연구소, 집문당, 1978, 108쪽.

애중헌 머느리, 백년 처권이 다 있는지 문초한다. 이때도 망자는 없다고 거짓말을 한다. 그러자 지부왕은 간사한 망자라 탓하며 매질을 가한다. 망자는 형벌을 이기지 못하여, 그제서야 모두 있다고 실토한다. 그러자 지부왕은 망자에게 '천금새남 만금수륙재'를 받아먹고 들어오면, 극락으로 보내주겠다고 하고 망자를 돌려보낸다. 저승사자가 망자의 유족들에게 노자와 음식을 얻으려 했듯이, 지부왕도 그와 마찬가지로 망자의 가족들에게 정성을 받아내려는 것이다. 이러한 이야기는 죽은 이를 위한 새남굿과 불교의 수륙재가 이승에서 베풀어지는 이유가 되기도 한다.

한편, 안동의 시무굿과 화성 집가심 무가, 「별회심곡」에서는 망자에게 바삐가자 재촉하지만 일가친척 처가권속에 대한 질문은 없다.

오히려 인정을 건넬 형편도 안 되는 망자가 근력마저 없어서 외나무다리를 건너지 못하자, 저승사자가 망자를 부축해서 건네주기까지 한다(화성의 집가심 무가). 이처럼 저승사자에게는 망자에게 일방적으로 금품 등을 요구하는 탐관오리와 같은 성격만 있는 것이 아니다. 망자가 저승길을 나선 이후부터 저승사자는 망자의 유일한 길잡이와 동무가 될 수밖에 없다.

저승사자들은 망자를 압송하는데 드는 경비나 물품 등을 그의 유족에게서 받아내려 한다. 저승사자들은 명부에서 여비를 받지 못했거나 턱없이 부족했는가 보다. 아니면 이런 기회에 뇌물로 다소의 용돈을 벌려고 하는지도 모른다. 조선 후기 많은 벼슬아치들이 각자의 위치나 입장에서 이런저런 국면마다 기회가 되는대로 백성들로부터 뇌물을 받아 치부하려는 사회 관행이, 저승사자와 망자의 관계에도 반영된 것으로 보인다.

저승사자들은 가족이 없다는 망자의 거짓말에 저승길을 재촉하게 된다. 이는 상례에서 사자상이 차려지는 이유가 된다. 즉, 사자상은 외면적으로는 사자를 위한 상이지만, 내면적으로는 망자를 위한 상이기도 하다. 곧 사자에게 망자를 잘 보살펴 달라는 일종의 뇌물 성격이기도 하다.

망자의 임종을 지킨 유족들은 초혼招魂을 하고 사자상을 차린다. 속굉屬紘을 해 보아 망자가 사망한 것을 확인하면, 상주喪主나 '시신을 본 사람'이 초혼을 한다.[33] 이제 막 집을 떠나가는 외로운 혼백을 향하여 집으로 되돌아오라고 애처롭게 부른다. 그래서 '소리 내어 부를 고皐' 자字에 '혼魂 부를 복復'자를 써서, 고복皐復이라고도 한다. 이는 다시 살아나기를 간절히 바라는 남겨진 식구들의 절규이지만, 한편으로는 망자에 대한 유가족의 애정을 표하는 상례 절차이기도 하다.

대개 집 처마 아래에서 망인의 속적삼을 오른손에 들고 허공을 쳐다보며, 예를 들면 "김해 김씨 아무개 복! 복! 복! 땀내 나는 속적삼이나 가져가시오!" 라고 외친다. 속적삼은 윗도리에 입는 홑옷이다. 저고리에 땀이 배지 않도록 입는 것이기에, 정작 땀이 배는 것은 속적삼이다. 이렇게 망자의 체취가 남아있는 속적삼이라도

---

33) 지역에 따라서 시신을 안 본 사람이 초혼을 하기도 한다.

가져가려면, 다시 집으로 오라는 것이다. 불가능하다는 사실을 알면서도, 마지막으로 혼을 부르는 예禮이다.

초혼을 하는 중에는 누구든 곡哭을 멈추어야 한다. 그래야 망자가 되돌아 올 수 있기 때문이다. 마을이나 집안에 따라서는 처마 아래가 아니라, 직접 지붕 위로 올라가 초혼을 한다. 속적삼 대신에 두루마기를 가지고 하기도 한다. 속적삼은 초혼을 마치고나서 시신의 가슴에 덮어 주거나, 아니면 사자상使者床 옆에 두었다가 발인發靷 후에 태운다. 만일 상례 기간 동안 지붕 위에 그대로 있었다면, 역시 발인 후에 내려서 태운다.

초혼을 마치면 대문 밖 오른쪽에 사자상을 차린다. 세왕의 심부름꾼인 저승사자들을 잘 대접해서 망자가 저승길에서 고생하지 않기를 바라는 마음으로 한다. 이들은 모두 3명이라 하여, 사자상에는 밥 3그릇, 된장 3그릇, 간장 3종지, 소금 3그릇, 동전 3닢, 짚신 3켤레 등을 차린다. 저승사자들의 짚신은 사자상 아래에 놓는데, 여기에 망자의 신발을 함께 놓기도 한다. 저승사자들도 저승으로 망자를 데리고 가려면, 도중에 밥도 먹어야 하고 노잣돈도 있어야 하며 짚신도 필요하다는 관념이 있기 때문이다. 사자상은 상례 기간 내내 대문 밖에 그대로 둔다. 그러나 일부 집안에서는 망자의 염습을 마치는 대로 곧바로 사자상에 올린 그릇이나 짚신들을 모두 엎어둔다. 아예 상 자체를 뒤집어 놓기도 한다. 출상出喪을 하게 되면, 이것들을 모두 깨서 버리거나 불에 태운다.

이처럼 사자상에는 저승사자들과 망자의 저승길 동행에 대한 민간사고가 잘 드러나 있다. 사람이 죽으면 그 시점에 미리 와 있던 저승사자들이 망자를 체포한 것으로 간주한다. 사람이 저승사자들

終命拓魂

〈사자상〉, 《기산풍속도》

에게 붙잡힌 순간과 상황이 바로 죽음의 시점이고 죽음이란 현상이다. 그리고 염습을 마친 다음에야, 비로소 사자들은 망자를 데리고 초상집을 떠날 수 있다. 그래서 이때에 이르러, 사자상의 그릇과 짚신을 엎어 놓는 것이다. 이는 저승사자들이 이미 밥, 된장, 짚신 등을 챙겨서 길을 떠난 표징이 된다. 그리고 발인을 하게 되면, 아예 사자상과 그릇 등을 부수기도 한다.

5) 망자는 답답하고 서러운 마음으로 저승사자들을 따라 주산 안산 월산 화산을 넘어간다. 낮에 우는 접동새와 밤에 우는 두견조 소리는 망자의 슬픔 심정을 돋아낸다.

망자는 저승사자들에게 끌려 나오긴 했지만, 어디로 어떻게 가야 할지 모른다. 바야흐로 자신이 가야 할 저승이 어디 있는지도 모른다. 그런 망자의 마음은 그저 답답하고 서글프기만 하다. 더욱이 자신이 죽은 것은 알겠는데, 아직은 긴가민가하여 살았는지 죽었는지 혼란스럽다. 자신의 죽음을 인정하고 수용하기에는 아직은 충분한 시간을 갖지 못했다.

망자는 저승사자들에 이끌려 주산主山과 안산案山, 월산月山과 화산火山을 넘어간다. 주산과 안산은 마을의 뒷산과 앞산이다. 이들이 먼저 뒷산으로 갔다가 앞산을 넘어 갈리는 만무하다. 이는 망자가 한평생 살았던 자신의 마을과 그 주변의 산천을 이제 막 지나가고 있다는 사실을 설명하고 있는 것이다.

월산과 화산[34]은 어쩌면 망자가 고향 산천을 지나서 본격적으로 저승길에 오른 첫 번째 산들일 수 있다. 주산과 안산 그리고 월산과 화산은 저승길 경로에서 동일한 의미를 지닌 산들이 아니다. 주산과 안산이 망자의 고향 산들이라면, 월산과 화산은 저승길 초입의 산으로 보인다.

저승길은 누구도 가본 적이 없는 상상계[35]의 길이다. 저승길이라 하면 으레 어둡고 음습한 분위기를 연상한다. 처절한 비통함으로 어쩔 수 없이 끌려가는 길이다. 그래서 저승길은 풀 한포기 없는 황량함과 모든 소리가 사라진 적막함이 감돈다. 그러나 『황천해원경』에서 묘사하고 있는 저승길은 그러한 이미지와는 다소 다르다.

망자의 눈에 비친 저승길 초입의 산들은 절승을 이루고 있고, 초목은 한 여름 우거진 숲 마냥 성세하다. 낱말 뜻 그대로 경치가 비할 데 없이 빼어나게 좋다.[36] 망자가 보고 있는 '명승인 산들'과 '무성한 초목'은 분명 이승이 아닌 저승길에서 본 자연이다. 심지어 답답하고 서러움이 가득 찬 망자의 눈에도 저승길의 산들과 초목은 아름답게 비추었다. 그만큼 절승이란 사실이 드러나는 대목이다.

망자는 낮에 우는 접동새와 밤에 우는 두견조의 지저귐도 듣는

---

34) 이내황 본(정종호 법사 필사)에는 화산火山으로 기재되어 있으나, 한응회 본에는 화산華山으로 되어 있다. 앞서 나오는 "산천이 뛰어나다."는 구절을 참고하면, '꽃이 만발한 산'이라는 뜻의 화산華山이 맞다. 불의 산이 아니다. 한응회 본의 표기가 맞다.

35) 경험계와 대비되는 개념이다. 실제로 체험한 것은 아니고, 생각과 마음으로만 그려내, 상상 속에서만 존재하는 세계이다.

36) 이내황 본(정종호 법사 필사)에는 "초목은 성쇠로다."라고 되어 있고, 한응회 본에는 "초목은 성림한데 - - -"라고 나온다. 박필관 본은 '성쇠' 대신 '승세'라는 낱말로 쓰여있다. 산천 절승과 초목 성쇠는 어울리는 대구가 아니다. 산천의 경치가 빼어나고, 초목이 무성하다는 의미로 읽어야 문맥상 맞다. '성쇠盛衰'는 필사하는 과정에서 오기된 것이다. 성세盛勢로 읽어야 한다.

다. 저승길에도 낮이 있고 밤이 있거니와, 낮밤을 서로 달리하여 울어대는 새들의 소리는 망자를 더욱 참을 수 없는 슬픔으로 몰아 넣는다. 황망한 가운데 망자의 눈과 귀에는 절경이 들어오고 새소리도 들려온다.

망자가 지나고 있는 이 산들과 듣고 있는 새소리는 저승의 산들과 새소리가 아니다. 이제 망자가 막 이승을 떠나 저승으로 가는 길에서 보고 듣는 것이다. 산 자와 죽은 자의 세계를 이승과 저승의 이원론에서만 이해해서는 안 된다. <이승 - 저승길 - 저승>이라는 3영역으로 파악해야 한다. 여기에서 저승길은 당연히 이승과 저승의 과도 공간이 된다. 저승길 여정에 있는 망자는 아직 저승에 도착한 것이 아니다.

저승길 여정도 처음이 다르고 중간이 다르고 마지막이 다르다. 저승길을 더욱 나아 갈수록 그리고 저승길에서 시간이 지나 갈수록, 망자는 자신의 죽음을 더욱 강하게 인지하고, 죽음에 절망하고 거부하는 단계에서 마침내 죽음을 인정하고 수용하는 단계로 나아간다. 그래야 세왕전에 도착하여 세왕의 심문을 받을 수 있다.

원문 3. 망자를 버리고 사라지는 저승사자

눈물을 흘리면서 한숨으로 벗을 삼고 수천 리를 가노라니

대산大山이 가려있네 망자씨 사자에게 묻는 말이

저산은 무슨 산이라 하나이까

사자들 대답하되 저 산은 바람도 쉬어 넘고 해동청 보라매도 쉬어가고

우리의 석가세존 아미타불 부처님도 머리 깎고 쉬어가시던

단발령斷髮嶺이오이다

망자씨 단발령을 넘어서니 기곤도 자심하다

부모형제 처자식은 나를 보내고 애절하게도 통곡하련만

어이 이리도 적막한가 청천에 울고 가는 저 기럭아

너희는 살던 곳과 있던 곳과 다니던 곳을 다 보고 듣고 알련마는

어이 이리도 적막하냐 애원哀怨이 통곡하며

그리로 수천 리를 가노라니 대강大江이 막아있네

망자씨가 물어보되 이 강은 무슨 강이라 합니까

사자들이 수석강 용안강 삼멸강이라 대답하고 혼자서 가라면서

홀연히 사라지니 망자씨 삼강三江이 막혀서 어쩔 줄 몰라 슬피우니

이승을 떠난 망자는 저승길에서 단발령斷髮嶺을 지나 대강大江(수석강, 용안강, 삼멸강)과 맞닥뜨린다. 이런 상황에서 저승사자들은 무슨 이유인지 모르나 망자를 홀로 버려둔 채 사라진다. 망자는 강을 건너지 못해서 슬피 운다. 저승길에 한 번 들어선 이상 되돌아갈 수도 없다. 어떻게 해서든지 목적지인 세왕전까지 가야 한다.

단발령과 대강은 이승에서 저승으로 갈 때 반드시 극복해야 하는 난관이다. 나중에 십대왕을 거치는 과정도 시련의 연속이다. 이처럼 저승길은 순탄하지 않다.

망자의 유족도 저승길 가기가 쉽지 않다는 사실을 알기 때문에, 상주들은 저승사자들에게 망자를 잘 보살펴 달라고 사자밥도 차려놓은 터이다. 상례에서 염습할 때 망자의 수의에 꽂아 준 종이고깔도 저승문을 지키는 사자에게 주는 인정(뇌물)이다.

그렇지 않아도 이승에서 끌려나온 망자의 심정은 형언하기 어려울 정도로 슬프고 혼란스러운데 저승길마저 힘들다. 이렇게 저승길이 험난하게 설정되는 이유를 명쾌하게 설명하기는 어렵다. 가고 싶지 않은 길이기 때문에 순탄한 길로 상상되기에는 무리일 수 있다.

그러나 한편 저승길이 지닌 과도過渡 공간의 의미로도 해석할 수 있다. 과도란 어느 단계에서 새로운 단계로 옮아가거나 바뀌어가는 도중이다. 이른바 아놀드 반 겐넵Arnold van Gennep이 가상假想한 통과의례의 3단계, 곧 '분리 - 전이 - 재통합'에서, 전이 단계에 비정된다. 곧 망자가 이승의 삶을 마치고 저승에서 새로운 삶을 시작하는 과도기인 것이다. 이러한 과도기, 곧 전이 단계는 기본적으로 시련과 고통이 수반된다. '이승 - 저승길 - 저승'의 구조 속에서, 전이 단계인 저승길은 당연히 그러한 고난이 전제된다. 저승이라는 새로운 사후 세계로 편입되는 망자의 입사의례入社儀禮(Initiation)이기도 하기에, 저승길은 고난의 길로 상상되는 것이다. 당연한 언급이지만, 민속 상에서 험로로 묘사되는 저승길이란 개념도 인류의 보편적 통과의례 성격과 그 맥락을 함께 하는 것이다.

1) 눈물을 흘리면서 한숨으로 벗을 삼고 수천 리를 가노라니 대산이 가려있어서 사자에게 저산은 무슨 산이냐고 묻자, 저 산은 바람도 쉬어 넘고 해동청 보라매도 쉬어 가고 석가세존 아미타불 부처님도 머리 깎고 쉬어가시던 단발령이라고 답한다.

슬픔과 절망 속에서 망자는 사자들에게 이끌려서 수천 리를 걸었다. 이승은 이제 수천 리 멀어졌을 것이다. 수천 리를 걷는 동안 주변 경관은 어떠했고, 길의 형편은 어떠했으며, 망자와 사자들에게 어떤 일이 있었는지 『황천해원경』은 말하고 있지 않다. 특별히 언급할 내용은 없는 듯 하다.

이렇게 먼 여정에서 망자는 갑자기 나타난 대산大山에 무엇인가 불안해 한다. 아마도 그동안 걸어왔던 저승길에 험로는 없었던 모양이다. 대산을 어떻게 넘을지에 대한 두려움에, 망자는 사자들에게 저 산이 무슨 산이냐고 묻는다.

망자가 사자들에게 질문을 한다는 사실 자체가 망자와 사자들의 관계를 새삼 생각하도록 한다. 이승에서 망자가 처음 대면한 사자들은 철퇴를 둘러매고 두 발을 구르며 자신에게 쏜살같이 달려들어 빨리 가자고 위협하던 무서운 존재였다. 망자를 친절하게 저승으로 안내하는 사자들의 모습이 전혀 아니다. 오히려 그 외모는 망자를 겁박하며 강제로 구인하는 압송관押送官을 연상하게 한다.

그런데 망자는 사자들에게 감히 질문을 하며, 사자들은 망자에게 건방지게 묻는다며 꾸지람을 주지도 않는다. 오히려 각종 수식어를 늘어놓으면서, 귀찮다고 역정 내지 않고, 자상하게 단발령을 설명해 준다. 수천 리를 동행하면서 사자들은 망자를 불쌍히 여겼을지 모르고, 또한 그동안에 친분이 쌓였을지도 모른다. 이를 달리 생각하면 애초에 사자들은 그렇게 모질고 독한 존재가 아닐 수도 있다. 마을 어귀의 장승처럼, 사자들은 험상궂고 무서운 표정은 짓고 있지만, 속마음은 그렇지 않은 것 같다.

사자들의 성품을 엿볼 수 있는 흥미로운 대목이 있다. 앞서 소개한 『황천해원경』의 구절에서 보듯이, 사자들은 망자에게 "부모형제 처가권속은 있겠지만, 혹시 일가친척 친구들도 많이 있느냐?"고 묻는다. 사자들이 망자에게 말을 걸면서 한 첫 질문이다. 이에 대하여 망자는 "아무도 없다."고 대답한다. 사자들은 그 답변의 진위 여부를 따져 묻지 않는다. 의심조차 하지 않는다. 그렇지만 사자들이 한 질문의 의도는 분명하다. 곧 저승에서 이승을 오가면서 신발도 떨어지고 노자 돈도 떨어졌기에, 그들 일가친척과 친구들로부터 신발도 얻어 신고 노자 돈도 탈까했던 것이다. 그런데 그런 사람들이 없다니, 사자들은 다소 실망은 했겠지만, 망자에게 화를 내거나 싫은 소리도 하지 않고, 할 수 없으니 어서 길이나 바삐 가자고 성화를 낼 뿐이다. 『황천해원경』의 사자들도 이승의 보통 사람들과 같은 착한 성품을 지니고 있다.

사자들은 단발령을 "바람도 쉬어 넘고 해동청 보라매도 쉬어가고 우리의 석가세존 아미타불 부처님도 머리 깎고 쉬어가시던 곳."이라고 설명해 준다.

　　사자들은 단발령을 두 가지 측면에서 망자에게 쉽게 풀이해 준다.

　　하나는 대단히 높은 산이란 사실을 주지시킨다. 어느 공간이라도 높은 곳 낮은 곳 또는 사방팔방 가리지 않고, 자유자재로 휘몰아 다니는 바람조차도 힘이 들어 휴식을 취할 정도로 높은 산이다. 번쩍이는 두 눈과 예리한 발톱을 가지고 펄펄 날고 내리치는 용맹한 보라매마저도, 산 정상에 이르러서는 쉴 수밖에 없을 정도로 높은 산이다. 그러니 망자에게 이 산을 넘으려면 각오를 단단히 하라고 이르는 것이다. 사자들이 망자에게 단발령을 소상히 설명한 하나의 이유이기도 하다.

　　또 하나는 단발령을 '우리의 석가세존 아미타불 부처님도 머리 깎고 쉬어가시던 곳'이라 하여, 단발斷髮 곧 머리카락을 자르는 '높은 산마루 고개'라고 설명한다. 높은 산마루 고개와 단발은 외관상 어떤 상관성도 가지지 않는다. 그러나 그 내면을 살펴보면 양자 사이에 밀접한 관련성이 있음을 알게 된다.

　　높은 산마루 고개, 곧 령嶺은 하나의 영역과 또 다른 영역을 차단하는 동시에 이어주는 교차 장소이다. 령의 이쪽과 저쪽은 서로 다른 영역이고, 서로 다른 세계이기도 하다. 더욱이 산마루 고개가 높을수록, 그것으로 나누어지는 두 개의 영역과 세계는 한층 그 속성이 서로 달라지거나 심지어 정반대가 된다.

　　망자는 이승을 떠나 지금까지 수천 리를 왔다. 그러나 지금 넘어야 하는 단발령은 지금까지의 저승길 여정과는 차원이 다른 지형이다. 저승길은 하나의 단일한 성격으로만 이해될 수 있는 것이 아니다. 과도 공간 및 전이 단계의 의미를 갖는 저승길 안에서도, 저승길의 길목이나 구간마다 서로 다른 통과의례상의 상징을 지닌다. 단발령은 저승길에서도 처음 경험하는 중대한 고비이다.

단발령을 넘기 이전의 저승길과 단발령을 넘은 후의 저승길은 그 의미가 서로 다르다. 단발령을 넘는 일은 저승길의 초입 단계에서 벗어나 본격적인 저승길로 접어들었음을 시사한다. 단발령 너머의 공간은 이승의 잔재殘在가 모두 소멸된 공간이다. 이에 비하여 단발령을 넘기 이전의 공간은 이승의 잔재가 아직 남아있는 공간이다.

단발령을 넘었다고 하여 저승으로 진입한 것은 아직 아니다. 다만 진정한 의미의 저승길 여정이 시작된 것이다. 이를 도식화하여 설명하면, '이승 - 이승의 잔재가 있는 저승길 - 단발령 - 이승의 잔재가 소멸된 저승길'이라고 할 수 있다.

단발령을 기준으로 본 저승길

이승	이승의 잔재가 있는 저승길 (오계다리 - 주산, 안산 - 월산, 화산)	단발령	이승의 잔재가 소멸된 저승길 (수석강 · 용안강 · 삼멸강 - 혈명산 - 어흉재)	저승

이러한 관점에서 『황천해원경』을 읽어 나가면, 단발령이란 지명의 뜻이 쉽게 풀린다. 단발, 곧 머리를 깎는다는 것은 이전의 낡은 인간을 버리고 새로운 인간으로 거듭 태어난다는 의미이다.

또한 세간世間을 벗어난 출세간出世間의 경지를 상징하기도 한다.

『황천해원경』의 단발령 역시 망자가 이승에서 살면서 지녔던 자신의 존재 일체와 이승에 대한 미련 등을 벗어 버리는 교차점이다. 단발령을 넘은 망자는 그 이전의 망자와 구별된다. 이제 망자는 저승의 입문자로서 그 지위를 더욱 확보하게 된 것이다.

곧 '이승의 잔재가 남아있는 저승길'에서 '이승의 잔재가 청산된 저승길'로 넘어왔으며, '이승과 생명에 대한 미련이 아직 가시지 않은 망자'에서 '이승과 생명에 대한 미련을 버리기 시작한 망자'로 변화되었음을, '높은 산마루 고개'에 명명한 단발령斷髮嶺이란 땅이름으로 대변하는 셈이다.

'우리의 석가세존 아미타불 부처님'이란 표현도 그냥 지나칠 수 없다. 석가세존釋迦世尊은 석가족 출신의 깨달은 자 붓다를 존칭하는 말이다. 아미타불阿彌陀佛은 서방정토西方淨土 극락세계極樂世界를 주재하며 법을 설하는 부처이다. 불교의 창시자인 석가세존과 미타신앙의 중심인 아미타불은 민중불교에서 가장 신봉되는 부처님들이다. 특히 아미타불을 지성으로 염송하면 아미타불의 중생 구제 본원력은 중생의 소망을 이루게 하고, 또한 사후에 극락왕생을 이루게 한다.

그런데 사자들은 이들 부처님을 '우리의 부처님'이라고 표현한다. 여기에서 우리가 누구를 말하는 것인지 다소 이론이 있을 수 있지만, 평범하게 생각하면 '사자들의 부처님'이라고도 읽혀진다. 그렇다면 사자들도 불제자인 셈이다.

이런 부처님들도 이곳 높은 산마루 고개에 이르러 머리를 깎았다. 논리적으로 보면, 이미 성불하신 부처님들이 머리를 깎을 필요는 없다. 이 구절을 정확히 이해하기에는 어렵지만, 몇 가지 측면에서 무리하게라도 풀이할 수는 있다. 하나는 부처님들조차 단발령을 넘어서 새로운 영역 및 세계로 가려면 머리를 깎고 새로운 부처님으로 거듭 변신해야 한다는 메시지이기도 하고, 또 하나는 석가세존 이전의 싯다르타와 아미타불 이전의 보살 법장이 부처가 되기로 願원을 내고, 부처가 되기 위하여 단발령을 넘었다는 이야기로 보이기도 한다. 또한 서방정토 극락세계를 주재하기 위하여 아미타불도 단발령을 경유하여 저승으로 갔다는 사실을 부각시키는 사설일 수도 있다.

그런데 바람과 보라매는 단발령 넘기가 힘이 들어서 단발령에서 잠시 휴식을 취하는데 비하여, 석가세존과 아미타불은 단발령에서 머리를 깎고 머리를 깎은 김에 잠시 쉬는 것처럼 묘사되고 있다. 두 분의 부처님은 머리를 깎는 것이 우선이고, 휴식은 부차적인 것으로 보인다.

단발령이란 지명은 두 분 부처님이 머리를 깎았기 때문에 생겨난 것으로 보기는 어렵다. "두 분 부처님이 머리를 깎았다."고 표현한 것이 아니고, "두 분 부처님도 머리를 깎았다."고 말하는 것으로 보아, 군이 논리적으로 본다면 두 분 부처님 이전에도 많은 사람들이 머리를 깎은 것으로 여겨진다.

그러나 망자도 머리를 깎았는지에 대해서는 언급이 없다. 부처님과 비견될 수 없는 사바세계의 중생인 망자는 당연히 머리는 깎지 않고 잠시 쉬기만 한 다음에 단발령을 넘어갔을 것이다. 마침내 단발령을 넘어서 평지로 내려오니, 망자는 극심한 배고픔과 고

단함에 괴로웠다.[37]

　『황천해원경』의 단발령은 상상계 속에서만 존재하는 지명이
아니다. 실제 존재하는 지명이기도 하다. 더욱 정확하게 말한다면,
'높은 산마루 고개가 지닌 공간 인식에서의 상징성'과 '단발이 지닌
새로운 존재로의 재탄생'이란 상징성이, 그러한 상징성이 적용될
수 있는 실제의 지형에 투사되어 유의미한 지명을 만들어냈다. 두
개의 가상 이미지가 합쳐져 실제의 특정 지형에 단발령이란 지명이
부여된 것이다. 그리고 그렇게 명명된 지명이 다시 『황천해원경』과
같은 상상계 안으로 들어와, 저승길의 한 관문을 표현하는데 의미
있게 쓰여졌다. '상상의 이미지 → 현실의 지명 → 상상의 지명'으로
활용되어, 상상계와 현상계 모두에 존재하는 지명이 된 것이다.
　그러나 여기에 덧붙여 단발령이 다른 준령과 구별되는 특수한
의미가 있다는 사실을 간과해서는 안 된다. 대관령·조령·죽령·
추풍령 등과는 그 상징성이 다를 수밖에 없다. 단발령에 이르면
금강산 일대가 한눈에 파노라마처럼 펼쳐진다. 그것도 서서히 나타
나는 것이 아니다. 그 광경은 갑자기 충격적으로 마음을 흔들고
황홀하게 하는 일종의 종교체험에 가깝다. 여기가 인간계인지 신선
계인지, 꿈인지 생시인지, 죽었는지 살았는지, 이승인지 저승인지
등이 일시적으로 혼란스러운 지점이다. 이유는 모르지만 왈칵 눈물
이 쏟아지는 지점이기도 하다. 이러한 마음과 생각이 불교 사상에

---

37) 『황천해원경』(이내황 본) 원문에는, "망자써 단발령을 넘어서니 기곤飢困도 자심自
　甚하다."고 되어 있다. 그러나 여기에서 자심自甚은 자심滋甚으로 고쳐야 한다.

담겨서 마침내 단발령이란 땅이름이 집단무의식 상황에서 형성된 것이다.[38]

현상계의 단발령은 강원도 김화군과 금강군 사이에 있는 준령 峻嶺이다, 내금강으로 가는 초입에 있다. 고래로부터 명승으로 알려 져 있다. 단발령을 지나면 본격적으로 금강산이 펼쳐진다.

단발령은 이미 조선 초기에도 금강산으로 들어가는 중요한 길 목으로 유명했다. 예컨대 『신증동국여지승람新增東國輿地勝覽』에는 "속 인俗人이 이 고개에 올라 금강산을 보면 머리를 깎고 중이 되고자 하기 때문에, 단발령이라고 이름 지었다."고 쓰여 있고,[39] 『연려실 기술燃藜室記述』에도 "세조가 금강산에 행차하였다가 단발령에 돌아 와서 머리를 깎으려고 하니 여러 신하들이 말려서 중지하였다."는 기록이 있다.[40] 이들 문헌에서는 단발령에서 보는 금강산이 불제자 가 되고 싶은 마음을 일으키게 하고, 그래서 스님이 되고자 머리를 깎으려 한다는 내용에 초점이 맞추어져 있다. 곧 여기서는 단발령 이 예토穢土와 정토淨土를 가르는 분기점으로 부각되어 있다. 그리고 단발령을 넘어 정토로 가기 위해서는 불제자로서 수행하기 위하여 머리를 깎는다는 속뜻이 담겨져 있다.[41]

---

38) 신라말 마의태자가 부왕인 경순왕에게 하직 인사를 하고 금강산으로 들어갈 때에 이곳 단발령에서 금강산을 바라보며 출가하고자 삭발을 했다는 전설도, 모두 그러 한 당대의 단발령에 대한 보편적 인식에서 형성된 것이다.
39) 『新增東國輿地勝覽』 券47, 江原道 淮陽都護府 山川條.
40) 『燃藜室記述』「政敎典故」 僧敎條. 그러나 찬자인 이긍익(1736~1806)은 불교 승 려들이 단발령과 세조를 억지로 연관지어 만들어 낸 이야기라고 비판하고 있다.
41) 조선 후기 작자 미상의 금강산완경록金剛山玩景錄에서는 금강산 자체가 불국토라고

무당이 부르는 무가巫歌에서도 단발령이 등장하는 사례가 있다.[42] 경상북도 안동의 시무굿 무가에는 망자가 애비락 고개와 단발령을 넘어가는 대목이 등장한다. 애비락 고개는 안동 시무굿 무가에만 나타난다. 그 고개가 망자의 저승길에서 어떤 의미를 지니는지는 잘 모른다. 그러나 안동 시무굿 무가에서도 단발령은 『황천해원경』에서와 마찬가지로 '바람도 쉬어넘고 해동청 보라매도 쉬어넘는 고개'라고 노래한다.

황해도 출신의 김금화 만신(1931~2019)이 부르는 조상굿 무가에서도 다음과 같이 단발령이 언급된다.[43]

" - - - 칼산지옥 독사지옥 침침지옥을 면하소사

피지옥 물지옥 얼음지옥을 면하고

　　　찬미하고 있다(최강현, 『한국기행문학연구』, 일지사, 1982). 또한 동 시대의 이상수李象秀(1820~1882)는 자신의 동행산수기東行山水記에서, 금강산을 보면 머리를 깎고 싶고, 금강산은 마치 선계仙界 같다고 하고 있다. 곧 하늘이 드높은 가을날 저녁별이 동쪽으로 비치고 있을 때, 저 멀리 하얗게 솟아오른 금강산을 바라보면, 마음이 흔들리고 정신이 황홀하여, 결국 머리를 깎고 승려가 된다. 또 금강산 봉우리 마다 하얗게 눈이 내린 듯 하고 그 바위의 생김은 마침 늙은 신선들 같아 구슬관을 쓰고 흰옷을 입은 채 어깨를 나란히 하고 늘어서서 서로 인사하는 듯 진실로 장엄하다고 기록하고 있다.

42)　경기 지역 사당패의 놀이 중에는 '단발령 넘는 사위'가 있다. 남사당이 납작한 대접 모양의 버나를 꼬챙이나 곰방대 위에 올려 놀리는 버나놀이라 한다. 이 때 광대가 작대기를 등 뒤로 돌린 채 돌리는 동작이 바로 '단발령 넘는 사위'이다. 아마도 높은 고개(광대의 어깨)를 넘는다는 의미를 담고 있는 것으로 보인다. 그만큼 단발령은 그 곳을 직접 가보지 않은 일반 대중에게도 널리 알려진 지명이다.

43)　김금화, 『김금화의 무가집 - 거므나따에 만신 희나백성의 노래』, 문음사, 1995, 181쪽.

단발령을 넘겨 산이 높으면 업어 넘기고
물이 깊이면 월천을 시켜 은전불사 돈전불사
만인정을 받아가지고 극락으로 가요. - - - "

단발령이 높으면 망자를 업어서 넘게 하고, 물이 깊으면 월천을
시켜서라도 극락으로 가자는 내용이다. 여기에서도 망자가 극락으
로 가기 위해서는 반드시 단발령을 넘어야 한다고 노래한다. 그리
고 단발령은 험하고 높아서 망자가 쉽게 넘지 못하는 고개라는
사실이 부각되어 있다.

예토와 정토를 가르는 불교적 색채의 단발령이 무가에서는 망
자가 저승길에서 거쳐야 하는 하나의 관문으로 그려지고 있다.

조선시대 중·후기의 기행가사에서도 금강산과 단발령은 종종
언급된다.[44] 몇몇 사례를 들어본다.

선조 대의 문신 조우인曺友仁(1561~1625)은 정철鄭澈의 「관동별곡
關東別曲」을 읽은 후에 감동을 받아 「관동속별곡關東續別曲」을 지었다.
여기에는 다음과 같이 단발령과 명부冥府에 대한 대목이 나온다.[45]

직목역 잠깐 쉬어 통구역 잠을 깨어
단발령 높은 재를 일순에 올라앉아
쌍모를 거드러 만리에 들어보니

---

44) 이경수 외, 「서문」, 『금강산 기행가사집』, 강원대출판부, 2000.
45) 위의 책, 23쪽.

봉래 해상산이 지척에 뵈노매라.

명경암明鏡庵 업경대業鏡臺는 어이하여 삼겼는고

지부地府 명왕冥王이 차제次第로 벌여 앉아

인간 선악을 낱낱이 분간하니

고금 천하에 기군영신欺君侫臣과 오국권간誤國權奸이

화탕火湯 지옥에 몇이나 들었는고

『대동지지大東地志』(1861~1866년경)에 의하면, 직목역直木驛은 이대로二大路 경흥대로慶興大路(북관대로北關大路)중 강원 북부에 속한 역이다. 한양 흥인문을 출발지로 하여, 수유현 - 의정부 - 송우장(현 포천) - 혜제곡(현 포천) - 풍전역(현 철원) - 장림천(현 남대천) - 김화(현 김화읍)를 거치면. 직목역(현 김화군)에 이른다. 직목역은 조선 후기 강원도 역편제驛編制에서는 은계도찰방銀溪道察訪에 속한다.

통구역通溝驛은 직목역에 비하여 그 중요도가 조금 떨어지는 역으로 보인다. 그 정확한 위치는 미상이다. 여하튼 통구는 평강이나 금성[46]에서 금강산으로 가는 초입에 있었다. 여기를 거쳐 단발령을 넘어 금강산 유점사楡岾寺에 다다를 수 있었다. 조선시대에는 이곳에 통구창通溝倉이 있었다. 이 일대의 물산은 북한강을 따라 춘천으로 운송되었고, 또한 북쪽으로는 회양과 철령을 넘어 관북 지방으로 운송되었다. 지금의 창도군, 곧 옛 통구면 지역에 있었던 역으로

---

46) 이곳 금성에 유명한 피금정披襟亭이 있다. 옷깃을 풀어 젖히게 하는 정자란 뜻이다. 그 주변 일대가 절경이기에, 금강산을 소재로 한 조선시대 회화 작품에서 자주 등장하는 소재이다. 특히 겸재 정선과 강세황의 피금정도가 널리 알려져 있다.

추정된다.

단발령은 강원도 창도군 창도읍(옛 김화군 통화면)과 강원도 금강군 내강리(옛 회양군 내금강면) 사이에 있는 고개(해발 818m)이다. 태백산맥의 지맥인 내방산맥內方山脈[47]의 북단에 솟은 옥전봉玉田峰과 그 남쪽의 구단발령봉舊斷髮嶺峰 사이의 안부鞍部[48]에 있다.

조우인은 이 단발령에서 두 눈을 들어 멀리 쳐다보니 바로 앞에 봉래산이 보인다고 노래하고 있다. 단발령은 금강산 전경이 한눈에 들어오는 감동의 전망대이다. 그리고 작가는 곧 이어서 명경암明鏡庵, 업경대業鏡臺, 지부地府 명왕冥王을 운위한다.

명경이나 업경이나 저승 초입에 있다는 거울이다. 그 앞에 서면 중생이 생전에 지은 선행이나 악행이 그대로 비추인다. 그리고 명왕이 그 거울을 보고 망자의 선행을 분간한다.

곧 작가는 단발령 너머의 세계를 저승으로 여기고 있다. 이는 작가 조우인만의 고유한 생각이 아니다. 단발령과 금강산에 대하여 조선시대 문인들이 공유했던 생각이 「관동속별곡關東續別曲」에 재창출되었을 뿐이다. 그리고 작가는 더 나아가 지옥불에서 고통받고 있을 기군영신欺君佞臣과 오국권간誤國權奸을 떠 올리면서, 역사상의 정치 현실에 대한 불신과 절망을 토로하고 있다.

영조 대의 문인 박순우朴淳愚(1686~1759)는 54세 때에 금강산을 유람하고 「금강별곡金剛別曲」을 썼다. 그 역시 금강산을 다음과 같이

---

47) 태백산맥은 중앙산맥, 내방산맥, 해안산맥 등 세 줄기로 나누어진다.
48) 산꼭대기가 말안장처럼 움푹 들어가 있는 지형을 말한다.

명부로 인식하고 있다. 저승과 관련된 일련의 지명들이 운위되는 것은 그 때문이다.

> 그 아래 황천강黃川江을 그 뉘라서 이름한고
> 상하上下 징담간澄潭間에 네 혼자 금빛이다.
> 강 위에 성을 쌓고, 성요城腰에 문을 내니,
> 문명門名 지옥地獄이 어느 중 지어낸고
> (후략)
> 문으로 들어가면 영원동靈源洞이 그 안이다.
> 천석泉石도 좋거니와 봉명峰名도 유심有心하다.
> 십왕봉十王峰 장군봉將軍峰과 동자봉童子峰 사자봉使者峰은
> 이름한 처음 뜻이 명경明鏡에 조응照應한다.
> 지옥문地獄門을 빙자하여 중생을 경계警戒토다.

다른 맑은 강들과 달리 홀로 금빛 나는 황천강을 건너면, 그 위로 성곽이 있는데, 이곳이 저승이다. 성곽에는 여러 성문이 나 있는데, 그중에 지옥문을 들어서면 영원동이 나온다. 영원동으로 들어서면 그 일대에는 시왕봉十王峰, 장군봉將軍峰, 동자봉童子峰, 사자봉使者峰 등 그 의미가 심상치 않은 봉우리들이 즐비하다.

작가는 이들 봉명峰名이 모두 유심有心, 곧 명경明鏡과 관련한 깊은 속뜻이 있다고 지적한다. 봉우리 이름이 저승과 그곳에서의 심판에서 유래한다는 것이다.

이렇게 작가는 금강산이 지닌 명경의 상징에 대하여 읊고 있지만, 실제로는 봉명들이 지옥문地獄門을 빙자하여 중생에게 악업을

쌓지 말라는 것이라고 여기고 있다.

그 밖에도 작자 미상의 「금강산가金剛山歌」(1816)에도 석가봉釋伽峰, 지장봉地藏峰, 지옥문地獄門, 황천강黃川江, 영원동靈源洞 등의 지명이 등장한다.

이들 지명 중에서 영원동은 특히 부연 설명할 필요가 있다. 영원靈源은 말뜻 그대로 '혼령의 근원' 또는 '혼령의 본향'이란 의미이다. 육당 최남선에 의하면, 불교에서는 금강산 영원동이 명부 소속이라고 여기기 때문에, 이 일대가 모두 명부와 관련된 지명으로 명명되었다고 한다.[49] 특히, 영원동은 지금도 비가 내리는 음습한 한 밤 중에는 명부에서 죄인을 닦달하는 소리가 들린다고 한다. 또한 이곳은 금강산 중에서도 가장 깊은 곳에 위치한 까닭에 오래도록 국선國仙과 선승禪僧들의 순례지였다.[50]

금강산과 단발령은 조선후기 화가들에게도 대단히 각광을 받았던 주제였다. 정선鄭敾(1676~1759)의 「신묘년풍악도첩辛卯年楓岳圖帖」(1711)이 대표적 작품이다.[51]

---

49) 최남선, 문성환 역, 『금강예찬』, 경인문화사, 2013, 38쪽.
50) 최남선은 영원동을 명부라 일컫는 것은 불교에서 비롯된 것이 아니라고 보았다. 이는 고대로부터 이어진 신도神道의 오랜 전승을 불교가 물려받은 것에 불과하다는 것이다. 이에 더하여, 불함 문화 계통의 고대 신도에서는 사람이 죽으면 혼령이 났던 본래 자리로 돌아간다는 신앙이 있었는데, 그 지점은 대개 동방 해변의 높고 거대한 산악이라 하였으니, 중국인의 태산처럼 조선에서는 금강산이 그 자리라고 언급하였다. 이것이 다만 도교와 불교를 거치면서 오늘날의 지옥 관련 지명으로 남은 것이라고 한다(최남선, 앞의 책, 43~44쪽).
51) 이경화, 「겸재의 신묘년 풍악도첩 1711년 금강산여행과 진경산수화의 형성」, 『미

단발령에서 금강산을 바라보는 진경산수화는 더욱 인기가 있었다. 단발령에서는 금강산 전경이 한 눈에 감동적으로 들어오기 때문이다. 정선의 「단발령망금강전도斷髮嶺望金剛全圖」, 이인문李寅文(1745~?)의 「단발령망금강斷髮嶺望金剛」, 이풍익李豊瀷(1804~1887)의 「단발령斷髮嶺」, 변관식卞寬植(1899~1976)의 「단발령斷髮嶺」 등이 대표적이다.

특히 정선의 「단발령망금강전도」에서는 단발령 고개에서 금강산을 감상하고 있는 십 수 명의 사람들까지 그려져 있다.

2) 망자씨가 단발령을 넘어서니 부모형제 처자식은 나를 보내고 애절하게도 통곡하련만 어이 이리도 적막한가, 청천에 울고 가는 저 기럭아 너희는 살던 곳과 있던 곳과 다니던 곳을 다 보고 듣고 알련마는 어이 이리도 적막하냐 애원이 통곡한다.

망자는 단발령을 넘은 후에 적막한 공간에서 애처롭게 통곡한다.[52] 일체의 소음도 없고, 인기척이라고는 찾아볼 수 없는 적막한 공간은 망자를 두려움으로 몰아넣는다.[53] 망자는 "어이 이리도 적막한가."를 두 번 반복하고 있다. 적막함에 따르는 외로움과 무서움은 한층 더 고조된다.

___

술사와 시각문화』 11, 사회평론, 2012, 참조.

[52] 박필관 본에는 망자가 어흥재를 넘어간 후에 이승의 가족을 그리워하며 통곡한다. 여기에서 그 뜻이 불명확한 어흥재는 이내황 본의 단발령에 해당한다.

[53] 인도 신화에서는 최초의 신이 세상에 태어나 보니 아무도 없고 지극한 고요함에 파 묻혀 있었다. 이때 최초의 신은 "아! 무섭다."라고 탄식한다. 적막함은 공포를 초래하기도 한다.

정선 作, 망금강 단발령도 (국립중앙박물관 소장)

그런데 적막, 곧 고요하고 쓸쓸하다고 읊으면서, 또 다른 한편 기러기의 울음소리를 듣는다.[54] 이 대목은 마치 소리가 없는 한 폭의 산수화를 보는 듯하다. 그림에는 한 떼의 기러기가 날고 있다. 정적이 흐르는 산수화에 바람소리, 물소리, 그리고 기러기 울음소리도 들리지 않는다. 그러나 마음을 열고 다시 그 산수화를 보면 많은 자연의 소리가 들려온다. 심상心象에 따라서 소리는 들리기도 하고, 들리지 않기도 한다.[55] 울고 가는 기러기 소리는 망자에게는 여전히 무음이다.

이승을 떠난 망자는 저승길 초입을 지나 이제 방금 본격적인 관문인 단발령을 힘들게 넘었다. 이승은 점점 더 멀어져 가고, 저승은 더 가까이 가고 있다. 이 시점에서 망자는 애곡하고 있을 부모형제와 처자식이 보고 싶고, 견디기 어려운 슬픔 속에서 어떻게 지내는지 궁금하다. 망자를 떠나보내는 유가족이나, 가족을 남긴 채 떠나는 망자나 모두 그리움과 아쉬움으로 비참하다. 그래서 망자는 울고 가는 기러기를 부러워한다. 이승과 저승을 넘나드는 기러기[56]는 유가족들이 지금 어찌하고 있는지를 안다고 여기기 때문이다. 이승과 저승을 소통하는 기러기와 이승과 저승이 차단된 망자가

---

54) "---청천에 울고 가는 저 기럭아---"는 전통적으로 외로움을 표현할 때 쓰이는 일종의 관용구이다.
55) 오선지에 음표가 가득한 악보는 그것을 읽는 사람에 따라서 음악이 들리기도 하고, 그렇지 않기도 한다.
56) 기러기는 오리과 기러기속으로 분류되는 대표적 조류이다. 기러기는 오리와 더불어 고대로부터 '이승과 저승' 또는 '천상계와 지상계'를 오고가는 하늘새 또는 신조神鳥로 알려져 왔다(이필영, 「마을신앙의 사회사」, 웅진출판사, 1994, 357~364쪽).

그렇게 대비된다.

『황천해원경』의 망자가 누구인지는 모른다. 그러나 "부모형제
와 처자식이 나를 보내고 - - -"라는 대목에서 보면, 아직 부모
를 여의지 않은, 자신을 부모의 가슴에 묻은 불효자로 보인다. 부모
를 이승에 두고 눈을 감은 망자는 본인의 죽음보다 부모의 끊어진
애간장에 더욱 처절하다. 형제와 처자식도 감내하기 어렵다. 그러
고 보면 망자는 천수를 누린 복록 있는 노인이라기보다는, 한 가정
의 기둥인 대주大主로 보인다.[57]

3) 수천 리를 가노라니 대강이 막고 있어서 이 강은 무슨 강이냐고 묻는다.

이승에서 큰 산은 큰 강과 더불어 지역을 구분하는 경계가 된
다. 저승에서도 마찬가지이다. 저승에서도 산과 강에 의하여 각
지역이 분할되어 있고, 점차 목적지인 '세왕이 있는 저승'으로 가기
위하여 반드시 대강을 건너야 한다.
　주지하다시피 모든 인류 사회에서는 이승과 저승 사이에 강이
존재한다는 관념을 가지고 있다. 동아시아 한자문화권에서는 이른
바 황천黃泉이 바로 그것이다. 메소포타미아의 신화인 「길가메시의

---

57) 물론 『황천해원경』의 '부모형제 처자식'은 특정 의미를 지닌 문구가 아니라, 한
　　인간의 혈연관계를 설명할 때에 쓰는 상투적 표현일 수 있다. 따라서 본문의
　　해석은 축자적 의미에만 한정된다.

서사시」에서는 "몸을 입고 태어난 피조물은 모두 언젠가 서쪽으로
가는 배를 탈 것이고,"라고 하고 있고,[58] 고대 이집트의 옛 무덤에는
'저승으로 가는 배'가 다수 발견된다. 이 배에 탄 이들은 죽은 자들
로서 저승으로 항해하는 중이다. 그리고 그리스 신화의 스틱스 강
을 위시한 5개의 강 그리고 뱃사공 카론도 그 대표적 사례이다.
곧 인간은 죽으면 이 강들을 건너 저승의 왕 하데스가 지배하는
명계에 도달한다.

만주 샤먼인 니샨의 신가神歌에도 강에 대한 내용이 등장한다.
저승 세계에 들어간 니샨 샤먼은 두 줄기의 강을 건넌다. 첫 번째는
절름발이 뱃사공이 건네주는 강이며, 두 번째 강은 아무도 건네
줄 이가 없어 그녀의 북을 던져 이를 타고 건너야 한다. 니샨 샤먼이
저승 여행을 마친 다음에, 이 강을 건너서 다시 이승으로 돌아와
소생하게 된다.[59]

바리데기 무가에서는 바리데기 공주가 서천서역국을 찾아 가는
도중에 소강·대강·만경창파를 만나서 어쩔 줄 몰라 울고 있자,
하늘에서 한 쌍의 학이 와서 강을 건네준다. 돌아오는 길에도
강을 만나자 용궁에서 거북이를 보내서 그녀가 강을 건너는 것을
돕는다.[60]

동해안 오구굿에서 쓰이는 용선龍船은 망자가 극락으로 가는 길에

58) N.K. 샌다즈, 이현주 譯, 『길가메시 서사시』, 범우사, 1978, 47쪽.
59) 최준, 「니샨 사먼의 저승 여행」, 『동아시아 고고학』 21, 동아시아고고학회, 2010,
356쪽~357쪽.
60) 김태곤, 「바리데기(안동 송희식 구술본)」, 『황천무가연구』, 창우사, 1966, 198~
199쪽.

동해안 굿에서 쓰이는 용선 (강릉시 강문동)

타고 갈 배다. 무녀들이 무가를 부르면서 굿당 안에서 바깥쪽으로
깔아놓은 백포 위에 위패를 놓고 조금씩 밖으로 밀어 나간다. 백포
의 끝에는 용선이 준비되어 있다. 무녀들의 설명에 따르면 "이 장면
은 영가께서 반야선을 타고 유수강을 건너 극락으로 가는 것이다."
라고 한다.[61]

　　신라의 주형토기舟形土器도 망자를 저승으로 보내는 선박의 상징
성을 지닌다. 경주 금령총金鈴塚에서 발굴된 이 토기는 받침대 위에
배 모양을 얹어놓은 형태이다. 배 안에는 뱃사공이 노를 젓고 있다.
이승과 저승 사이의 강과, 이를 건너기 위한 배에 대한 인식이 이미
고대 신라 시기에도 있었음을 보여주는 자료이다.

　　호남 씻김굿의 마지막 제차에서도 '길닦음'을 한다. 고풀이나
씻김 등을 통해 이승에서의 한을 풀게 하고 망자가 극락왕생하도록
길을 닦아주는 것이다. 이 때 '길'은 안방에서 마당으로 길게 펼쳐놓
은 무명베이다. 긴베는 이승과 저승을 이어주는 길이다. 이 길을
지나 망자가 저승으로 들어가게 된다.[62]

61)　최길성, 『새로 쓴 한국무속』, 아세아문화사, 1999, 356쪽.
　　　이에 대해 조흥윤은 〈정토삼부경〉, 〈안락국전〉, 〈이공본풀이〉에 용선이 등장하
　　　지 않는 점, 경남, 전라 이외 지역의 망자천도굿에서 용선의 존재가 나타나지
　　　않는 점에 대해서 주목했다. 그는 용선이 정토신앙 내지 왕생신앙과 관련된 한국
　　　불교적 상상력으로 나타난 것이며, 무의 전통적 꽃과 재생의 세계가 강령하기에
　　　그것이 수용되지 못하고 남부지역에서만 불교의 왕성한 신앙을 배경으로 용선이
　　　받아들여진 것이라고 보았다(조흥윤, 1999, 「한국지옥연구 - 巫의 저승」, 『샤머
　　　즘연구』 1, 샤머니즘학회, 68쪽).
62)　이경엽, 『씻김굿 무가』, 박이정, 2000, 70쪽.

신라 주형토기 (국립중앙박물관 소장)

4) 사자들이 수석강 용안강 삼멸강이라 대답하고 혼자서 가라면서 홀연히 사라지자 망자가 삼강에 막혀서 어쩔 줄 몰라 슬피 운다.

저승사자들의 역할은 저승으로 가기 싫은 망자를 억지로 데리고 가는 것이다. 그렇기 때문에 대개 무가나 무경에 등장하는 저승사자들은 삼각수三角鬚를 흩날리며 망자의 목을 단번에 낚아채는 무서운 존재로 묘사된다.

이러한 저승사자들은 망자를 이끌고 저승길을 거쳐 세왕에게 심판을 받게 해야 할 의무가 있다. 그런데 『황천해원경』에서는 저승사자가 망자를 홀로 남겨두고 홀연히 사라진다.[63] 망자는 그들의 부재에 당황한다. 저승 가는 동안 유일한 의지처가 사라진 셈이다. 이제 한 번도 가본 적 없는 저승길을 혼자 가야 한다. 망자는 더욱 막막해 질 수 밖에 없다.

망자가 저승길에 만나는 강은 수석강, 용안강, 삼멸강이다. 이러한 강의 명칭은 『황천해원경』을 소장하고 있는 법사에 따라 수석강을 수척강 또는 수암강, 용안강을 용암강으로 그 표기가 달라지기도 한다.[64]

---

63) 이내황 본에서는 저승사자들이 망자에게 혼자서 가라면서 홀연히 사라지고, 망자는 어찌할 줄 몰라 슬피 우는 대목이 나온다. 그런데 한응회 본과 박필관 본에는 저승사자가 홀연히 사라지는 내용은 없다. 이내황 본을 필사한 정해남 본도 마찬가지다. 다만, 망자가 홀로 수사·목사·태사관 일행을 만나 도움을 받는 장면과 청의동자의 도움을 받고 그와 대화하는 상황 등을 종합해 보면, 문맥상 저승사자가 망자를 호송하는 중에 잠시 사라진 것으로 보는 것이 타당하다.

64) 『황천해원경』에 등장하는 3개의 강 이름 중에 용안강龍安江은 실제 지명에도 나타

이러한 강 이름은 실제 지명과는 거의 관계없는 상징적 땅 이름이다. 특히, 삼멸강이라는 명칭이 그 상징성을 뚜렷이 드러낸다. 아마도 불교의 삼계, 즉 욕계欲界, 색계色界, 무색계無色界를 없앤다는 의미를 갖고 있는 것으로 보인다.[65]

『법화경法華經』「비유품譬喩品」에 보면, 삼계에는 편안함이 없어서 항상 생生·노老·병病·사死의 근심이 있다고 한다. 삼멸강을 건넌다는 것은 이러한 고苦가 모두 사라진다는 의미이기도 하다.

한편, 바리데기 공주 무가에서 등장하는 강의 이름은 이와 다르다.

바리데기 공주가 서천서역국에서 이승으로 돌아 나올 때 만나는 강 이름은 황천강과 유사강이다. 바리데기 공주 무가에서 유사강이라는 지명이 등장하기 때문에, 망자천도굿을 하는 무당들도 유사강(또는 유수강)을 흔히 일러 말한다.[66] 유사강은 아까마쓰 지죠赤松智城가 구술 채록한 시흥 무부巫夫 하영운의 「죽엄의 말」에도 나오는 이름이다.[67] 이를 고려하면, 수석강·용안강·삼멸강은 『황천해원경』에서만 나타나는 저승 지명으로 보인다.

난다. 용안강은 오늘날 전라북도 익산시 용안면과 충청남도 부여군 임천면 사이로 흐르는 강이다. 그러나 무경에 등장하는 강 이름과 실제 지명이 위치하는 곳과의 직접적인 관련성은 매우 희박해 보인다.

65) 조선가요집성본의 서왕가西往歌에는 망자가 삼계바다를 건너가는 대목이 등장한다(임기중, 『한국불교가사원전연구』, 동국대출판부, 2000, 90쪽).

66) 최길성, 『새로 쓴 한국무속』, 아세아문화사, 1999, 356쪽.

67) 「죽엄의 말」에서 망자가 세왕전에 들어가기 전에 유사강을 맞닥뜨리게 되고, 이 때 백선주白船主라고 하는 사공이 망자를 배에 태워 강을 건네준다(赤松智城·秋葉隆 著, 심우성 譯), 『조선무속의 연구』上, 동문선, 1991(1937), 205쪽).

원문 4. 청의동자의 도움을 받아 강을 건너는 망자

수사 목사 태사관이 그 강가에 있다가 망자 불러 묻는 말이
그대는 어떤 연유로 여기 와서 슬피 통곡 하느냐
망자씨 애절하게 여짜오되 저는 본시 해동의 조선국
○○○도 ○○군 ○○면 ○○리에 거주하던
○○생 망자로서 저승길을 가옵는데
길이 막혀 어쩔줄 몰라 우나이다. 태사관 그말 듣고
열씨를 세말 세되 세홉을 내주며 하는 말이
이 열씨를 갈아가꾸어 왕성하거든 베어 벗기고
열대로 다리를 놓고 건너라 분부하니
망자씨 기가 막혀 슬피 울며 여짜오되 일시일각이 바쁘온데
어느 세월에 이 열씨를 갈아길러 열대로 다리 놓고 건너가라
하나이까
태사관 거동보소 이번엔 솔씨를 삼두 삼승 삼홉을 내어주며
하는말이
이 솔씨를 심어길러 원목이 되거든 베어서 배를 지어 건너라고
분부하니 망자씨 더욱더 기가 막혀
열씨 솔씨를 심지 못하고 슬피 통곡만 하노라니
설렁할미 하얀할미가 그 망자를 불쌍히 여겨 내달아서
따바로 활활 땅을 갈고 열씨 솔씨를 훨훨이 뻬여주니
망자씨 인간 공덕 없었으면 어찌 그러하리요만
망자씨 일각이 급한 중
강을 건너지 못하고 강만을 바라보며 슬피 울기만 하노라니

이때에 청의동자青衣童子가 일엽선을 타고 나타나 하는 말이

그대가 해동의 조선국 ○○○도 ○○군 ○○면 ○○리에

거주하던 ○○생 망자입니까 그 망자거든 이배에 오르소서

망자씨 눈물짓고 한숨 쉬며 배에 오르니 그 배가 화살같아

순식간에 건너편 언덕에 다다라서

청의동자가 망자씨더러 내리라하니

망자씨 배에서 내려 동자에게 묻는 말이 동자님은 누구십니까

청의동자 대답하되

남해용왕의 셋째아들이온데 부왕께서 분부하시되

이승의 불쌍한 망자가 길이 막혀 슬피 울고 있으니

어서 가서 건네주라

하시기로 예왔사오니 어서 빨리 가옵소서

망자씨 또다시 묻는 말이

여기서 세왕전까지 가려하면 얼마나 되나이까

청의동자 대답하되 육로로 가려하면 구만사천리 거리요

수로로 가려하면 팔만사천리 거리로되 수로로는 갈 수가 없으니

육로로 가옵소서 망자씨 동자를 작별할 제 청의동자 다시 이르되

그리로 수천리를 가노라면 좌편에 대로大路가 있고

우편에 소로小路가 있을 터이니

좌편대로를 버리시고 우편소로로 가옵소서

좌편대로는 처음은 길이 좋지만 점점 갈수록 험악하여

쇠성 가시성 칼성을 넘어서 삼천지옥 가는 길로써

악한사람을 잡아가는 길이라

그 길은 지옥길로써 그리로 들어가는 죄인망자는 칠월의 백중일이나

한번쯤 세상 구경 하거나 말거나 하는 곳이요

우편소로는 세상의 착한사람을 데려가는 길이온데

하루에 성인군자 한분씩 들어가거나 말거나 하는 길로써

처음에는 좁고·험해도 그길로 점점 들어가면

길이 넓고 명랑할 것입니다

은 가래에 은줄매고·놋 가래에 놋줄매어

청록홍록 후리휘칭 매어놓고

오는 망자 가는 망자 황천길을 닦아보세

나무아미타불 관세음보살

염불노래 부르면서 협소한 길 넓게 닦고 굽은 길은 곧게 닦고

높은 곳 밀어다가 깊은 곳을 메꾸고 활활이 닦은 길로

또 수 천리를 가노라면 좌편에 우물 있고

우편에도 우물이 있을테니

어느 편 우물이든 망자씨가 선택하여 세 모금만 먹고 가오

좌편 우물을 마시면 여자로 환생하고 우편 우물을 마시면

남자로 환생한다 하였으니 어느 쪽 우물이든

세모금만 마시면 배도 부를 것이요

정신도 깨끗할 것입니다

그리로 계속해서 가시는 중 배가 고파도 쪽지 꽃도 따먹지 말고

졸리더라도 잠자지 말고 졸지도 말며 길만 보고 계속하여 가옵소서

수천리를 가노라면 또 대산大山이 가로막을 것이니

그 산 이름은 혈명산이라

혈명산 하에 석가세존 아미타불 부처님이 계실터이니

그 부처님전 참배하고 염불하고 가옵소서

나무아미타불이라하고

나무동방제두뇌타천황보살 나무아미타불,

나무남방비류늑차천황보살 나무아미타불,

나무서방비류박차천황보살 나무아미타불,

나무북방비사문천황보살 나무아미타불,

나무중앙황제대변천황보살 나무아미타불 외우면서

계속하여 수천리를 가노라면 또 대령大嶺이 가려있으니

그 고개명은 어흥재라 그 고개를 넘어갈 적에

어흥어흥 소리를 두세 번만 외치고·넘어가오

망자는 수사水使,[68] 목사牧使,[69] 태사관太史官[70] 일행과 설령할미, 그리고 청의동자[71]의 도움을 받아 강을 건넌다. 수사, 목사, 태사관은 각각 무관武官, 문관文官, 역관曆官으로 실제 역사상의 관직명이다. 이는 이승에서와 마찬가지로, 저승에서도 동일한 관료 체계가 있다고 상정하는 것이다. 또한 이들 관직명을 통해 『황천해원경』이 구성된 시기를 어느 정도 짐작하게 한다.

설령할미의 정체는 분명하지 않다. 다만 그녀가 노파老婆임은 주목된다. 역시 오랜 역사 속에서 전승되는 노구老嫗에 대한 상징적 의미가 여기에 차용된 것이다. 남해용왕의 셋째 아들이라고 자신을 밝힌 청의동자는 망자를 배에 태워서 강을 건네준다.[72]

망자는 청의동자의 조언으로 점점 넓어지는 오른편 길을 택하여 홀로 저승길을 간다. 이윽고 그는 석가세존 아미타불 부처님이 계시는 혈명산에 도착한다. 혈명산은 『황천해원경』에만 등장하는 지명이다.

---

68) 조선시대 정3품 외관직 무관으로 수군절도사水軍節度使의 약칭이다.
69) 조선시대 정3품 외직 문관. 지방 행정 단위의 하나인 목을 다스린다.
70) 한응회 본에는 태사관太史官, 박필관 본에는 태사관太師官으로 기록되어 있다. 여기에서 그 뜻은 다소 불명하다. 아마 천문·지리 등으로 점복을 하는 관리로 보인다.
71) 한응회 본에서는 사해용왕 3子로 기록되어 있어서 이내황 본과 차이를 보이고 있다.
72) 경기 남부지역 무가인 「죽엄의 말」에서도 망자가 강을 건너는 내용이 등장한다. 다만 「죽엄의 말」에서는 망자가 수륙재를 받아먹고 다시 세왕전으로 가는 길에 유사강을 맞닥뜨리게 되자 백선주白船主라는 사공이 나타나서 망자를 태우고 강을 건넌다는 내용이 등장할 뿐이다.

1) 수사 불사[목사][73] 태사관이 그 강가에 있다가 망자 불러 그대는 어떤 연유로 여기 와서 슬피 통곡 하느냐고 묻는다.

이승의 지형처럼 저승으로 가는 길에도 큰 산과 큰 강이 있다. 결코 순탄한 길이 아니다. 그러나 망자가 저승길에 들어선 이상 반드시 가야만 하는 길이다. 그 길이 큰 강으로 막혀 있으므로 망자는 난감한 상황이다. 더군다나 저승사자들마저 떠나고 혼자 남았다. 길이 단절되었어도, 인솔자들인 저승사자들이 사라졌어도 망자는 어떻게 해서든 저승에 온전히 당도해야 한다. 망자가 저승길에서 처음 겪는 난관이다.

이러한 경문의 내용이 구송되어 망자의 유족들에게 들려진다. 망자의 유족들은 경문의 내용을 듣고 망자의 곤란함에 더욱 안타까움을 느낄 것이다. 할 수만 있다면 이승에서라도 어떻게든 망자를 돕고 싶을 것이다. 망연자실한 망자에게 어떤 도움의 손길이 닿는다면 얼마나 좋겠는가.

이때 망자 앞에 홀연히 수사, 목사, 태사관이 나타나 도움을 주려고 한다. 저승사자들 외에는 그 어떤 이도 없을 것 같았던 저승길에 다른 이들이 등장한 것이다. 심지어 이들은 예사 인물들이 아니다. 관직명도 가지고 있다. 망자가 평범한 조선의 백성이었다면 쉽게 만날 수 없는 이들이다. 이승의 기준으로 보면 권력자들

---

73) 이내황 본에는 망자가 저승사자와 헤어진 후에 수사, 불사, 태사관이 등장한다. 한응회 본과 박필관 본에는 수사, 목사, 태사관으로 한자와 병기되어 있다. '불사'는 '목사牧使'의 오기誤記로 보인다.

이다.

　수사와 목사는 조선시대 때 지방을 관할한 정3품의 외직外職이다. 이 중 수사는 주로 무관武官이 많았고, 목사는 문관직文官職이다. 수사, 목사와 달리 태사관은 조선초기에만 있었던 관직이다.[74]

　본래 태사관은 중국에서 천문을 관측하는 관리였다. 나관중의 『삼국지연의』에는 사마의司馬懿(179~251)가 별을 관측하던 태사관으로부터 장수성將帥星이 떨어졌다는 보고를 받고 제갈공명이 죽은 것을 알았다는 내용이 전한다.

　우리의 고전소설「심청전」에서는 천자가 심청을 황후로 맞아들일 때 태사관에게 택일할 것을 명한다. 이러한 중국의 직제를 신라가 받아들였고,[75] 그 뒤를 이은 고려왕조에도 천문을 관장하는 태일국太一局을 두었다. 태사관은 그에 속한 관원이었다.[76]

　태일국은 천문과 역법 및 도교의 초제 등을 담당하는 곳이었다. 조선 세조 때「경국대전」이 완성되는 과정에서 태일국은 관상감에 편입되었고, 중종 때 도교를 담당하던 소격서가 혁파되면서 정부가 주관하는 도교의 초제는 사실상 단절된다. 당시 소격서의 분원 격이라 할 수 있는 태을전은 충남 태안군에 소재했었는데, 이 무렵 함께 훼철된 것으로 보인다. 『황천해원경』이 충남 태안에서 전승되고 그 내용 중에 태사관이라는 관직명이 등장하는 것은 이러한 역사적 사실과 일정 부분 관련성이 있는 것으로 보인다.

---

74)　「연산군일기」44권, 연산 8년(1502년) 5월 1일.
75)　「점필재집」제2권, 記[迎日縣寅賓堂記], 한국고전종합DB.
76)　'태사관이 일식이 있는데 구름이 덮여 보이지 않는다고 아뢰니…'(『고려사절요』 제8권 예종 문효대왕2.)

태안 김종일 법사의 신당(2006년 촬영).
중앙에 모신 신위가 구천응원뇌성보화천존이다.

태안 지역 앉은굿 법사들은 현재까지도 자신들의 굿을 "행술行術
한다."고 일컫는다. 이들이 말하는 '술術'이라는 낱말은 『조선왕조실
록』에서도 그 용례를 확인할 수 있다.[77] 행술은 글자 뜻 그대로
술을 행한다는 말이다.

그들이 가장 신봉하는 신으로는 도교에서 최고의 신으로 추앙
하는 구천응원뇌성보화천존九天應元雷聲普化天尊과 태상노군太上老君이
다. 또한, 도경인 「옥추보경玉樞寶經」을 최고의 경문으로 꼽고 있다.

이처럼 태사관은 조선 초기에 이미 없어진 관직명이지만, 소설
이나 무가에는 천문이나 점복과 관련된 관원으로 간혹 등장한다.[78]

**2) 망자씨가 저승길을 가는데 길이 막혀 어쩔 줄 몰라 운다고
고하자 태사관이 열씨를 세말 세되 세홉을 내주며 이 열씨를
갈아 가꾸어 왕성하거든 베어 벗기고 열대로 다리를 놓고
건너라 한다.**

태사관이 망자에게 강을 건너는 방법을 일러주며, 열씨를 내어
준다. 열씨는 삼씨의 또 다른 말이다. 망자가 받아든 열씨는 세말
세되 세홉이다. 숫자 3이 3번 겹쳐서 그 종교적 의미가 더해진다.

---

77) 「연산군일기」 연산8년 기사를 참조하면, 태일경을 다루는 이들을 '술가術家'라 하
고, 이들의 경전을 술서術書, 그리고 그 행위를 술수術數라 지칭하고 있다(「연산군
일기」, 연산 8년(1502년) 5월 1일).

78) '바리공주' 무가에서 태사관은 해몽解夢을 하는 등 점복占卜과 관련된 관리官吏로
등장한다(김진영·홍태한, 『서사무가 바리공주 전집』 1, 민속원, 1997, 480~
481쪽).

당금애기가 시준에게 시주하는 쌀도 세말 세되 세홉이다. 마을 제
사나 굿을 할 때 추렴하는 곡식도 서되 서홉이 기본이다.

『부모은중경父母恩重經』에서도 어머니가 자식을 낳을 때 흘리는
피가 세말 세되나 된다고 한다. 어머니의 하늘같은 은혜와 출산의
고통을 나타내는 숫자이다.

그러나 망자 입장에서는 열씨를 뿌리고 가꾸어서 다리를 놓을
시간이 없다. 더욱이 열씨[삼씨]는 껍질을 벗기기가 어려울 뿐만
아니라, 다 자란 열대를 가지고 다리를 만드는 것도 쉬운 일이 아니
다. 망자는 최대한 빠른 시간 내에 저승길을 거쳐 세왕전에 도착해
야 한다. 이승에서는 결코 가고 싶지 않은 저승길이지만, 그 길에
들어선 이상 최대한 서둘러 저승을 지나야 한다. 태사관의 제안은
강을 건널 수 없는 망자 입장에서는 그저 고마운 일이지만, 사실
최선의 방법은 아니다.

**3) 망자씨 슬피 울며 어느 세월에 이 열씨를 갈아 길러 열대로
다리 놓고 건너가라 하냐고 말하자, 태사관이 이번엔 솔씨를
3두 3승 3홉을 내어주며 이 솔씨를 심어 길러 원목이 되거든
베어서 배를 지어 건너라 한다.**

저승길을 빨리 통과하고 싶은 망자의 마음이 드러난다. 가기
싫은 저승길을 마지못해 나섰지만 이제는 조금이라도 지체할 겨를
이 없다.

망자가 태사관 일행에게 열씨로는 다리를 만들 수 없다고 하자,
태사관이 솔씨 서되 서홉을 내어주며 이를 길러 원목이 되거든

배를 지어 건너라고 한다. 열씨로 다리를 만드는 일보다는 조금 수월할 뿐만 아니라, 시간도 비교적 단축될 수 있다. 그러나 일각이 급한 망자 입장에서는 이마저도 바람직한 해결책이 될 수 없다.

망자 입장에서는 태사관의 제안이 터무니없는 방법으로 보일 수 있다. 그러나 태사관의 제안을 통해 망자가 강을 건너는 방법이 점차적으로 구체화되고 실현 가능성이 조금씩 높아져 간다. 망자를 호송하던 저승사자들마저 사라진 마당에 태사관 일행이 그의 앞에 나타난 것만으로도 망자가 강을 건널 수 있는 기대를 갖게 한다. 그 어느 누구도 없을 줄 알았던 적막한 저승길에 조력자들이 등장한 것이다. 그 존재마저도 희망이 된다. 이에 더해서 열씨와 솔씨는 망자가 강을 건너는 방법이 점점 구체화되는 과정을 보여준다.

이처럼『황천해원경』에서는 망자가 강을 건너는 방법이 단계적이고, 구체적으로 언급된다.

이와 달리 죽은 이의 천도와 관련된 다른 무가에는 망자가 강을 건너는 내용이 구체적으로 나타나지 않는다.[79] 유독『황천해원경』에서 망자의 저승가는 길이 상세히 묘사되는 이유는 무엇일까? 아마도 저승길을 거쳐 망자가 저승에 안착하는 노정 자체가 그의 해원 과정이기 때문일 것이다. 뿐만 아니라 망자의 유족들도 이

---

79) 화성 집가심 무가에서는 "사방을 둘러보니 산은 첩첩산중이요 봉봉이 가시봉이오니."라고만 언급되어 있다. 「죽엄의 말」에서는 "세상으로 가실 적에 산은 몃산[몇] 개의 샌 넘으시고, 물은 몃번[몇 번] 건느시고 들은 몃번 지나섯나. 다리는 몃치나 건느시고 고개는 몃고개나 넘으신고 소불옥산 대불옥산 우러넘든 청산, 시러넘든 청산 성임들 광임들을 건느시고 석교다리 삼천삼백쉬인여덜간 목다리 삼천삼백쉬인여덜간 그 다리 건너가니."라고 간단히 언급되어 있다.

경문을 들으면서 망자와 그 노정을 함께 하는 듯한 감정을 갖게
된다.

**4) 망자씨가 열씨 솔씨를 심지 못하고 슬피 통곡만 하자
설렁할미 하얀할미가 그 망자를 불쌍히 여겨 도와준다.**

태사관의 배려는 망자에게 직접적인 도움이 되지 못한다. 이번
엔 설렁할미 하얀할미가 등장해서 망자를 돕는다.[80] 설렁할미 하얀
할미는 얼핏 두 명의 할머니로 생각할 수도 있다. 그러나 망자를
돕는 인물이 1명임을 감안하면 '설렁'과 '하얀'의 성격을 모두 갖고
있는 한 명의 할머니로 보인다.

'설렁'의 의미를 정확하게 파악하기 어렵다. '하얀할미'의 의미
는 백발의 노구老嫗를 표현한 낱말로 추측된다. 이러한 존재는 산
자와 죽은 자의 중간에 있으며, 때로는 신적인 존재에 더 가까운
이미지로 인식된다.

고대사회에서 노구는 하늘과 땅 또는 신과 인간을 매개해 주는
신적 존재이다. 그래서 왕의 국정에 자문을 하는 존재이기도 하
다.[81] 노구는 특히 조선 후기 야담에서는 어려운 난관에 봉착한
주인공을 도와주는 존재로 여겨진다.[82] 『황천해원경』의 '설렁할

---

80) 김태곤 교수는 설눙할미를 '당산철눙'이라는 '철눙'이 '설눙'으로 발음되는 것이
     아닌가 생각되어 당산철눙이 민간에서 산신을 일컫는다고 보아 이를 '山神할머니'
     로 유추하였으나, 좀 더 신중한 검토가 필요할 것으로 생각된다(김태곤, 1968,
     「황천해원풀이」, 『국어국문학』 39·40, 국어국문학회, 215쪽).
81) 최광식, 「삼국사기 소재 노구의 성격」, 『사총』 25, 고려대 역사연구소, 1981, 22쪽.

미 하얀할미'도 조선 후기 노구 개념의 영향에서 비롯된 것으로 보인다.

'설령할미 하얀할미'는 망자를 불쌍히 여긴 나머지 본인이 직접 달려와서 도움을 주려 노력한다. 태사관이 내어 준 열씨와 솔씨를 망자 대신 심으려고 한다. 태사관보다 훨씬 적극적이다. 망연자실하며 울고만 있는 망자의 모습을 보고만 있자니 안타까웠던 모양이다. 더욱이 한시가 급하다. 마치 이승에 있는 유족들의 심정을 대변하는 듯하다.

태사관이 곤경에 처한 망자의 사정을 고려하지 않은 비현실적 대안을 제시했다면, 신적 존재에 가까운 노구는 망자의 형편을 감안하여 우선 급한 대로 강을 건네주려고 애를 쓴다. 노구는 자애로운 할머니 모습을 그대로 지녔기 때문이다. 그러나 설령할미 하얀할미도 망자가 강을 건너는데 결정적인 역할을 하지 못한다.[83]

인류종교사에서 보면 슬픔에 빠진 사람을 사랑으로 감싸려는 신적 존재는, 현실적으로는 무력하여 실제로 도움을 주기 어려운 경우가 많다.[84] 설령할미 하얀할미도 넓은 의미에서 그러한 보편적

---

82) 김국희, 「조선후기 야담에 나타나는 노구의 특징과 의미」, 『한국문학논총』 70, 2015, 50~56쪽.
83) 이내황 본에는 설령할미 하얀할미로 나오고, 박필관 본에는 설능할미 하얀할매로 등장한다. 한응회 본에는 등장하지 않는다.
84) 엔도 슈사쿠는 예수의 생애를 그렇게 바라보고 있고, 이 대목이 바로 기독교의 신비라고 생각한다(이평아 역, 『예수의 생애』, 가톨릭 출판사, 2017). 물론 당연히 필자는 설령할미 하얀할미를 직접 기독교의 신비와 연결지으려는 것은 아니다. 한편 한국의 미륵신앙에서 불교의 메시아인 미륵이 땅속에 묻혀있는 자신을 스스로 구할 수 없어서 울고 있고 또한 동네 사람들에게 현몽하여 자신을 일으켜 달라고 호소하고 있는 장면도, 앞서 언급한 이야기와 함께, 주목되는 대목이다(이

맥락에서 이해될 수 있을지 모른다.

5) 망자씨 인간 공덕 없었으면 어찌 그러 하리요만, 망자씨 일각이 급한 중에 강을 건너지 못하고 강만을 바라보며 슬피 울기만 한다.

수사, 목사, 태사관, 설렁할미 하얀할미가 굳이 망자를 도와주는 이유는 무엇일까. 적막하다던 저승길에 난데없이 여럿이 나타났다. 저승사자들의 부재가 느껴지지 않을 정도이다. 경문에는 그 이유가 명확하게 드러나지 않는다.

다만, 망자가 이승에서 살면서 공덕을 많이 쌓았다는 사실이 그 이유일 수 있다는 암시를 주고 있다. "망자씨 인간 공덕 없었으면 어찌 그러 하리요만."이란 구절이 바로 그 대목이다.

아마도 망자가 사는 동안 타인을 괴롭히거나 악행을 저질렀다면 그가 저승길에서 만난 이들이 도움을 주지 않았을 것이다. 아예 망자의 눈앞에 나타나지 않았을지도 모른다.

이들 조력자들은 이승에서 망자가 쌓은 공덕의 결과로 인하여 나타난 것으로 보인다. 모든 망자의 저승길에 조력자가 등장하는 것은 아닐 것이다. 인과응보의 관념에서 본다면, 이승에서 악행을 저지른 이에게 선의를 베풀 신령은 없다. 즉, 이승에서 공덕을 많이 쌓아야, 저승길에서 봉착하는 난관을 극복할 수 있는 것이다.

필영, 「내포지역의 돌미륵 신앙」, 『내포의 민속문화』, 충남역사문화연구원, 2016, 38~39쪽).

이 경문을 듣는 이승의 유족들은 망자의 삶과 자신들의 인생을 돌아보게 한다. 그리고 망자의 저승길이 조금이라도 편해질 수 있도록 이승에서 망자 대신 정성을 드린다. 이는 유족들이 망자의 천도를 위해서 해원경을 베푸는 이유이다.

6) 이때에 청의동자가 일엽선을 타고 나타나 그대가 해동 조선국 ○○도 ○○군 ○○면 ○○리에 거주하던 ○○생 망자가 맞거든 이 배에 오르라고 한다.

망자가 여러 조력자들의 도움에도 불구하고 강을 건너지 못하고 서럽게 울고 있다. 큰 강을 빠르게 건널 수 있는 유일한 수단은 배 밖에 없다. 이때 일엽선을 탄 청의동자青衣童子가 나타난다. 큰 배가 아니다. 망자 한 명 겨우 태울만한 작은 배이다. 청의동자는 이미 망자의 신원을 파악하고 있다. 우연히 지나가다가 그를 만난 것이 아니라 그를 돕기 위해 나왔음을 알 수 있다. 청의동자가 타고 온 배는 망자만을 위한 것이다.

7) 망자씨 눈물짓고 한숨 쉬며 배에 오르니 그 배가 화살 같아 순식간에 건너편 언덕에 닿는다.

망자는 청의동자의 도움을 받아 삼강을 쉽게 건넌다. 태사관 일행과 설렁할미의 도움과는 그 성격이 다르다. 그들의 도움이 비현실적이며 무력한 것이라면, 청의동자의 도움은 현실적이며 실제 효력이 있는 것이다. 태사관 일행은 망자에게 다리 또는 배를 만들어서 가라고 재료(열씨와 솔씨)를 제공해 주었다. 그러나 청의동자는 직접 자신이 배를 타고 와서 망자를 태워서 건네주었다. 바빠 저승 길을 통과해야 하는 망자로서는 더 말할 나위 없이 고맙다.

태사관 일행이 이승의 영역에 있는 인격에 가까운 존재라면, 청의동자는 저승의 영역에 있는 신격에 보다 가깝다고 이해된다. 망자는 청의동자의 배에 올라탐으로써 저승의 공간으로 더욱 깊이 들어가게 된다.

그러나 망자는 청의동자의 권유에 따라 배에 오르면서도 눈물을 짓고 한숨을 쉰다. 빨리 강을 건너야 하는 상황이지만 그의 마음은 여전히 내키지 않는다. 도강을 못하는 난관에서 벗어났다는 안도감은 잠시, 결국은 저승으로 점점 다가간다는 사실이 서러움을 자아내는 것이다.

주지하다시피, 강은 현실계에서는 자연적인 경계이지만, 비현실계에서는 이승과 저승을 구분하는 기준으로도 인식된다. 대표적으로 바리데기 무가에 나오는 황천강과 유사강도 이승과 저승 사이를 흐른다.[85] 『황천해원경』에서는 청의동자와 그의 배를 통하여 망자를 이승에서 저승으로 데려가고 있다.

---

85) 바리데기 무가에서는 공주가 서천서역국에서 부왕을 살릴 꽃 등을 구하고서 다시 강을 건너 이승으로 돌아오는 과정에서, 미륵님의 권유에 따라 수천 배가 저승에서 돌아오는 것을 목도하게 된다. 바리데기 공주가 목격한 배는 이승에서 죄를 짓고 억만지옥, 독새지옥으로 돌아가거나, 이승에서 공덕을 지어 서왕세계로 인도환생하여 돌아가는 중이었다(김태곤, 『황천무가연구』, 창우사, 1966, 200~201쪽).

8) 망자씨 배에서 내려 동자에게 누구냐고 묻자 청의동자가 자신을 남해용왕의 셋째아들이라 하며 부왕께서 분부하시되 이승의 불쌍한 망자가 길이 막혀 슬피 울고 있으니 어서 가서 건네주라 하시기로 왔다고 한다.

망자는 삼강三工을 건넌 후에야 청의동자의 정체를 묻는다. 청의동자는 자신이 남해용왕의 셋째 아들로서, 부왕의 명으로 망자를 도와주러 왔다고 설명하고 있다.[86] 용왕은 망자의 딱한 처지를 이미 알고 있었다. 강을 건너지 못하고 쩔쩔매는 망자를 모른 척 할 수 없다. 본래 강과 바다 등 물을 주관하고 있는 신령이 바로 용왕이기 때문이다. 만약, 산신이 나타나 도강을 돕는다면, 『황천해원경』의 이야기 전개는 탈문화적인 것이 된다.

청의동자가 남해용왕의 아들이라는 사실 외에는 그를 파악할만한 단서가 없다. 그러나 청의동자를 단순히 푸른 옷을 입은 동자 정도로 단순히 생각할 수 없다. 청의동자는 『삼국유사』를 비롯한 다른 역사문헌 및 구비자료에도 간혹 보인다. 다음은 각종 문헌자료에 등장하는 청의동자와 그 역할을 표로 정리한 것이다.

---

86) 이내황 본과 박필관 본에는 청의동자의 부친을 남해용왕으로 기록하였고, 한응회 본에는 사해용왕으로 표기되어 있다.

청의동자가 등장하는 문헌자료와 그 내용

구분	자료	가족관계	청의동자의 역할	비고
문헌 자료	삼국유사	-	진표율사를 구해줌	
	세종실록 지리지	-	이영간에게 신기한 술법術法이 적힌 책을 건네줌	
	세종실록	-	기우제를 지냄	청의동자 60명
	대동기문	-	신숙주의 일생동안 그에게 길흉을 미리 알려줌	신숙주가 후손들에게 청의동자 제사를 유훈 으로 남김
구비 자료	상주지	용왕의 아들	심원사 조운대사에게 공부하고 그를 용궁으로 데려가 대접함.	
	덕진다리 유래	-	관철을 저승으로 안내	
무가	천지왕본 풀이	남방국 일월궁의 아들	옥황상제가 청의동자의 네 개 의 눈으로 해와 달을 각각 2개 씩 만듦	앞 뒤에 눈이 달림
	원천강본 풀이	-	오날에게 원천국으로 가는 방법을 알려줌.	옥황의 분부로 성안에서 글만 읽어야 함.
	바리공주 (문순덕본)	-	바리데기 부모에게 한날 한시에 병을 얻을 것을 알려줌	

위의 표에서 보듯이, 청의동자는 『삼국유사』 의해義解편에 처음
보인다. 진표율사眞表律師는 부지런히 미륵상 앞에서 계법戒法을 구했
으나 3년이 되어도 아무런 성과를 얻지 못함으로 발분하여 높은
바위 아래로 몸을 던졌다. 이때 갑자기 푸른 옷을 입은 동자가 나타
나 손으로 받들어 다시 바위 위에 올려놓았다. 이에 율사는 다시
21일을 기약하고 밤낮으로 부지런히 수도를 하였다. 그는 돌에 온
몸을 부딪치면서 참회를 했다. 이 때문에 사흘 만에 손과 팔이 부러
졌다. 이레째 되던 날 밤에 지장보살이 나타나더니 그의 손을 고쳐

주었다. 힘을 얻은 진표율사는 더욱 용맹정진하여 천안통天眼通을 얻고, 이 순간 미륵보살이 나타나 율사를 칭찬하면서 가르침을 내렸다.[87]

진표율사는 신라 경덕왕(재위 742~765) 대의 승려이다. 따라서 청의동자의 개념도 이미 그 당시 또는 그 이전에는 이미 전승되고 있었으리라 추측된다. 여기에서 청의동자가 용왕의 아들인지는 분명하지 않다. 그러나 다른 승려의 수행과정에도 흔히 용왕이 등장하여 도와주는 것을 보면, 청의동자와 용왕의 관계를 상정할 수 있다. 곧 진표를 죽음의 위기에서 구한 것은 청의동자이지만, 그것은 용왕이 시킨 것이고, 더 나아가 용왕의 뒤에 있는 불타의 가피로 이해된다.[88]

『세종실록지리지』 담양도호부潭陽都護府 조에는 다음과 같은 청의동자 기사가 있다.

이영간李靈幹이 어렸을 때, 절의 중이 술을 담가서 거의 익을 때쯤 되면 누가 감쪽같이 훔쳐 먹으므로, 중이 이영간을 의심하여 두세

---

87) 『三國遺事』 卷 第四 제5義解, 關東楓岳鉢淵藪石記(리상호 옮김, 『신편 삼국유사』, 신서원, 1960, 336쪽).
88) 이규보의 『동국이상국집』에는 진표율사眞表律師가 살면서 수진修眞한 곳인 불사의 방장(전북 부안군 변산의 절벽)에 대한 기록이 있다. 이곳은 진표율사의 어머니 지장현신地藏顯身이 수계授戒한 곳이기도 하다. 나무 사다리가 백 척이나 솟아있고 사다리를 따라 내려가면 바로 방장에 이르게 되는데 그 아래는 헤일 수 없는 계곡이다. 철사로 그 집을 이끌어 바위에 못질했으므로 세상 사람들이 바다 용이 만든 것이라 한다(『東國李相國集』 券9 古律詩 不思議方丈).

번 종아리를 때렸다. 이영간이 몰래 엿보니, 늙은 삵괭이가 와서 훔쳐 마시므로, 이영간이 잡아서 죽이려 하였다. 그 삵괭이가 말하기를, "네가 만일 나를 놓아주면 평생에 쓰일 신기한 술법術法의 책을 얻을 수 있을 것이다."하였다. 때마침 청의 동자青衣童子가 나타나 한 권의 책을 던져 주므로, 이영간이 그 삵괭이를 놓아주었다. 그리하여 그 책을 간직하여 두었는데, 나중에 장생하여 벼슬하매, 그 모든 하는 일이 보통보다 달랐다. 그 기이한 일을 다 적을 수는 없고, 오직 그 하나를 들면, 문종文宗이 박연朴淵에 거둥하여 돌 위에 앉았는데 이영간이 시종侍從하였다. 갑자기 비바람이 거세게 몰아쳐서 임금의 앉은 자리가 움직이니, 문종이 놀라고 두려워하여 어찌할 바를 몰라 하였다. 영간이 칙서勅書를 지어 못에 던지니, 용龍이 이윽고 나타나 보이는지라, 이에 이영간이 수죄數罪하여 그 등을 때리니, 못의 물이 새빨갛게 되었다.[89]

11세기 고려 중기의 문신인 이영간李令幹(연대미상)의 신이한 행적과 관련한 설화에서도 청의동자가 나타나 그에게 술법의 책을 전하고 있다. 여기에서 청의동자는 늙은 삵괭이의 지시에 의하여 임무를 수행하는 존재이다. 그는 어떤 신적 존재의 요청에 따라서 그 부여된 임무를 수행하는 신적 존재로 묘사된다. 청의동자는 일종의 심부름꾼의 성격을 보인다.

---

89) 『세종실록지리지』 전라도 담양도호부(한국고전종합DB).

조선 세종대에는 청의동자 60명과 도마뱀을 모아 광연루와 경회루에서 비를 빌었다는 기록이 있다.

청의동자 60명과 도마뱀을 모아 광연루廣延樓 앞에서 비를 빌었다.[90]
청의동자 60명과 도마뱀을 모아 경회루 못 남쪽에서 기우하였다.[91]

세종 7년(1425), 이 해에는 여름 가뭄이 심했는지 두 차례나 같은 방식으로 기우제를 지냈다. 아마도 동자 60명을 선발하여 청의靑衣를 입혔을 것이고, 이들은 용왕의 아들로서 비를 내리는데 효험이 있는 존재로 간주되었다. 도마뱀은 일명 석룡자石龍子라 한다. 그만큼 도마뱀은 용과 거의 유사한 상징성을 지닌다.

성현成俔(1439~1504)의 『용재총화慵齋叢話』에서는 다음과 같이 청의동자 - 도마뱀 - 기우의 관계가 더욱 구체적으로 묘사되고 있다.

저자도楮子島[92]에 용제龍祭를 베풀어 도가자류道家者流로 하여금 용왕경龍王經을 외우게 하고... (중략)
창덕궁 후원과 경회루, 모화관 연못가 세 곳에 도마뱀을 물동이 속에 띄우고 푸른 옷 입은 동자 수십 명이 버들가지로 동이를 두드리며 소라를 울리면서 크게 소리를 지르기를 "도마뱀아 도마뱀아 구름을 일으키고 안개를 토하여 비를 퍼붓게 하면 너를 놓아 돌아가

90) 『조선왕조실록』 세종7년(1425) 7월 6일 기사.
91) 『조선왕조실록』 세종7년(1425) 7월 24일 기사.
92) 서울의 청담동과 성수동 사이의 한강에 있었던 섬.

게 하리라"하고... (후략)[93]

청의동자들이 도마뱀에게 비를 내리라고 위협하고 있다. 청의
동자 그 스스로는 비를 내리게 할 수 없지만, 비를 관장한다고 여겨
지는 도마뱀은 제어할 수 있다. 그래서 비를 담보로 도마뱀을 감금
하고 협박하고 있는 것이다. 즉, 청의동자는 용[도마뱀]을 부려서 비를
기원하는 의례에 동원된 동자들이다.

이러한 기우제의 유형이 이른바 석척기우蜥蜴祈雨이다. 석척기우
는 오방토룡제五方土龍祭에서 비롯된다. 중국 한漢 대에 저술된『춘추
번로春秋繁露』구우求雨편에는 오행의 방향方向, 색色, 수數, 성격에 따라
토룡을 제작하여 기우하는 방법이 제시되어 있다.[94] 특히, 봄에
가뭄이 들면 동방을 상징하는 청색 옷을 입은 아이들로 하여금
춤을 추게 한다. 이러한 석척기우 방식은 당·송대의 방식을 그대로
차용하여 조선후기까지 지속되었다.[95]

아래 내용은 조선 후기 석척기우의 모습이다.

---

93) 『용재총화』권7, 174쪽~175쪽.
94) 여름에는 남방을 상징하는 적의赤衣를 입은 청년, 늦여름에는 황의黃衣를 입은
장년, 가을에는 서방을 상징하는 백의白衣를 입은 홀애비들이 춤을 춘다. 겨울에는
북방을 상징하는 흑의黑衣를 입은 노인이 춤을 춘다. 그러나 이러한 기우방법은
오행의 법칙에 지나치게 의존하여 비현실적이었다. 비를 비는 시기는 봄에 집중될
수 밖에 없기 때문에 청의동자가 집중적으로 활용되었다(최종성, 「용부림과 용부
림꾼 - 용과 기우제」,『민속학연구』6, 국립민속박물관, 1999, 198쪽~199쪽).
95) 최종성, 앞의 논문, 1999, 208쪽.

임금이 가랑비가 금방 그쳐서 비 내릴 징조가 막연함을 가지고, 석척동자蜥蜴童子로 기우祈雨할 것과 남문南門을 닫고 북문北門을 여는 등의... (후략)[96]

다시 중신重臣을 보내어 풍운뢰우 산천 우사단風雲雷雨山川雩祀壇에 기우제를 지냈다. 또 모화관慕華館 못가에서 석척 동자蜥蜴童子가 비를 빌고(후략)[97]

중신重臣을 보내어 사직社稷과 북교北郊에 기우祈雨하고, 경회루慶會樓 못가에서 석척동자蜥蜴童子가 기우하여 6일 만에 그쳤다.[98]

임금이 가뭄이 더욱 혹심하다고 하여 자신을 책망하는 전교를 내리고 감선減膳하고 저자를 옮기도록 명하였다. 또 전교하기를, "석척 기우제蜥蜴祈雨祭가 비록 형식에 가깝다 하더라도 석척동자蜥蜴童子는 순양純陽이니 그 정성이 이르는 바가 다른 사람과 다르다. 격식과 차례에 구애하지 말고 전례대로 마련하여 행하도록 하라."하였다.[99]

조선 후기에 이르기까지 가뭄이 극심하게 되면 경회루 등의 못가에서 청의를 입은 동자들이 동원되어 비를 기원했다.

---

96) 『조선왕조실록』 숙종10년(1684) 7월 13일 기사.
97) 『조선왕조실록』 숙종30년(1704) 5월 29일 기사.
98) 『조선왕조실록』 숙종30년(1704) 6월 5일 기사.
99) 『조선왕조실록』 영조 8년(1732) 6월 12일 기사.

조선 세조대에 영의정을 지낸 신숙주申叔舟와 관련한 설화에서도 청의동자가 그를 돕는 신적인 존재로 나타난다. 신숙주가 과거를 보러 갈 때에 청의동자가 그의 길을 막고 한 평생 함께 거하면서 따라다니고 싶다고 했다. 청의동자는 사람의 눈에는 보이지 않았지만, 그의 곁을 늘 지켰다. 청의동자에게 밥을 주면 먹는 소리는 났지만 밥은 줄지 않았다. 모든 길흉과 그에 대한 해결책도 일러 주었다. 왜에 사신으로 갈 때에도 청의동자는 안전한 항해를 도왔다. 신숙주가 죽었을 때, 청의동자도 함께 죽었다. 신숙주의 유언대로 그의 제사에는 청의동자 몫으로 한 상을 더 차린다.

이렇게 청의동자는 신적 능력을 통해 귀한 인물을 도와주는 존재로 등장한다. [100]

청의동자가 용왕의 아들이라는 모티프는 경상북도 상주 심원사에서 전승되는 연기 설화에서도 보인다. [101]

그 옛날 심원사의 조운대사께서 석굴에서 참선을 행하고 있었다. 참선을 시작한지 며칠 후 이상하게도 그동안 본적이 없는 청의동자가 조석으로 조운대사의 석굴에 찾아와서 수도의 가르침을 간곡히 청하기를 여러 날 하였다. 대사가 동자의 차림을 찬찬히 훑어보니 푸른빛이 은은히 감도는 도복을 깨끗이 차려 입고, 두 눈에 광채가 있음에 그 범상치 않은 품위와 기상에 감복하여 그 뜻을 받아들였

<hr>

100) 『大東奇聞』世祖朝.
101) 경상북도 홈페이지(www.gb.go.kr).

다. 대사가 동자에게 인도와 술수와 종교에 대하여 설법하니 과연 그 재능이 타의 추종을 불허하여 하나를 가르치면 백을 깨달았다. 그렇게 3년이란 세월이 흐른 어느 날, 동자가 대사에게 고하기를 "저는 이 세상 사람의 자식이 아니요, 용궁의 용자이온데 스승님의 가르침을 받자와 수학하기를 3년, 이제는 제 고향으로 돌아가야 할 시간이옵니다. 용왕께서 이르시기를 스승님의 은혜를 갚아야 하니 네가 올 때 모시고 오라 분부하셨으니 저와 함께 용궁세상으로 가주셨으면 하옵니다." 하였다. 동자가 말하는 사은의 뜻이 너무나 간곡하여 대사는 거절을 못하고 따라 나섰다. 석굴을 나와 길을 따라 걸어 쌍용폭포에 이르자 동자가 "스승님께서는 두 눈을 감으시고 저의 몸에 의지를 하십시오." 하고 말을 함에 시키는 대로 하였더니 동자는 대사를 잡고, 폭포 속으로 헤엄쳐 들어가 순식간에 수궁에 도착하였다. 대사가 동자의 안내를 받아 눈을 뜨고, 바라보니 과연 이곳은 용궁이요, 이상한 향기와 함께 그 신비로움과 아름다움이 지상의 것과는 비교도 할 수 없었다. 대사가 용궁의 융숭한 대접을 3일간 잘 받고, 이제는 내 석굴로 돌아가겠다고 하자, 용왕은 차마 만류하지 못하여 사자에게 명하기를 스승께 드릴 선물을 가져 오라 일렀다. 이윽고 대사는 용왕으로부터 떡시루, 요종, 돌솥을 선물로 받아 사자의 안내로 무사히 세상으로 나올 수 있었다. 대사가 용왕으로부터 받았던 선물 중에 요종은 원적사에, 돌솥과 떡시루는 봉암사에서 보존하고 있다고 한다.

여기에서 청의동자는 역시 수신水神인 용의 아들로 나타난다. 청의동자는 고승인 조운대사에게서 3년간 불도를 닦고 다시 용궁으로 돌아간다. 용신의 아들인 청의동자는 인간계에 나와서 인간과 접촉할 수 있고, 또한 신계와 인간계 사이를 넘나들며 그 매개 역할도 하고 있다. 청의동자는 그러하지만, 정작 그 아버지인 용왕은 인간계와 인간을 직접 교류하지 않는다. [102]

전남 영광의 '덕진다리 유래전설'에 나오는 청의동자는, 다음 인용문에서 보듯이, 망자에게 저승길을 안내하는 역할을 한다. 『황천해원경』의 청의동자와 마찬가지로, 덕진다리의 청의동자도 망자를 무사히 강을 건너게 하여 저승에 안착하도록 한다.

관철은 청의동자의 안내를 받아 어디로 가게 되었다. 한참 가니 시퍼런 강물이 있고 그 강물 위에 외나무다리가 걸려 있었다. 동자의 뒤를 따라 조심스레 그 다리를 건너니 거기가 저승이라고 했다. 저승에 온 관철은 동자의 뒤를 따라 재판정에 갔다. 재판정 안에는 염라대왕이 위의를 갖춰 앉아 있었고 그 주위에 수많은 판관들이 앉아 있었다. [103]

한편, 무가巫歌에 등장하는 청의동자는 주인공에게 중요한 정보

---

102) 이와 유사한 설화로는 금강산 신계사의 보운 조사 이야기가 있다. 금강산 신계천에 연어가 거슬러 올라와서 어부들이 분주해졌고, 본의 아니게 사찰 인근에서 살생이 일어나게 되었다. 동해 용왕의 아들에게 글을 가르쳤던 보운 조사가 용왕에게 간청하여 연어의 회귀 구역을 사찰 외곽으로 제한하게 하였다는 설화이다. 보운 조사가 가르친 동해 용왕의 아들이 청의동자로 추정된다(최남선, 문성환 옮김, 『금강예찬』, 경인문화사, 2013, 190~191쪽 참조).
103) 김중묵, 『인과의 세계』, 원불교출판사, 1979 참조.

를 알려주는 조력자의 모습으로 나타난다. 제주도 무가인 「원천강 본풀이」에서는 청의동자가 주인공인 오날이 부모를 찾아 원천국으로 가는 길에 나타나서 가는 방법을 알려준다. 바리공주 무가에서는 청의동자 6명이 바리데기의 부왕의 꿈에 나타난다. 이들은 옥황상제의 명으로 국왕 전하의 명패命牌를 풍도섬에 가두러 왔음을 알리고, 아기를 버린 죄로 그 부모가 한 날 한 시에 병을 얻을 것이라고 예언한다. 만약 부왕이 회춘하려면 버린 아기를 찾아들어 삼신산 불사약, 무상신 약려수, 동해용왕 비례주, 봉래산 가얌초, 안아산 수루취를 구해 먹으라고 그 방법까지 일러준다.[104]

9) 망자씨가 청의동자에게 여기서 세왕전까지 가려하면 얼마나 되냐고 묻자 육로로 가려하면 구만사천리 거리요 수로로 가려하면 팔만사천리 거리로되 수로로는 갈수가 없으니 육로로 가라한다.

청의동자의 도움으로 대강大江을 건넌 망자가 그에게 세왕전까지 거리가 얼마나 되는가를 묻는다. 청의동자는 뭍으로 가면 구만사천리이고, 물길로 가면 팔만사천리라고 대답한다.

수로가 약간 짧기는 하지만, 청의동자는 수로로는 가지 못하니, 육로로 가라고 권한다. 수로로 가지 못하는 이유는 밝히지 않는다. 아마 그는 육로는 이제 망자 혼자 힘으로 갈 수 있지만, 수로는

---

104) 赤松智城·秋葉隆, 심우성 譯, 『조선무속의 연구』上(1937), 동문선, 1991, 34쪽.

혼자 힘으로 갈 수 없다고 판단한 것 같다. 그의 도움은 대강만을 건너게 하는데 있는 것이지, 저승에 이르는 팔만사천리 뱃길를 운항하는 것은 아니다. 팔만사천이란 숫자는 불교에서 말하는 일종의 무량대수無量大數이다.

이처럼 저승으로 가는 길은 험난하고 멀다. 저승은 살던 집을 떠나서 혼자 어디론가 가야 하는 머나먼 곳이다. 사람으로서는 감히 상상할 수조차 없는 먼 거리이다.

이처럼 무량수의 먼 거리에 저승이 있기에, 한번 저승길에 나선 망자는 언감생심 이승으로 되돌아 올 생각은 아예 할 수 없다. 남겨진 가족들도 그 망자의 귀환은 상상할 수조차 없다. 설령 망자가 귀환할 기회가 생긴다고 해도, 인간의 상상계를 뛰어넘는 먼 거리는 그러한 상상 조차를 끊어낸다.

10) 청의동자가 망자에게 말하기를, 수 천리를 가노라면 좌편에 대로가 있고 우편에 소로가 있을 터이니 좌편 대로를 버리시고 우편 소로로 가라 알려준다. 좌편 대로는 처음은 길이 좋지만 점점 갈수록 험악하여 삼천지옥으로 가는 길로써 악한사람을 잡아가는 길이라 그 길은 지옥길로써 그리로 들어가는 죄인망자는 칠월의 백중일이나 한번쯤 세상구경 하거나 말거나 하는 곳이요, 우편 소로는 세상의 착한 사람을 데려가는 길인데 하루에 성인군자 한 분씩 들어가거나 말거나 하는 길로써 처음에는 좁고 험해도 그 길로 점점 들어가면 길이 넓고 명랑할 것이라고 한다.

청의동자는 망자에게 수 천리 길 이후에 갈림길이 나오면, 오른쪽의 소로小路 곧 좁은 길을 택하라고 알려준다. 넓고 편안하게 보이는 대로大路를 선택하면 점점 갈수록 험악해지며 또한 지옥으로 가게 되는 길이다. 이에 반하여 우편 소로는 착한 사람인 성인군자가 가는 길로서, 처음에는 험하나 나중에는 편안한 길이라고 설명한다. 또한 거의 모든 사람은 대로를 택하지만, 소로는 하루에 성인군자 한 사람이나 갈까말까 하는 길이라고 첨언한다.

망자는 좌우편의 길 중 하나를 선택해야 한다. 이 대목은 얼핏 보면 망자의 자율 의지에 맡겨진 것처럼 보인다. 물론 그러한 측면도 부분적으로 있지만, 이는 사실상 망자의 자율 의지에 따른 선택이 아니다. 선업善業을 쌓은 사람과 그렇지 않은 사람을 구분하는 저승의 신적 존재들이 이미 정해 놓은 운명이다. 또한 더욱 근원적 측면에서 본다면, 이는 이미 망자들이 생전에 쌓아 놓은 업보業報에 의한 것이다.

만일 청의동자가 망자에게 어느 길로 가라고 귀뜸을 해 주지 않았다면, 선업을 쌓은『황천해원경』의 망자도 당연히 좌편의 대로를 선택했을 것이다. 청의동자의 귀뜸이 아니면, 선업을 쌓은 사람이나 그렇지 않은 사람이나 모두 좌편의 대로로 들어갔을 것이기 때문이다.

청의동자는 선업을 쌓지 않은 사람에게도 대강을 건너도록 도와주는지 모르겠지만,『황천해원경』의 망자의 경우처럼 좌편 대로로 가라는 정보는 주지 않았을 터이다. 여기에서 청의동자는 세왕의 심판 이전에, 이미 망자가 어떤 종류의 저승으로 가야 하는지 안내하는 역할을 하고 있음을 알 수 있다. 물론 이는 청의동자 독단으로 하는 것이 아니라, 다른 높은 저승 신령들의 지시와 동의하에 행하는 것이다.

이런 맥락에서 보면,『황천해원경』의 망자는 그가 생전에 쌓은 선보善報(선업에 의하여 받은 좋은 과보)에 대하여 과보果報를 받은 것으로 풀이된다. 이제 망자는 세왕의 심판을 남겨두고는 있지만, 거의 틀림없이 극락왕생의 가능성이 열린 것이다.

『황천해원경』이 구송되는 앉은굿 현장에서 바야흐로 이 대목을 듣고 있는 유족들은 청의동자 도움으로 극락에서 왕생하게 될 망자를 그리워하며,[105] 눈물을 처음으로 조금이나마 훔칠 수 있게 된다.

망자가 저승으로 가는 길에 '대로'와 '소로'를 만나는 장면은 아까마쓰赤松智城의『조선무속의 연구』에 수록된 「죽엄의 말」에도 나타난다.

그 중이 하는 말이, 공 만코 신 만은 망재로다.
우편대롯 길은 지옥길이요, 좌편 길은 세왕길이오니 좌편길로 가시옵소사

---

105) 저승길이 '극락으로 가는 길'과 '지옥으로 가는 길'로 나뉜다는 듯이 보이는 관념은 금강산 지명에도 나타난다. 금강산에 있는 우두봉 협곡을 지나면 업경대가 나온다. 그 중턱쯤 되는 곳에 황사굴이라는 큰 굴이 있고, 그 옆에는 좀 더 작은 흑사굴이 있다. 황사굴은 극락으로 통하고, 흑사굴은 지옥으로 가는 길이다. 죄인을 잡아들여서 명경대 앞에서 심사를 마치고, 선악에 따라 이 두 구멍으로 망자를 밀어 넣는다고 한다(최남선, 문성환 옮김,『금강예찬』, 경인문화사, 2013, 40쪽).

망재씨 엿자오되, 지옥길은 대롯길이요 세왕길은 소롯길이오니가 중이 대답하되 옛날 시절에는 악인이 적고 성현이 만혼고로 하로 세왕을 천인이 들어가기로 대로가 되엿지만은, 시속인심이 강악하야 지옥을 하로에 천인들어가기로, 대로가 되고 세왕은 천에 하나가 되거나 말거나 하기로 소로가 되는이다. 소로로 가옵소사.

(하영운의 「죽엄의 말」中)[106]

「죽엄의 말」에서는 청의동자가 아니라 중僧이, 앞서 『황천해원경』의 대목과 비슷한 내용을, 망자에게 말하고 있다. 우편 길은 지옥길로 대로이고, 좌편 길은 세왕길로 소로라고 하고 있다. 여기서는 지옥길과 세왕길이 『황천해원경』과 달리 좌우가 반대로 되어 있다. 좌우가 바뀌어 있다는 사실은 저승길 이해에서 그리 중요한 것은 아니다.

그러나 『황천해원경』의 대목에 대응되는 「죽엄의 말」 대목에서는 왜 지옥길은 대로이고, 세왕길은 소로인지 그 이유가 부기되어 있다. 이 대목은 『황천해원경』에 없지만, 「죽엄의 말」 대목을 『황천해원경』의 저승길에 적용하여 그것을 이해하여도 전혀 문제는 되지 않는다. 다시 말하면 『황천해원경』 저승길에도 중요한 보충 자료가 된다는 뜻이다.

중의 말에 의하면 옛날에는 성현이 많아서 세왕길이 대로였고, 악인이 적어서 지옥길은 소로였었다. 그런데 지금은 세상이 심하게

---

106) 赤松智城·秋葉隆, 심우성 譯, 『조선무속의 연구』上(1937), 동문선, 1991, 201~202쪽.

악해져서 악인이 많아졌기에 대로가 지옥길이 되었고, 성현은 적어져서 소로가 세왕길이 되었다.

곧「죽엄의 말」에 보이는 역사관은 태초에는 선인善人이 많았던 좋은 세상이었다면, 그후 역사가 흐를수록 점점 나빠져서, 지금은 악인惡人이 많아진 나쁜 세상이라는 것이다.

1923년 손진태가 함남 함흥에서 채록한 무가「창세가創世歌」에서도 이와 비슷한 무속의 역사 인식을 볼 수 있다. 이에 따르면, 선신善神 미륵이 세상을 다스릴 때에는 사람 살기가 좋았는데, 악신惡神 석가가 거짓과 음모로 선신 미륵을 마침내 이긴 후에는 사람 살기가 흉흉해졌다는 것이다.

이 같은 무속적 역사인식은 그 본질에 있어서 '요순시절의 향수'나 '잃어버린 에덴 동산'과 크게 다르지 않다. 인간 고통의 근원적 이유를 그러한 신화적 상상계 안에서 설명하고 있는 것이다. 이는 인류의 보편적 사상이다. 우리는 그러한 보편성을 한국의 무가에서도 발견할 수 있다.

청의동자나 중은 모두 망자에게 '좁은 길'을 택하라고 권하고 있다.[107] 여기에서 '좁은 길'이 지닌 인류 문명의 보편적 의미 부여를 상기하지 않을 수 없다.[108] 대로와 소로를 각각 지옥길과 세왕길로

---

107) 이와 관련하여 화성 집가심에서는 "좁았던 길이 넓어가면 넓은 길이 좁아가면, 어둡던 길이 환해지니 넓은 길이 가을적에."라는 유사한 구절이 등장하는데, 이는 황천길 닦는 해원경과 죽엄의 말에서 '대로와 소로'에 대한 설명과 같은 내용으로 보인다.
108) 악인과 선인의 길을 구별하는 개념은 기독교의 성경에도 나온다. 의인의 길은

비정하는 이유를 이들 경문과 무가는 설명하고 있지만, 이러한 외면적 이유 외에도, 내면적으로는 '좁은 길'이 '하늘이 인간에게 내린 천심'과 일맥상통한다는 사실도 작용하고 있는 듯하다. 다시 말하면 넓고 평탄한 길은 마음에 욕심이 가득한 보통의 많은 사람들이 선호하는 것이고, 좁고 험한 길은 욕심을 비운 착한 사람들이 주저 없이 택하는 길이라는 사실이다. 하늘이 내린 천심으로 살아가는 사람들은 착한 사람이고, 이는 아무나 그런 삶을 살 수 있는 것은 아니다. 성현만이 할 수 있는 것이다. 그리고 성현만이 세왕의 심판을 형식적으로 거치며 극락왕생할 수 있다는 논리와 닿아있다.

망자의 저승길은 굿판에서 길게 자른 베나 무명으로 표현된다. 서울지역 진오귀 굿에는 이승에서 저승으로 가는 길을 열기 위한 '배째' 거리가 있다. 이를 흔히 '길베찢기', '길베나가기', '길 닦음'이라고 부른다. 한 손에 신칼을 든 무당이 굿당에서 바깥으로 길게 늘인 무명과 베를 몸으로 찢어서 나아간다. 여기서 무명은 이승다리를, 베는 저승다리를 상징한다. 무명과 삼베가 차례로 무당에 의해 찢겨지고 나면 이승에서 저승으로의 길이 이제 열린 셈이된다. 사람들은 망자의 혼이 이 길을 통해 저승에 보내진 것으로

돋는 햇살과 같아서 크게 빛나 한낮의 광명과 같고, 악인의 길은 어둠 같아서 그가 걸려 넘어져도 그것이 무엇인지 깨닫지 못할 것이라는 것이다(잠언 4장 14절~27절). 또한, 성경에는 『황천해원경』과 마찬가지로 넓은 길과 좁은 길 중에서 좁은 길을 선택하라는 가르침이 있다. 예수의 가르침 중에 "좁은 문으로 들어가라. 멸망으로 인도하는 문은 크고 그 길이 넓어 그리로 들어가는 자가 많고, 생명으로 인도하는 문은 좁고 길이 협착하여 찾는 자가 적음이라."(마태복음 7장 13절~14절)의 구절이 있다.

믿는다.[109]

충남 태안 지역에서도 망자가 저승으로 가는 과정을 보여주는 길베 찢는 절차가 있다. 『황천해원경』을 송경한 후에 대잡이가 조상의 넋을 실은 대를 붙잡고, 베를 몸으로 찢어서 대문 쪽으로 나아간다.

이와 관련하여 1965년과 1966년에 김태곤이 박필관 법사를 면담하고 남긴 조사 카드도 중요한 참고 자료가 된다.[110] 김태곤은 박필관 법사에게 태안의 앉은굿 경문과 굿에 관하여 몇 가지 내용을 질문하고 메모를 남겼다. 그는 법사가 해원경을 송경한 후에 하는 길베 찢는 절차를 '황천길 닦음'이라고 적어두었다. 또한 소로는 세왕길, 대로는 삼천지옥이라고 메모해 놓은 것이다. 다른 메모장에는 "방에는 무명을 깔고, 마당에는 대문 바깥쪽을 향해서 소창과 광목을 깔아둔다. 무명은 이승에서 저승으로 가는 길을 상징한다."고 기재되어 있다.

현재 충남 태안의 법사들은 해원경을 할 때 소창과 광목을 쓰지 않는다. 그러나 박필관 법사의 면담 기록을 보면 최소한 1960년대 중반까지는 『황천해원경』에 나오는대로 대로大路와 소로小路를 마련해 놓고 경을 진행했음을 확인할 수 있다.

---

109) 조흥윤, 『巫 - 한국무의 역사와 현상』, 민족사, 1997, 225쪽.
110) 현재 국립민속박물관에 소장되어 있는 김태곤 교수 기증자료에 포함되어 있다. 이 자료를 흔쾌히 제공해 준 홍태한 선생께 깊은 감사의 말씀을 전한다.

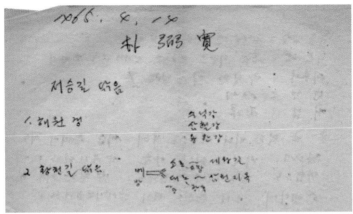

1
2 | 3

1 김태곤 조사노트 〈박필관 법사 면담, 1965.4.14.〉 (국립민속박물관 소장, 홍태한 제공)
2 김태곤 조사노트 〈박필관 법사, 1966.5.31.〉 (국립민속박물관 소장, 홍태한 제공)
3 해원풀이 할 때 삼베와 명주로 만든 저승길 (태안군 태안읍, 2016)

11) 은가래에 은줄매고 놋가래에 놋줄매어 청록홍록 후리 휘청 매어놓고, 오는 망자 가는 망자 황천길을 닦아보세 라고 함.

황천길을 닦기 위한 도구로 농기구인 가래를 쓴다. 아까마쓰 지죠赤松智城가 채록한 「성주본가」에도 집터를 닦을 때에 "은가래에 는 은줄을 매고, 금가래에는 금줄을 매고, 쇠가래에는 숙맛줄을 매고 - - -"[111]라는 표현이 나온다. 집터 다지는 지경소리의 표현이 『황천해원경』에 반영된 것으로 보인다.

이 대목에서 경문의 전체 제목이자 주제인 '황천길 닦는'이라는 구절이 등장한다. 앉은굿 법사들은 이 경문을 통해서 망자가 가는 저승길을 깨끗하게 닦아주고 싶었던 것이다.

조선시대의 길은 노폭이나 노면 등이 매우 열악했다. 그렇지 않아도 울퉁불퉁한 길은 걷기에도 불편한 터에, 잡석이 이곳저곳 그대로 널브러져 있었다. 강을 만나면 길은 끊어지기 일쑤였고, 때로는 다리가 있으되 건너기가 힘들었다.[112] 그러므로 길 가는 사람은 닦은 길을 가는 것이 아니라, 때로는 길을 닦아서 가야 했다. 이러한 조선시대의 도로 실상이 황천길에도 자연스럽게 투 영되었다.

이내황 본과 한응회 본에는 황천길 닦는 망자에 대해서 '오는

---

111) 赤松智城·秋葉隆, 심우성 譯, 『조선무속의 연구』, 동문선, 1991, 148쪽.
112) 이필영·남향, 『논산의 옛길과 그 문화』 I, 논산문화원, 2014, 26쪽.

망자, 가는 망자'라고 부연하고 있지만, 박필관 본에는 그 대신 '어진 망자, 착한 망자'라고 표기되어 있다. 이는 법사들이 구송 또는 필사하는 과정에서 발생할 수 있는 차이점으로 보인다.

박필관 본에서는 망자가 어질고 착하기 때문에 잘 닦여진 길을 갈 수 있다고 묘사하고 있다. 또한, 법사와 유족들에 의해서 황천길이 잘 닦여져서, 망자가 착한 망자로 대접받을 수 있는 것이기도 하다.

앞서 언급했듯이, 청의동자가 망자에게 우편 소로로 가라고 일러주는 것을 보면, 『황천해원경』의 망자는 분명히 착한 삶을 산 사람이었음을 알 수 있다. 결국 『황천해원경』은 모든 망자를 생전에 착한 삶을 산 사람들로 간주하고 있는 것이다.

12) 나무아미타불 관세음보살 염불노래 부르면서 협소한 길 넓게 닦고, 굽은 길은 곧게 닦고, 높은 곳 밀어다가 깊은 곳을 메꾸고 활활이 닦은 길로 또 수 천리를 간다.

망자가 저승으로 가는 길은 이승에서처럼 울퉁불퉁하고 협소한 길이다. 이 길을 반듯하게 메꾸고 넓히면서 망자는 저승길을 간다. 저승길은 수많은 망자가 갔던 길이지만, 오랜 세월 자연스럽게 잘 닦아진 길은 아닌 듯하다. 어찌보면 저승길은 망자마다 각기 가는 길일 수도 있다. 그렇기 때문에 이미 만들어진 길을 그냥 걸어가는 것이 아니라, 스스로 불편한 길이나 또는 없던 길을 만들어가며 가야 하는 길이다.

그러고 보면 앞서 말했듯이 저승길은 각자 혼자 가는 외로운 길이지, 여러 망자들이 함께 가는 길은 아닌 듯 하다. 그러므로 모든 사람에게 펼쳐진 하나의 길이 아니다. 한 인간이 죽음을 맞이하게 되면 그의 저승길이 따로 열리게 되며, 닦아가면서 가야 하는 길이다. 그래서 저승길은 적막강산처럼 쓸쓸하다.

이러한 저승길을 망자 본인이 닦으면서 가야 하지만 경문의 내용을 살펴보면 황천길을 닦는 주체는 망자가 아니다.

'오는 망자 가는망자 황천길을 닦아보세' (이내황 본)
'오는 망자 가던 망자 저승길이나 닥거줍서' (한웅회 본)
'어진망자 착헌망자 황천길을 닦어주세' (박필관 본)

곧 저승길은 망자 스스로가 아닌 다른 사람들이 닦아준다. 『황천해원경』을 송경하는 법사와 이를 의뢰한 그의 유족들이 저승길을 닦아 주는 것이다. 법사가 『황천해원경』을 구송하는 앉은굿 자체가 저승길을 닦는다는 의미이기도 하다. 또한, 저승길을 잘 닦아서 망자가 그 길로 온전히 저승에 이르도록 하는 것이 넓은 의미의 해원이기도 한 것이다.

13) 좌편에 우물 있고 우편에도 우물이 있을테니 어느 편 우물이든 망자씨가 선택하여 세 모금만 먹고 가오. 좌편 우물을 마시면 여자로 환생하고 우편 우물을 마시면 남자로 환생한다 하였으니 어느 쪽 우물이든 세 모금만 마시면 배도 부를 것이요 정신도 깨끗할 것이라고 알려준다.[113]

망자가 법사와 유족들 덕분으로 잘 닦아진 저승길을 가다보면, 우물을 만나게 된다. 우물은 본래 인간의 정주 공간 안에 식수를 비롯한 일반 생활용수를 얻기 위해서 인위적으로 땅을 파서 조성한 시설물이다. 망자가 저승길을 가다보면 자연스럽게 갈증을 느낄 것이라는 관념이 우물을 등장시킨 것이다.

상례에서 대문 밖에 차려놓는 사자상에 간장 종지를 올려놓는 이유도 '목마름'과 관련이 있다. 저승사자들은 간장을 먹고는, 목이 말라서 저승길에 우물이 나올 때마다 수시로 물을 마시기 위하여, 우물가에 머문다. 그러면 망자도 우물물을 마실 수 있고, 또한 잠시 쉴 수도 있기 때문이다.

그러나 청의동자가 망자에게 일러준 우물물은 단순히 목마름만 해결해 주는 것이 아니다. 허기도 가시게 해 주고, 더욱이 죽음을 당하여 어리둥절하고 어찌할 바 모르는 망자의 마음을 다소 편안하게 해 주기도 한다. 그래서 정신이 깨끗해 질 것이라는 것이다. 망자임에도 불구하고 망자의 기력과 정신을 회복시키는 일종의 생명수이다.

청의동자는 망자에게 환생還生의 메시지를 전한다. 이는 기독교의 부활 개념이 아니다. 불교의 윤회輪廻에 기반한 환생이다. 중생은 죽은 뒤 그 업業에 따라서 육도六道의 세상에서 생사를 거듭한다. 다만 여기에서는 육도에서 두 번째 인간계만 전제되어 있는 듯하다. 첫 번째 천계天界와 셋째 아수라阿修羅 이하는 무시된다. 망자가

---

113) 한응회 본은 본 단락부터 훼손되어 확인이 불가하다.

인간계에 다시 환생하는 것은 망자가 오계五戒와 십선十善을 닦은 사람이기 때문이다. 따라서 『황천해원경』의 망자는 최소한 악업 惡業을 쌓은 사람이 아니다.

『황천해원경』으로 천도시켜야 할 망자는 기본적으로 그리 악한 삶을 살지 않은 사람들이다. 법사는 망자의 천도 또는 극락왕생을 위한 어떤 앉은굿에서도 『황천해원경』을 구송한다. 이런 무속의 현실적 실태를 감안하면, 모든 망자는 성현군자 또는 선인善人이라 기 보다는, 정확한 표현으로는 비악인非惡人이다. 어찌보면 모든 망인은 험하고 힘든 세상을 한평생 살아 낸 사람들이다. 그래서 기본적으로 무속에서는 인간의 선악이 지니는 편차에 대하여 크게 분별심을 내지 않는다. "사람은 거기서 거기이고, 또한 그것이 사람이다."라는 인간관을 지니고 있는지 모르겠다.

또한 거의 대부분 농·어민으로 살았을 백성들이 소규모 공동체인 농어촌에서 평생 살면서 무에 그리 악업을 쌓았겠는가. 곧 장삼이사張三李四의 삶은 인간계에서 환생할 정도는 된다는 민간사고로 이해된다.

망자에게 남자 또는 여자로 선택하여 환생할 수 있는 선택권이 주어진 것은 특이하다. 좌편 우물은 여자로, 우편 우물은 남자로 환생한다. 음양설의 남좌여우男左女右와는 반대이다. 이는 아마도 이승과 저승은 무엇이든지 '반대'라는 개념에서 비롯된 것으로 보인다.[114] 그래서 남자가 오른쪽 우물, 여자가 왼쪽 우물로 되어 있다.[115]

14) 그리로 계속해서 가시는 중 배가 고파도 쭉지 꽂도 따 먹지 말고, 졸리더라도 잠자지 말고 졸지도 말며, 길만 보고 계속하여 가라고 알려준다.

청의동자는 배가 고파도 그 무엇도 먹지 말고, 잠들어서도 안 되며, 계속해서 서둘러 길을 가라고 일러준다. 망자는 저승길에서 잠시도 지체해서는 안 된다.

저승길은 이승과 저승의 경계지역liminal zone이다. 경계는 항상 불안하고 위험하다. 이승도 아니고, 저승도 아니기에 그렇다. 삶의 시간과 죽음의 시간이 겹쳐 있기도 하다.

이러한 저승길을 쉬엄쉬엄 또는 느릿느릿 간다면, 망자에게 결코 좋을 까닭이 없다. 그래서 바삐 저승길을 빠져나가 저승에 이르러야 한다. "갈 사람은 가야하고, 남을 사람은 남는 것."이 이승이나

---

114) 북아시아 샤마니즘이나 무교에 있어서 저승은 이승의 연장이며 모사copy이다. 저승의 인간관계, 사회생활, 경제생활 모두는 이승과 동일하다. 그래서 생전에 사용하던 가재도구, 무기 등이 부장품이 된다. 특히 북아시아 샤마니즘에서 저승은 이승과 모든 것이 정반대라고 상정한다. 왼손은 저승에서 오른손이며, 저승의 낮은 이승의 밤이다. 저승의 태양은 서쪽에서 떠서 동쪽으로 지며, 강물도 이승과는 반대 방향으로 흐른다(이필영,「북아시아 샤마니즘과 한국무교의 비교연구 - 종교사상을 중심으로 - 」,『백산학보』25, 백산학회, 1979, 22쪽).

115) 그런데 박필관 본은 이내황 본과 다르게 설명된다. 좌편 우물을 먹으면 여손女孫이 성成하고, 우편 우물을 먹으면 남손男孫이 성成하기 때문에 오른쪽 우물을 먹으라고 나온다. 게다가 오른쪽 물을 먹으면 배도 부르고 정신도 깨끗해진다는 말을 더한다. 이내황 본이 우물을 통한 환생의 개념을 담고 있다면, 박필관 본에는 우물이 새로운 생명의 잉태를 상징하고 있다. 임신을 위해서 삼신三神에게 빌거나 이를 받는 경우에도 우물은 중요한 제장이 된다. 심지어 난산의 위험에 직면하게 되면 우물을 찾아가 그 생명력을 받으려고 한다.

저승에서 모두 적용되는 이치이다.

15) 수 천리를 가노라면 또 대산大山이 가로막을 것이니 그 산 이름은 혈명산인데 산 아래에 석가세존 아미타불 부처님이 계실 터이니 그 부처님 전 참배하고 염불하고 가라고 알려준다.

망자가 단발령과 대강을 건넌 후에 다시 큰 산을 만난다. 혈명 산이라고 불리는 곳이다. '혈명산'이 실제 지명인지는 확인되지 않 는다. 그러나 망자가 이승을 떠나서 단발령을 넘은 것을 참고하면, 금강산 일대 어느 산은 아닐까 하고 추측되기도 한다.

마침 내금강에 '혈망봉'이라는 지명이 남아 있어서, 혹시 그곳을 '혈명산'으로 비정해 볼 수도 있다.

최남선은 혈망봉 봉우리 옆에 승려가 근엄하게 앉아 있는 돌 하나가 있는데, 담무갈曇無竭[116]을 돌로 만든 것이며, 고려 승려 나옹 懶翁이 이 암자에 머물면서 늘 참배하였다는 기록을 남겼다.[117] 『황 천해원경』의 망자가 맞닥뜨린 혈명산 아래 석가세존의 모습과 흡 사하다.

혈망봉은 내금강 망군대 구역의 봉우리이다. 봉우리 꼭대기에 큰 구멍이 나 있어서 그것을 통해 푸른 하늘을 내다 볼 수 있다

---

116) 남조 유송劉宋 때의 승려. 『화엄경』에는 담무갈 보살이 금강산에 머물면서 일만 이천의 보살을 거느리고 설법을 한다고 나온다. 이러한 담무갈 보살 설화는 원 간섭기에 크게 유행했다.
117) 최남선, 문성환 옮김, 『금강예찬』, 경인문화사, 2013, 111쪽.

하여 '혈망봉'이라 부른다. 그렇다면 한자로는 혈망봉六望峰일 것이
다. 한 전설에 따르면 혈망봉은 동해바다가 바로 내다 보이는 내금
강 기슭에 있었다. 이 봉우리를 차지하려고 땅 장수와 물 장수들이
삼년 석달 싸움을 벌였는데, 끝내 땅 장수들이 이겨서 봉우리를
옮기기 위해 산꼭대기에 구멍을 뚫고 거기에 긴 창을 꿰어가지고
금강산까지 메고 왔다. 또 다른 전설에 의하면 먼 옛날 용이 뚫고나
간 자리라고도 하고, 우뢰의 신이 조화를 부려 뚫은 산이라고도
한다.[118] 송강松江 정철鄭澈(1536~1594)의 『관동별곡關東別曲』 등을 비롯
해서 옛 문헌에도 자주 인용될 뿐만 아니라, 겸재謙齋 정선鄭敾이
그린 〈금강산도金剛山圖〉에도 포함되어 있다.

혈망봉과 관련한 다음의 내용도 참고할 만하다.

옛날에 제석보살이 세상 만물을 만들어낼 때 제일 아름다운 풍경을
가진 산을 하나 창조하느라고 온갖 심혈을 다 기울였다. 그것이
바로 금강산이다. 금강산을 다 만들어 놓고 보니 몇 수십 억만 년이
지나면 다시 땅덩어리도 없어지겠는데 그때 이 산도 함께 없어질
것이라는 생각이 들었다. 그는 자기의 모든 재능과 정력을 다 들여
서 만든 금강산이 없어지는 것을 차마 그냥 내버려 둘 수 없었다.
그래서 그러한 천지개벽이 다시 올 때 금강산만은 도로 하늘에 끌어
올려 그대로 보존하려고 마음먹고 산봉우리에 다 구멍을 뚫어두었
다. 그 구멍 있는 봉우리가 다름 아닌 혈망봉이다.[119]

118) [네이버 지식백과] 금강산 내금강 망군대구역 망군대望軍臺의 지명유래(북한지리
정보 : 금강산 지명유래, CNC 북한학술정보, 2004).

곧 세상 만물을 창조한 것은 제석보살이고 그 중 가장 심혈을 기울인 곳이 금강산인데, 세상이 망하더라도 금강산이 없어지는 것을 막기 위해서 봉우리에 구멍을 뚫어 둔 혈망봉을 남겨두었다는 내용이다. 그런데 이 설화의 내용은 다소 모호한 부분이 있다. 산봉우리에 다 구멍을 뚫었다고 하고, 그 봉우리를 혈망봉이라 한다는 것이다. 전자는 단수이고 후자는 복수처럼 읽혀진다. 그렇다면 혈망봉은 금강산 일만이천봉을 개별적으로도, 그리고 총체적으로도 지칭하는 산명山名이 된다. 곧 혈망봉은 금강산의 이칭異稱일 수 있다.

'지상의 혈망봉'을 언젠가 영겁의 세월을 지나 '천상의 혈망봉'으로 옮긴다는 사고에는 혈망봉에 우주산宇宙山의 잔영이 전제되어 있음을 시사하는지 모르겠다. 혈명산 아래에 석가세존 부처님이 계시니 염불을 하고 가라는 당부는 특히 그러한 우주산의 관념을 증거하는 것이라고 이해된다. 불교의 수미산須彌山 개념이 정확히 반영된 것은 아니지만, 혈명산은 그와 유사한 우주산이고, 그래서 그 아래에 세존이 계시다는 것이다.

16) 나무아미타불이라하고 나무동방제두뇌타천황보살
南無東方提頭賴吒天皇菩薩 **나무아미타불, 나무남방비류늑차천황**
보살南無南方毘瑠勒叉天皇菩薩 **나무아미타불, 나무서방비류박차**
천황보살南無西方毘瑠博叉天皇菩薩 **나무아미타불, 나무북방비사**

---

119) 대순진리회, 『대순회보』 48, 1996, 7쪽.

십대왕 위목 건네는 모습 (2004년 촬영)

문천황보살南無北方毘沙門天皇菩薩 **나무아미타불, 나무중앙황**
제대변천황보살南無中央黃帝大辨天皇菩薩 **나무아미타불 외면서**
계속하여 수 천리를 가노라면 또 대령이 가려있으니 그
고개 명은 어흥재라 그 고개를 넘어갈 적에 어흥어흥 소리
를 두 세 번만 외치고 넘어가라고 한다.

    망자가 혈명산 아래 석가세존 앞에서 참배하고 염불을 외며
길을 간다. 『황천해원경』에는 망자가 외는 이 경문 제목이 적시되
어 있지 않다. 그러나 망자가 외는 경문의 앞 대목인 '나무동방제두
뇌타천황보살' 등은 분명 『용왕삼매경』에 나오는 구절이다. 망자가
석가세존이 계신 혈명산을 지나며 굳이 『용왕삼매경』을 외는지
그 이유가 분명하지 않다. 『용왕삼매경』은 주로 용왕제 때 구송된
다. 다만 용왕의 아들인 청의동자가 망자에게 일러준 경문이라는
점을 고려하면 그 개연성이 짐작된다. 만약 그렇다면 망자를 도와
준 청의동자, 그리고 그 부친인 용왕에 대한 고마움을 표하는 칭송
일 수도 있다.

    충남 내포 지역에서 망자천도 또는 조상해원을 위한 해원경을
할 때에도 『용왕삼매경』이 구송된다. 법사가 해원경을 구송한 후에
안방에서 대문까지 길베를 늘여놓고, 그 위에 십대왕과 조상을 건
네는 의식을 진행한다.

    십대왕 위목을 바가지에 담아 한 개씩 건네 보낸다. 마지막으로
조상이 나간다. 과거에는 초가지붕 마루 꼭대기에 있는 용구새(용마루)
를 가져다가 짚배를 만들어서 그 안에 조상을 모셔서 내보냈다.[120]
조상이 배를 탄다는 의미는 강 또는 바다로 나간다는 의미가 된다.

법사는 이 때 『용왕삼매경』을 구송하여 용왕님께 조상의 넋을 잘 부탁드린다. 그리고 조상의 넋이 탄 배를 집 밖에 있는 냇가에 띄워 보낸다.

망자가 혈명산 아래 석가세존 앞에서 염불을 외고 나서 다시 수 천리를 가다보면 다시 큰 고개를 만나게 됨을 알려준다. 청의동자가 계속해서 저승길에 유의할 사항을 알려주는 것이다. 『황천해원경』이 구송될 때에 이승에 있는 유족들도 망자의 저승길에 대한 소식을 청의동자를 통해서 듣고 있는 셈이다.

망자가 또 넘어가야 하는 고개 이름이 이내황 본에는 '어흥재'로 나온다.[121] 그러나 박필관 본에는 흉재凶嶺로 한자까지 부기되어 있다. '흉한 고개'로 해석된다. 두 본 모두 망자가 이 고개를 넘을 때 "어흥! 어흥!"소리를 여러 번[122] 외치고 넘어가라고 일러준다.

---

120) 연로한 법사들의 설명에 따르면, 용구새로 배를 만들면 쉽게 가라앉지 않는다고 한다(태안 정해남 법사 구송). 근래에는 법사 또는 보살이 조상대를 들고 자신의 몸으로 길베를 찢으며 대문 밖으로 나간다. 이는 서울·경기 지역 선굿의 영향이다.
121) 어흥재라는 명칭이 실제 명칭인지는 분명하지 않다. 다만 허목이 쓴 「미수기언」에 '개흉령'이라는 지명이 나타난다. "함춘역에서 20여 리를 가서 개흉령開胸嶺에 오르니, 산이 깊고 길이 험하였다. 고개를 넘자, 산중에 흙은 많고 돌은 적으며, 산에 나무가 없는 편이라 높은 땅은 화전을 일구어 경작할 수 있고, 낮은 땅은 씨 뿌릴 만하였다. 흰 집이 산골짜기를 의지하여 대여섯 채 있고, 고개 사이에 트인 땅이 적어 해가 항상 늦게 뜨고, 해가 지면 항상 어두컴컴하여, 산골짜기에는 음기가 엉기었다. 고개에 오르면 먼 봉우리와 넓은 냇물과 지는 해를 볼 수 있으니, 고개가 이 '개흉開胸'이라는 이름을 얻은 것이 이 때문이 아니겠는가."(「미수기언」 별집 제15권. 삼척기행.) 개흉령과 어흥재의 상관관계를 밝히기는 어려우나, 개흉령이 강원도 양구 일대에 있는 고개인 것을 감안하면, 망자가 저승가는 길에서 지나가는 단발령, 혈명산(혈망봉), 어흥재(개흉령)은 모두 금강산 일대와 관련 있음을 추측해 볼 수 있다.
122) 이내황 본은 두 세 번, 박필관 본은 이 삼십 번으로 되어 있다.

어흥 소리가 무엇인지 분명하지 않지만, 아마 "어흥! 어흥!"하는 초저주파의 호랑이 소리인지 모르겠다. 각종 맹수 및 야수들이 들 끓는 험한 산속 고개를 넘으면서, 이 소리를 내어 망자가 피해를 입지 않도록 하라는 조언으로도 여겨진다.

원문 5. 다시 나타난 저승사자들에 이끌려 세왕 앞에-선 망자

어이가리 어이가나 심산험로 어이가나 지칠 대로 지친 몸을

잠시 쉬고 있노라니 홀연히 사자들이 나타났네

사자님 쉬어가세 힘이 들어 못가겠소

사자님들 들은 체도 아니하고 어서어서 바삐가자 재촉하니

그럭저럭 어흥재를 넘어서 건너 산을 바라보니

정신도 암암暗暗하고 기곤도 자심하다

난데없는 검추劍椎소리 철석간장 다놀랜다

정신을 수습하고 사자더러 묻는 말이 이것이 웬 소리요

사자들이 이르는 말 십이대왕님 각각이 맡은 책임대로

죄인을 다스리는 소리오이다

망자씨 애애절절이 눈물지며 한숨쉬고 사자들 따라

제일전第一殿 진광대왕전秦廣大王前 다다르니 문지기 내다르며

그대 어떤 망자건대 여기 왔느냐 바른대로 아뢰어라 호통하니

망자씨 애절이 아뢰오되 저로 말하면 해동의 조선국 ○○○도

◎○군 ○○면 ○○리에 거주하던 ○○생 망자로서

세왕전에 가려하고 이리로 왔나이다

소지일장 받치고 공문公文한 장 받아가지고

제이전第二殿 초강대왕初江大王 문전에 다다르니 문지기 내다르며

그대 어떤 망자건대 여기 왔느냐 호령이 엄숙하니

망자씨 선후일장 성명삼자 아뢰고

소지일장 받치고 공문증명公文證明 받아가지고 그리로서

제삼전第三殿 송제대왕宋帝大王 문전을 지나고 그리로서

제사전第四殿 오관대왕五官大王 문전을 지나고 그리로서

제오전第五殿 염라대왕閻羅大王 문전을 지나고 그리로서

제육전第六殿 변성대왕變成大王 문전을 지나고 그리로서

제칠전第七殿 태산대왕泰山大王 문전을 지나고 그리로서

제팔전第八殿 평등대왕平等大王 문전을 지나고 그리로서

제구전第九殿 도시대왕都市大王 문전을 지나고 그리로서

제십전第十殿 오도전륜대왕五道轉輪大王 문전을 지나고 그리로서

제십일전第十一殿 충정대왕忠靖大王 문전을 지나고 그리로서

제십이전第十二殿 왕비대왕王妃大王 문전을 지나서

세왕궁전世王宮殿에 당도하니

망자는 청의동자가 일러준 대로 저승길을 가다가 지쳐서 잠시 쉰다. 이때 망자를 두고 사라졌던 저승사자들이 다시 나타난다. 망자는 이들에게 이끌려 목적지인 세왕전에 도착한다.

망자가 세왕전까지 거쳐온 곳을 표로 정리하면 아래 표와 같다.

『황천해원경』에 나오는 저승길

이승	오계다리 → 단발령 → 삼강(용안강·수석강·삼멸강) → 혈명산 → 어흥재 ← 저승길 →	저승 (세왕전)

망자가 저승사자들에 의해 집 바깥으로 끌려나오자마자 가장 먼저 오계다리를 건넌다. 다리는 본래 강으로 단절된 두 지역을 연결해주는 일종의 시설물이다. 다리 자체가 두 지역을 분리하고 연결하는 경계성을 지닌다. 집 안에서 숨을 거둔 망자의 혼이 이승과 저승의 첫 번째 경계선을 넘은 것이다. 오계다리는 저승길의 초입부에 해당한다. 오히려 이승과 더 가깝다. 아직 저승은 멀다. 망자도 오계다리를 통하여 냇물이나 강을 건넜을 것이다. 저승길의 종류는 길, 강, 산이다. 강과 산은 이승에서도 경계의 실질적 상징적 의미를 갖는다.[123]

망자는 저승사자들과 함께 오계다리를 지나 단발령에 이른다. 높은 고개 역시 양쪽의 공간을 가르는 경계이다. 망자가 강을 건너

---

[123] 『황천해원경』에서 망자는 오계다리를 건넌 후에 주산, 안산, 월산, 화산을 넘는다. 주산과 안산은 마을을 둘러싼 산들이다. 망자가 이 산을 모두 넘어갔다는 것은 이로써 정든 마을의 경계에서 완전히 벗어나게 되었다는 것을 뜻한다.

고 산을 넘을 때마다 점점 이승에서는 멀어지고, 저승과는 가까워
진다. 산과 강은 망자가 이승과 저승의 경계를 조금씩 단계별로
경과하는 모습을 보여준다. 곧 저승길의 진도進度를 상징하는 눈금
이다.

망자가 단발령을 지나 이번에는 큰 강을 만난다. 다리를 놓고
건널 수도 없는 대강大江이다. 강을 건널 방법이 없는데 그나마 저승
길로 끌고 가던 저승사자들마저 홀연히 사라져 버린다.

망자는 오계다리, 단발령을 넘을 때와는 비교할 수 없는 난관에
처한다. 저승사자들에 의해서 강제로 이승에서 끌려 나오긴 했지
만, 그동안 그들만 따라가면 됐다. 그러나 이제 저승사자들마저
사라졌기 때문에 망자는 막막할 뿐이다. 저승길에는 그 누구도 동
행해 주지 않는다. 홀로 남겨진 외로움도 망자가 겪어야 하는 시련
중 하나이다.

저승사자가 사라진 후 망자를 도와주는 인물들이 등장한다. 태
사관, 설령할미, 청의동자 등이다. 이 중에서 우선 태사관, 수사,
목사가 망자에게 강 건너는 방법을 알려준다. 설령할미는 아예 팔
을 걷어부치고 망자를 도우려 한다.

그러나 이들의 도움에도 불구하고 망자가 대강을 건너지 못한
다. 그러자 마지막으로 청의동자가 나타나서 망자를 배에 태워 강
을 건네준다.

청의동자는 삼강에서 망자를 직접 건네준 인물일 뿐만 아니라
망자에게 이후 저승길의 세부 사정까지 일러준다. 삼강에서부터
세왕전까지 저승 지형과 상황을 아주 잘 알고 있다.

1) 지칠 대로 지친 몸을 잠시 쉬고 있노라니 홀연이 (저승) 사자들이 나타난다.

저승사자들은 망자를 데리고 오계다리를 건너서 단발령을 넘고 큰 세 개의 강인 용안강, 수석강, 삼멸강에 이르렀을 때 홀연히 사라졌었다. 그러다가 청의동자의 도움으로 삼강을 무사히 건너고, 그 후의 여정인 혈명산을 지나고 바야흐로 세왕전을 목적에 두었을 때, 저승사자들은 다시 나타났다. (아래 표 참조).

저승사자들이 저승길의 일부 구간에서 없어졌다가 다시 등장하는 서사 구성은 매우 주목된다.

망자와 저승사자의 동행시기

저승사자가 오계五溪를 건넌 것은 다리를 통해서였다. 그러나 삼강에는 다리가 없다. 배를 타야만 건널 수 있는 강이다. 저간의 사정은 잘 모르지만, 저승사자는 아마도 배를 타고 강을 건널 수 없는 존재들인지 모른다. 그래서 홀연히 사라진 것은 아닐까 싶다. 단순히 생각하면 저승사자는 짚신을 신고 육로만 갈 수 있는 것 같다. 배에는 망자와 뱃사공만 탈 수 있다. 망자가 직접 노를 저어서 가는 것도 아니다. [124]

또한 저승사자가 사라져야, 서사 구성상 태사관이나 청의동자 등이 출현할 수 있는 여백이 마련된다. 저승사자는 태사관이나 청의동자와 만나서는 안 되는 것 같기도 하다. 육로를 책임지는 저승사자는 삼강에 이르러 일시적으로 사라지고, 대신에 강로를 담당하는 청의동자가 등장한다. 그러한 청의동자의 능력은 용왕의 아들이기에 가능하다. 다만, 이승의 물을 관장하는 용왕과 저승의 물을 관장하는 용왕이 동일 신령인지 별개의 신령인지는 불명하다.

그리고 저승사자는 망자가 삼강을 건너고 저승길의 마지막 여정만 남겨 놓았을 때 재등장한다. 애초에 세왕전 앞까지 망자를 데리고 가는 책무는 저승사자에게 부여되어 있기 때문이다.

2) 사자님에게 힘이 들어 못가겠으니 쉬어가자고 해도 들은 체도 안하고 재촉하여 그럭저럭 어흥재를 넘어가니 난데 없는 검추劍椎 소리에 놀란다.

이 대목은 이내황 본에만 나오는 내용이다. 다른 본에는 망자가 저승사자들과 함께 어흥재를 넘었는지 여부가 정확하게 드러나지 않는다.

망자는 저승사자들에게 자신이 매우 힘들다고 하소연한다. 저승사자들은 그의 고충을 들어줄 생각이 없다. 오히려 빨리 갈 것을 재촉한다. 저승사자와 망자의 입장은 서로 다르다. 저승사자는 세

---

124) 대표적으로 그리스 신화의 스틱스강과 카론을 예로 들 수 있다. 저승으로 가기 위해서 망자는 스틱스강을 건너야 했는데, 이때에 그 강변의 카론이란 뱃사공에게 망자는 뱃삯으로 동전을 주고서야, 강을 건널 수 있었다. 망자의 두 눈에 각기 한 개씩의 동전을 놓는 것은 바로 뱃삯인 것이다.

왕전에 거의 도착하고 있음을 알고 있고, 망자는 아직 정확히 모른다. 그래서 저승사자는 더욱이 망자가 잠시 쉬겠다는 청을 들어주지 않는 듯하다.

어흥재를 넘어서 평지에 이르르니, 칼과 쇠몽둥이 다루는 소리가 들린다. 이게 무슨 소리인가.

3) 정신을 수습하고 사자에게 이것이 웬 소리냐고 묻자 사자들이 이르는 말이 십이대왕님 각각이 맡은 책임대로 죄인을 다스리는 소리라고 알려준다.

저승사자는 망자에게 이는 12대왕이 죄인을 다스리는 소리라고 가르쳐 준다. 아닌게 아니라 어흥재를 넘어서 평지에 이르니 세왕전이 지척에 있었던 것이다.

여기에서 저승사자는 이미 세왕전에 먼저 들어 간 망자들을 죄인이라고 표현하고 있다. 현실적으로 모든 망자가 죄인은 아니겠지만, 일단 세왕전에 들어간 망자는 죄인 취급을 당하는 것 같다. 그리고 12대왕의 심판을 거쳐 그 죄의 경중을 따져 그에 따른 벌을 주고, 죄 없는 망자 역시 그에 의거한 판결을 내려주는 것이다. 저승사자의 '죄인을 다스리는 소리'란 표현으로 보면, 마치 저승이 거의 지옥으로 관념되고 있는 듯한 인상도 준다. 『황천해원경』의 이런 대목들은 그것이 구송되는 앉은굿의 청자聽者들에게 권선징악勸善懲惡의 교훈을 주기도 할 것이다.

박필관 본에는 이러한 내용이 생략되었다. 그 대신 망자가 이승의 가족들을 그리워하는 대목이 나온다. 이내황 본과 한응회 본에서는 이 내용이 망자가 대강에 막혀 슬피 울 때 나온다.

> 망자씨 흉재를 넘어서니 정신이 암암하구 기갈이 자심하다 허혜 장탄하는 말이 청천에 뜬 기러기야 너는 있던 곳과 살던 곳과 다니는 곳을 다 알건마는 어이 그리 적막하냐 저승은 어디매고 이승은 어디매냐 우리 고향 산천 부모 형제 처자이며 일가친척들이 나를 보내고서 애원히 통곡하련마는 어이 그리 적막하냐 (중략) 이내 망자 황천길이나 닦어주오. (박필관 본)

이처럼 무경巫經 안에서도 구송하는 법사와 상황에 따라 내용에 첨삭이 이루어지거나 순서가 바뀌는 현상이 나타난다. 게다가 박필관 본에는 이내황 본, 한응회 본과 달리 통곡의 주체가 이승의 유족들이다. 망자가 저승길을 지나 세왕전 입구에 다다르는 대목까지 송경誦經이 되면, 이를 듣고 있는 유족들의 마음은 더욱 미어진다. 망자가 사무치게 그리울 것이다. 그러기에 이쯤에서는 통곡의 주체가 자연스럽게 망자에서 유족으로 바뀐다. 망자의 저승길을 지켜보는 유족들은 망자를 위해 황천길을 닦아 주어야겠다는 생각이 이른다. 그것이 해원경이고 해원굿이다.

망자가 저승길에서 만나는 유일한 짐승은 기러기이다. 망자는 기러기가 이승과 저승을 넘나들며 양쪽 소식을 모두 알고 있다고 생각하고 있다. 기러기는 오리과에 속하는 새로서 물새이자 철새이다. 오리(기러기)의 잠수潛水 능력은 오리를 '하늘, 땅, 지하(물)'라는 우주의 삼계'를 넘나드는 북아시아 샤머니즘의 대표적 신조神鳥로서 상징화되게 하였다. 동시에 철새로서의 오리는 이 세상과 저 세상을 넘나드는 영조靈鳥로도 인식하게 하였다. 철새는 일정한 계절을 주기로 하여, 특정 지역에서 없어졌다가 다시 동일 장소에 나타난다. 이는 상징적으로 눈에 보이는 세계와 눈에 안 보이는 세계를 넘나들고, 더 나아가 이승과 저승을 오고 가는 영혼의 새로서 여기게 하였다.[125]

저승길에서 망자가 기러기를 보고 부러워하는 까닭이, 바로 그러한 기러기가 지닌 상징적 표상에 있다. 만일 철새가 아닌 텃새가 이 대목에서 등장한다면, 『황천해원경』이 지닌 한국 민간 사상의 전통성은 여지없이 무너지는 것이다.

특히 낙동강 하구 지역의 가야 및 신라 무덤에서 집중적으로 출토되고 있는 오리형 토기는 분명히 망자의 저승 천도를 돕는 신조의 의미를 간직하고 있었을 것이다. 물론 오리형 토기는 저승길 도보 여정과는 다른 차원의 영혼 비상飛翔과 관련된다.

4) 망자씨 눈물지며 한 숨 쉬고 사자들 따라 제일전 진광 대왕전 다다라서 소지 일장 받치고 공문 한 장 받아가지고 제십이전 왕비대왕 문전을 지나서 세왕 궁전에 당도한다.

육신은 이승에 남겨두고 넋만 남은 망자에게 흘릴 수 있는 눈물

---

125) 이필영, 『솟대』, 『빛깔있는 책들』 15, 대원사, 1994, 60쪽~75쪽.

오리형 토기 (AD 4~5세기, 출처 : 통도사 성보박물관)

은 없다. 그러나 이 내용을 듣는 유족들에게는 망자의 슬픔을 충분
히 전달할 수 있다. 이제 망자는 본격적으로 심판을 받는 상황이다.
유족들의 애통함도 절정에 달한다.

망자는 십이대왕을 차례대로 통과하고 나서야, 비로서 세왕전
에 도달하게 된다. 망자가 각 대왕전마다 어떤 일을 겪었는지『황천
해원경』은 거의 전하고 있지 않다. 다만 첫 번째 진광대왕에게 소지
일 장을 바치고 공문 한 장 받은 다음에, 갑자기 건너 뛰어서 제십이전
왕비대왕전을 거치는 것으로 되어 있다. 각 대왕마다 소지 일 장을
바치고 공문을 받아서 다음 대왕전으로 가는지 설명이 되어 있지
않다. 그러나 이 대목과 비교해서 볼 수 있는 다른 무가나 무경의
사례나 또는 염습 시에 12개의 종이고깔을 시신에 꽂아주는 일부
지역의 풍습 등을 참고해 보면,『황천해원경』의 망자는 12명의 대
왕을 거칠 때 마다 소지 한 장을 예물로 올리고, 각 대왕으로부터
공문 한 장을 받는 것 같다. 각 대왕은 자신이 담당하는 심판 주제
를, 망자에게 질의하고 망자로부터 답변을 받아서, 그것을 기록한
공문을 망자에게 주면, 망자는 그것을 가지고 다음 대왕을 뵙게
되는 것으로 보인다.

다음에는『황천해원경』에서 다소 소홀이 다루어진, 이 대목에
대한 이해를 돕기 위하여, 이에 대한 참고 자료를 몇 가지를 소개하
도록 한다.

(1) 화성 집가심 무가에서는 망자가 십대왕을 지나면서 가슴에 꽂
았던 다라니를 일곱 번째 문까지 인정人情으로 바친다.[126] 여덟 번
째는 고름을 풀어서 인정으로 쓰고, 아홉 번째 문에서는 문 지키는

사제님(사자님)이 이승 죄를 벗으려면 남철릭에 남관을 쓰라 해서 그리하고, 열 번째 문을 지키는 사제들은 저승 죄를 면하려거든 검은 철릭에 검은 관을 쓰라 해서 그리하고, 열한 번째 문을 들어가서는 흰 철릭에 흰 관을 쓰고, 흰 종이에 흰 글씨를 쓰라 해서 그리한다.

열두 번째 문전에 들어가니 판서가 왜 이리 늦었냐고 물어본다. 이때 사제들이 망자가 가엽고 불쌍하여 잠깐 시간을 주었다고 용서를 빈다.

이 내용은 상례 과정 중에 염습할 때 시신의 가슴 부근에 꽂아준 7개의 종이고깔과 관련이 있다. 제1대왕부터 제7대왕까지 이승에서 가져간 고깔을 인정으로 쓰고, 고름마저 풀어서 제8대왕에게 바치고 나면 제9대왕부터 제12대왕 앞에는 내어놓을 것이 없다. 대신 망자는 제9대왕전부터 제11대왕전 까지는 청색, 흑색, 백색의 의관을 갖출 것을 요구받는다. 이들 색깔은 방위와 관련이 된다. 즉, 제9대왕전은 동쪽, 제10대왕전은 북쪽, 제11대왕전은 서쪽 방위로 추정된다. 이 순서대로라면 망자는 시계 반대 방향으로 돌은 것이 되며, 이는 무당이 굿을 할 때 도는 방향과 일치한다.

(2) 안동 시무굿에서는 망자가 열두 대문을 거치면서 인정을 요구받는다. 망자는 인정을 줄게 없어서 열 한 번째 대문에서 속적삼까지 벗어 준다. 망자가 시무왕께에 들어가니 갖은 매독질을 당하며

---

126) 지역에 따라서는 염습할 때 시신의 가슴에 꽂아 준 7개의 고깔을 인정(뇌물)이라고 한다.

성복제, 발원제, 평토제, 삼우제, 졸곡제, 소상, 탈상제를 사자에게
바칠 것을 약속한다. 사자는 또 망자에게 열씨(마의 종자) 닷 말, 담배
씨 닷 말을 하루아침에 다 심으라고 하여 망자가 울고 있으니, 삼동
갑 사동갑쟁이들이 모여 한 줌씩 나눠 심어서 모두 심었다. 이번에
는 사자가 삼천동이의 물을 하루아침에 다 먹으라 하니 이번에도
삼동갑 사동갑 수백명이 모여 도포자락 또는 치마폭이나 장삼자락
으로 물을 적셔내어 모두 말려주었다. 이번에는 쉰 길이나 깊은
연못에 들어가 돌 이천 동이를 하루아침에 다 건져내라 하니까 삼동
갑 사동갑쟁이들이 모여 한 사람이 한 개씩 돌을 모두 건져냈다.
그제야 시왕은 망자에게 꽃이 피는 극락세계로 인도해 준다.

(3) 「별회심곡」에는 남자 죄인과 여자 죄인을 각각 잡아들여 형벌
하며 문초를 한 후에 지옥으로 배설하는 내용이 구체적으로 나타
난다. 또한 착한 남자와 착한 여자에게는 자상한 모습을 보이며
그들의 소원대로 처결한다. 이러한 문초는 공개재판 형식으로 진행
한다.

(4) 「죽엄의 말」에는 세왕이 망자를 심판하는 대목이 없다. 그저
망자의 자손들이 정성껏 재산을 많이 들여 초단진오귀, 이단진오
귀, 천금새남, 만금수륙재 등을 적적이 해서 저승길을 닦아주었으
므로, 옥황상제가 그것을 이유로 하여 세상으로 인도환생을 허락하
는 것으로 끝맺는다. 진오귀굿과 새남굿, 수륙재는 세왕의 심판을
면할 수 있는 성대한 잔치인 셈이다. 여기에서 망자는 이승의 유족
들과 인연의 끈으로 매어있다는 관념이 전제되어 있다. 그러므로

유족들이 정성을 들인 만큼 망자는 심판을 면하거나 죄를 탕감 받는 다는 사고로 확장된다.

이렇듯 무가와 무경에서는 망자가 저승에 가서 십대왕의 심판을 받아야 한다고 한다. 무가에 따라서 십이대왕으로 설정되기도 한다. 무경 『황천해원경』에서는 십이대왕을 거친다.

일부 무가 및 무경에 따라서는 망자가 죽은 지 7일째 되는 날에 제일전 진광대왕의 심판을 받는다. 이때 망자가 진광대왕에게 소지를 바친다. 이러한 속신은 상례에 반영되어 있다. 즉, 염습을 하고 입관할 때 시신을 일곱 마디로 묶고 각 매듭마다 종이 고깔 7개를 꽂아준다. 지역에 따라서 5개 혹은 9개, 12개를 꽂아주기도 한다.[127] 종이 고깔의 용도가 아주 명확하지 않다. 그러나 고깔은 혼령이 하늘로 올라가서 대문을 통과할 때, 대문을 지키는 문지기에게 뇌물로 주라고 끼워주는 것이라고 한다.[128] 충남 도서 지역에서는 고깔을 '여장'(녹도), '편지'(고파도), '만장'(원산도)이라고도 부른다. 고파도에서는 망자에게 고깔을 꽂아주는 것을 '편지 넣어주는 것'이라고도 한다.[129] 또, 일부 지역에서는 종이고깔을 지전紙錢으로도 인식한다.

소지所志는 조선시대 때 관아에 청원이 있을 때 제출하던 일종의 청원서이다. 망자가 저승에 가면 반드시 거쳐야 하는 곳이 십대왕

---

127) 이필영, 「민속, 지명분야」, 『천안유통단지예정부지내 문화유산 지표조사 보고서』, 충청매장문화재연구원, 2000, 73쪽.
128) 이필영 외, 「민속분야」, 『대전 석봉정수장 건설사업 부지내 고고·민속조사보고서』, 한남대 박물관, 1998, 65쪽.
129) 이필영, 「상례」, 『도서지』 中, 충청남도, 1997, 462쪽.

전이다. 이승에서의 관청과 같은 곳이라는 관념이 있기 때문에 소지를 미리 준비하는 것이다. 따라서 여기에서 소지는 망자가 자신의 죄를 심판해 달라는 청원서의 의미를 지닌다. 그러면 관청 격에 해당하는 십대왕전에서는 망자를 심판하고 그에 합당한 답 문서를 내려준다. 이는 관에서 발급하는 문서이기 때문에 공문公文이 된다. 그러므로 다음 대왕전으로 갈 수 있는 일종의 통행증이 된다.

『황천해원경』에서는 십이대왕전을 거쳐가는 내용이 아주 소략하다. 제일전 진광대왕에게 소지를 바치고 나서는 곧바로 제십이전 왕비대왕 문전을 지나는 것으로 설명이 끝난다. 다른 무가와 달리 무서운 저승 십이대왕들에게 무슨 일을 겪었는지 설명이 없다. 오히려 망자가 저승길에서 만난 이들과 겪은 상황에 더 많은 할애를 하고 있다. 다른 경문에는 오히려 저승길 묘사가 없다.

이는 경문 구송의 목적이 달라서인 듯 하다. 「회심곡」은 권선징악이라는 교훈 전달에 좀 더 비중을 둔다. 다른 무가들은 망자의 천도 또는 극락왕생이 중요하다.

그리고 보면 『황천해원경』은 이들과 목적이 약간 다르다. 기본적으로 망자가 이승을 떠나 저승에 도착하여 세왕의 심판을 받고 극락왕생 또는 환생한다는 줄거리는 같다. 그러나 『황천해원경』에는 망자의 저승길을 닦는 것에 가장 중요한 목적을 갖고 있는 듯하다. 저승길을 닦아서 그가 비교적 수월하게 세왕전까지 도착하게 하는 것이 이 경문의 목적일 것이다.

『황천해원경』에서는 망자의 저승길 여정이 단계별로 잘 설명되고 있다. 망자가 죽음에 이르러 이승을 떠났다고 해서 곧바로 저승에 도착하는 것이 아니다. 저승으로 가기 위해서는 몇 개의 큰 산과 고개를 넘고, 강을 건너 수천 리를 걸어가야 한다.

반대로 유족과 후손의 입장에서는 망자를 먼 길로 떠나보내는 것이다. 만약 저승길이 짧거나 험난하지 않다고 상정하면, 망자가 다시 돌아올 수 없는 머나먼 저승으로 갔다는 생각이 약해진다. 그러면 망자가 재생하여 귀가할 수 있다는 기대와 미련이 남아서 마음이 편해질 리 없다. 이미 죽은 망자를 관념상이나마 완전히 다시 죽여서, 일말의 기대나 미련마저 체념하도록 하려면, 저승길은 당연히 무량수의 먼 길이며, 십이대왕전을 거쳐 마지막으로 세왕의 심판을 받고, 마침내 저승으로 갔다는 결론에 이르러야 한다. (아래그림 참조).

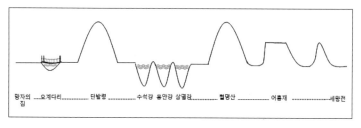

망자의 오계다리...... 단발령 .... 수석강 용안강 살멸강........ 혈명산 .... 어흘재 ....세왕전
집

망자의 집에서 세왕전까지 가는 저승길 단면도

원문 6. 인생의 재미를 누리고 선심공덕도 했는지 묻는 세왕

사자들 거동보소 망자씨를 새로이 결박하여 세왕전에 아뢰고

대령하여 기다리니 두렵기가 측량없네

귀면청체鬼面靑體 나졸들은 전후좌우로 벌려서고

기치창검旗幟槍劍은 삼엄한데 세왕님은 용상좌기 하시고

최판관이 문서잡고 명부冥府의 십이대왕이 열좌한 자리에

남녀망자들 차례차례로 점고한 후 선악을 분별하여

각처로 보내고나서

세왕께서 이 망자씨를 향하여 물으시되

저망자야 너는 무슨 선심을 하였느냐

용방비칸 본을 받아 임금님께 극간極諫하여 나라에 충성하며

증자왕상 효즉 하며 혼정신성 효도하며 늙은이를 공경하고

형우제공兄友弟恭 부화부순夫和婦順 화목하고

붕우유신朋友有信 하였느냐 바른대로 아뢰어라

망자씨 애원이도 여짜오되 황송하와 아뢰올 말씀 없나이다

세왕께서 또 물으시되 너 그러하면 무슨 공덕 하였느냐

배고픈이 밥을주어 아사구제餓死救濟 하였느냐

헐벗은이 옷을주어 구난공덕救難功德 하였느냐

좋은터에 집을지어 행인공덕行人功德 하였느냐

깊은물에 다리놓아 월천공덕越川功德 하였느냐

목마른이 물을주어 급수공덕汲水功德 하였느냐

병든사람 약을주어 활인공덕活人功德 하였느냐

높은명산名山에 불당佛堂지어 중생구제衆生救濟 하였느냐

좋은밭에 원두놓아, 만인해갈萬人解渴 시켰느냐

부처님께 공양드려 염불공덕念佛功德 하였느냐 바른대로 아뢰어라

망자씨 여짜오되 웬만한 것을 가지고서 하였다한들 했다고

할 수 있사오리까

세왕께서 또 물으시되 너 그러하면 팔도강산 구경하며

왕도王都구경도 하였느냐

망자씨 애원이 여짜오되 애욕골몰 살림살이 갖은 고초 받을 적에

어느 세월에 승지강산勝地江山과 왕도구경을 했사오리까

이리올 때에 안산주산 월산화산을 넘어와서 단발령을 넘어왔고

수석강 용안강 삼멸강을 건널적에 남해용왕님 자비하신 덕으로

무사히 건너고 혈명산하 석가세존 아미타불 부처님께 참배하옵고

어흥재를 넘어서

제일전第一殿의 진광대왕秦廣大王 제이전第二殿의 초강대왕初江大王

제삼전第三殿의 송제대왕宋帝大王 제사전第四殿의 오관대왕五官大王

제오전第五殿의 염라대왕閻羅大王 제육전第六殿의 변성대왕變成大王

제칠전第七殿의 태산대왕泰山大王 제팔전第八殿의 평등대왕平等大王

제구전第九殿의 도시대왕都市大王

제십전第十殿의 오도전륜대왕五道轉輪大王님과

제십일전第十一殿의 충정대왕忠靖大王

제십이전第十二殿 왕비대왕王妃大王 문전門前을 지나서

이리로 왔나이다 하고 아뢰니

망자는 세왕, 십이대왕, 최판관이 열좌한 곳에 선다. 세왕은 망자에게 이승에서 선심을 베풀고 공덕을 쌓았는지를 묻는다. 세왕 옆에 있는 최판관은 그 명칭에서 알 수 있듯이 저승에서 벼슬을 하는 이다. 그는 십이대왕이 망자에 대한 판결을 할 때 그의 죄업을 기록하고 판단하는 역할을 한다.

세왕은 망자에게 충忠과 효孝, 형제우애兄弟友愛, 붕우유신朋友有信 등 유교적 덕목에 관한 것을 묻는다. 이어서 아사구제餓死救濟, 활인 공덕活人功德 등 인간으로서 베풀 수 있는 선행善行을 베풀었는지, 그리고 염불공덕念佛功德과 같은 불덕佛德을 쌓았는지 질문한다.

망자가 생전에 얼마나 착하게 살았는지에 대한 기준은 기본적으로 유교와 불교의 가르침에 두고 있는 것이다.

1) 사자들이 망자씨를 새로이 결박하여 세왕전에 아뢰고 대령하여 기다리니 두렵기가 측량없다.

이내황 본과 박필관 본에서는 망자가 사자들에 의하여 결박당한다. 망자가 생전에 죽음에 임박했을 때, 저승사자들은 망자를 체포하여 집 바깥으로 끌고 나간다. 이때가 죽음이 일어난 시각이다. 그리고 겁박하는 분위기 속에서 저승길을 재촉한다. 그러나 이즈음에는 사자가 망자를 포승줄로 꽁꽁 묶은 듯한 내용은 『황천해원경』에 나오지 않는다.

그런데 세왕전에 이르러서 사자는 망자를 결박한다. 그에 앞서 십이대왕전에서도 망자가 결박당했다는 구절은 찾아지지 않는다. 망자는 비로소 세왕전 앞에서 온전히 죄인의 신분이 되는 듯하다.

그러나 아직 세왕의 최종 판결을 앞두고 있기 때문에 일종의 미결수未決囚인 셈이다.

2) 귀면청체 나졸들은 전후 좌우로 벌려서고 기치창검은 삼엄한데 세왕님은 용상좌기 하시고 최판관이 문서잡고 명부의 십이대왕이 열좌한 자리에 남녀망자들 차례차례로 점고한 후 선악을 분별하여 각처로 보낸다.

망자가 세왕전에 도착해서 심판을 기다린다. 세왕은 명부의 십이대왕이 열좌한 자리에서 남녀 망자를 차례로 점고點考 한다. 점고는 조선시대에 주로 쓰인 말로 명부名簿에 점을 찍어 가면서 수효를 조사하는 행위를 말한다. 천명이 다한 망자가 제대로 저승 세왕전까지 와 있는지를 확인하는 것이다. 점고가 끝나면 망자들의 선악을 분별하여 처분을 내린다.[130]

『황천해원경』의 본문 내용은 한 폭의 시왕도(십왕도+王圖)를 연상시킨다. 시왕도에 나타나는 망자들은 죄인의 형상이다. 목에는 긴 칼을 차고 심판을 기다리고 있다. 귀신의 얼굴을 한 나졸들은 망자를 붉은 줄로 꽁꽁 묶고 있다. 심지어 매질도 한다. 십이대왕은 매우 근엄한 표정이다. 분위기 자체가 매우 어둡고 무섭다. 시왕도가 저승의 모습을 시각화했다면, 『황천해원경』은 이러한 시왕도의 모습을 청각적으로 표현한 것이다. 망자의 유족들과 이웃 사람들은

---

130) 이내황 본에만 자세하게 서술되고, 다른 본에는 없다.

시왕도의 모습을 법사의 송경으로 듣는다. 저승에서 망자가 심판받는 장면을 이승의 사람들이 듣는 것이다.

> 3) 세왕께서 이 망자씨를 향하여 물으시되 저 망자야 너는 무슨 선심을 하였느냐하고, 용방비간 본을 받아 임금님께 극간하여 나라에 충성하며 증자왕상 효측하며 혼정신성 늙은이를 공경하고, 형우제공 부화부순 화목하고 붕우유신 하였느냐 바른대로 아뢰라고 한다.

망자가 세왕에게 이승의 삶에 대하여 심문을 받는 내용이다. 망자는 세왕 앞에 포박되어 꿇어 엎드려 있을 것이다. 죄인의 모습을 하고 있는 망자 앞에서, 세왕은 그의 죄가 무엇인지 먼저 묻지 않는다. 오히려 이승에서 어떤 선심을 베풀었는지 질문한다. 죄인에게 죄를 문초하는 것과는 다른 분위기이다. 시흥 무부 하영운의 「죽음의 말」에는 아예 없는 내용이다.

「회심곡」의 여러 이본에도 망자가 세왕에게 심문받는 대목은 모두 공통적으로 나타난다. 그러나 『황천해원경』과는 다소 그 분위기가 다르다.

> 열시왕이 좌개하고 최판관이 문서잡고 남녀죄인 잡아들여 다짐받고 봉초할제 어두귀면 나찰들은 전후좌우 벌려서서 기치창검 삼열한데 형벌기구 차려놓고 대상호령 기다리니 엄숙하기 측량없다 남자죄인 잡아들여 형벌하며 묻는 말이 이놈들아 들어보라 선심하랴 발원하고 인세간에 나아가서 무슨선심 하였는가 바른대로 아뢰어

라 (「회심곡」 中)[131]

「회심곡」에서는 선심공덕에 대한 질문을 다른 죄인 망자들이 받는다. 남자 망자의 죄와 여자 망자의 죄를 각각 판결한다. 모든 판결이 끝나면 죄인 망자들을 처결하고, 착한 망자의 천도로 마무리된다.

『황천해원경』은 이와 달리 전개된다. 주인공 격인 망자는 선심공덕에 대한 질문을 받는다. 세왕은 충忠, 효孝를 비롯한 유교의 오륜을 이행했는지 묻는다. 그러나 유교의 오륜이라는 외피만 씌워졌을 뿐이다. 본질적으로는 인간으로서 어떠한 착한 삶을 살았었는지 질문하는 것이다.

4) 망자씨 애원이도 여짜오되 황홍하와 아뢰올 말씀 없나이다라고 한다.

세왕의 질문에 대해서 망자가 아뢰올 말씀이 없다고 답한다. 세왕은 저승의 관문에서 마지막 심판관에 해당한다. 이미 망자는 십이대왕을 지나 왔기 때문에 웬만한 죄업과 선업은 다 확인된 셈이다. 그럼에도 세왕은 재차 가장 중요한 대목을 확인하며 질문하는 것이다. 망자는 세왕 앞이 두려워서인지 제대로 대답하지 못한다.

황해도 지역에서는 진오귀 굿을 할 때 망자를 대신하여 만신이

---

131) 김혜숭 편, 「회심곡」, 『해동율경집』, 선문출판사, 236쪽.

세왕에게 설명하는 굿이 등장한다. 진오귀굿에서 진행되는 열수왕
굿은 열수왕님(시왕님)을 잘 대접하여 망자의 혼을 잘 보살펴 달라고
기원하는 굿이다. 이때 십대왕의 메를 지어놓고 다음과 같이 만세
받이(만수받이)를 한다. 만세받이는 무당이 무가를 선창하면, 이에 장
단을 맞추고 있는 장구잽이가 이를 되받아 부르는 후창을 말한다.

> "망자가 살아생전 부모님을 극진히 공경하고, 형제우애 좋고 집안
> 이 화목하고 친구 벗이 많습니다. 배고픈 사람은 밥을 주어 기식공
> 덕, 물이 깊어 건너지 못하는 사람은 다리를 놓아 월천을 시켜주었
> 고, 산이 높아 못 넘어가는 사람은 업어 넘겨주었으며, 길가녘에
> 우물을 파고 목마른 사람은 급수공덕을 하였고, 없는 길을 만들어
> 행인공덕도 하였습니다. 아픈 사람은 약을 주어 활인공덕, 집없는
> 사람은 집을 주어 하사공덕을 하였고, 옷없는 사람은 옷을 주어
> 적선공덕을 하였고."[132]

5) 세왕께서 또 물으시되 너 그러하면 무슨 공덕 하였느냐
배고픈 이 밥을 주어 아사구제 하였느냐 헐벗은 이 옷을
주어 구난공덕 하였느냐 좋은 터에 집을 지어 행인공덕
하였느냐 깊은 물에 다리 놓아 월천공덕 하였느냐 목마른
이 물을 주어 급수공덕 하였느냐 병든 사람 약을 주어
활인공덕 하였느냐 높은 명산에 불당지어 중생구제 하였

---

132) 김금화, 『김금화의 무가집 - 거므나따에 만신 희나백성의 노래 - 』, 문음사, 1995,
378쪽.

느냐 좋은 밭에 원두놓아 만인 해갈 시켰느냐 부처님께
공양드려 염불공덕 하였느냐 바른대로 아뢰라고 한다.

『황천해원경』뿐만 아니라 다른 지역의 천도 무가에서도 세왕
이 망자를 심판할 때 아사구제, 구난공덕, 월천공덕, 급수공덕 등에
대한 실천 여부를 질문한다. [133] 바리공주 무가에서도 석가세존은
이와 같은 질문을 비럭공덕 할멈에게도 한다. 인간 세상에서 선행
을 베푼 사람은 극락 왕생한다는 메시지를 담고 있다. [134]

19세기 불교가사인 「권왕가勸往歌」와 「왕생곡往生曲」에는 화자話者
가 우물을 파서 보시布施하고, 정자를 만들어 오고 가는 행인을 쉬게
하며, 6월 더운 때에 참외 심어 보시하고, 바닷물의 배 묶어 놓고
물에 다리 놓아 오고가는 행인을 서로 건네게 하는 공덕을 쌓아

---

133) 전북 지역의 단골무당인 전금순이 부르는 '조상해원풀이' 초반부에는 망자의 이승
    공덕에 대한 다음과 같은 대목이 보인다.
    "적선자는 배고픈 디 밥을 주어 구억공덕 시기었소
    옷 없는 인간을 옷을 입혀 기신공덕도 시기시고
    신 없는 인간 신을 주어 행인공덕도 시기시고
    집 없는 인간 집을 마련 적선공덕도 시기시고
    목 마를 적 물을 주고 갈증날 때 술을 주어 금수공덕도 시기시고
    높은 데다 불당 지어 중생공덕도 시기시고
    물 못 건너 애통하여 벌벌 벌벌 벌벌 떨고 있는데 건널원자 하늘천자 공손공자
    큰덕자 다리를 놓아 월천공덕도 시기시고
    다리를 놓아 월천공덕도 시기시고
    글 몰라 애절하고 들몰라 답답할제 (자진모리 장단으로 천자문 앞부분 구송)
    낱낱이 역력히 글을 갈쳐주고 화련공덕도 시기시고
    장가 못가 상사나고 시집 못가 안달 나 밤중이면 들락달락 허는 이 중매 서서
    원앙공덕도 시기었소 조상님네께서 다 만만진수 희맹허소서."
    (이영금, 『전금순의 무가 전북 씻김굿』, 민속원, 2007, 239~240쪽.)
134) 홍태한, 『서사무가 바리공주 연구』, 민속원, 1998, 93쪽.

극락에 태어났다는 대목이 등장한다. 이러한 덕목들은 여러 불교계 가사에서도 공통적으로 나타난다. [135]

이러한 세왕의 질문은 단지 망자를 대상으로 하는 것 같지만, 실제로는 『황천해원경』등이 불려지는 굿에 참여한 모든 사람에게 하는 것이다. 곧 "인간은 어떻게 살아야 하는가?"에 대한 삶의 태도를, 해원경 등이 불려질 때마다, 반복적으로 학습하는 과정이기도 하다.

6) 망자씨 여짜오되 웬만한 것을 가지고서 하였다한들 했다고 할 수 있사오리까 라고 답한다.

망자는 세왕의 질문에 직접적인 답변을 하지 않았다. 그가 이승에서 다른 사람들에게 베푼 선행이 세왕 앞에서 그리 큰 자랑거리는 아니라고 생각한 모양이다. 망자의 생각에 선행을 베풀며 살아가는 삶은 당연한 것이었다. 행동이 어려운 것이지, 착하게 사는 것은 누구나 바라는 희망이다. 그렇다고 망자가 자신있게 자랑할 만한 선행을 한 것도 없다. 아마도 망자는 긴 저승길을 오는 동안 이승에서의 인연에 대해서 많은 생각을 했을 것이다. 주위사람에게 잘했던 것보다는 잘 못해 준 것에 대한 미안함이 더 컸을 것이다. 어쩌면 행복했던 일보다 회한이 더 클 수도 있다. 그래서 망자의 답변은 겸손한 것처럼 보이지만, 솔직한 대답에 가깝다. 그러나

---

135) 임기중, 앞의 책, 2000, 344쪽.

망자의 답변을 좀 더 깊이 생각해 보면, 세왕이 질문한 이승에서의
공덕을 모두 베풀었던 인물이었다는 것이 은연 중에 나타난다.

> 7) 세왕께서 또 물으시되 너 그러하면 팔도강산 구경하며
> 왕도구경도 하였느냐 라고 묻자 망자씨 애원이 여짜오되
> 애욕골몰 살림살이 갖은 고초 받을 적에 어느 세월에 승지
> 강산과 왕도구경을 했사오리까, 이리올 때에 안산 주산
> 월산 화산을 넘어와서 단발령을 넘어왔고 수석강 용안강
> 삼멸강을 건널적에 남해용왕님 자비하신 덕으로 무사히
> 건너고 혈명산하 석가세존 아미타불 부처님께 참배하옵고
> 어흉재를 넘어서 제일전의 진광대왕 제이전의 초강대왕
> 제삼전의 송제대왕 제사전의 오관대왕 제오전의 염라대왕
> 제육전의 변성대왕 제칠전의 태산대왕 제팔전의 평등대왕
> 제구전의 도시대왕 제십전의 오도전륜 대왕님과 제십일전
> 의 충정대왕 제십이전 왕비대왕 문전을 지나서 이리로
> 왔나이다 하고 아뢴다.

세왕의 두 번째로 하는 질문은 팔도강산을 구경하였는지 여부
이다. 다소 뜬금 없는 질문이다. 다른 무가와 회심곡 등에서는 찾아
볼 수 없는 대목이다. 망자는 가난한 살림살이와 갖은 고초를 겪는
인생을 살면서 그러지 못하였다고 고한다. 오히려 이승이 아닌 저
승으로 오는 노정을 요약해서 설명하고 있다. 망자의 답변을 참고
해 보면, 그는 고향에서 태어나 그 주변에서만 살았던 것 같다.
전근대사회에서 유람은 특수한 계층이나 직업을 가진 사람 또는

특별한 상황에서나 가능했다. 거의 대부분의 농민들은 한 평생 태어난 마을과 그 인근 지역을 크게 벗어나지 않았다.

세왕의 두 번째 질문은 매우 중요한 질문이다. 첫 번째 질문은 인간으로서 타인을 배려하며 선심으로 살았는지를 가리는 것이었다. 그에 반해서 두 번째 질문에서는 세상 구경을 잘 하고 왔느냐를 확인하고 있다. 팔도강산이나 왕도구경을 운위하고 있지만, 그 안에 담긴 넓은 뜻은 "사람으로 세상에 태어나 한평생 세상재미를 충분히 즐겼느냐?"를 묻고 있는 것이다. 이는 다시 확대하면, 하나의 생명은 그 삶의 시간 속에서 고통도 있었겠지만, 그보다는 하늘이 준 생명을 마음껏 즐기고 기뻐했는가를 묻는 것이다. 이는 사실상 세왕이 망자에 대하여 반드시 알고 싶어서 묻는 것이 아니다. 여기서도 망자에게만 질문하는 형식을 통하여, 굿에 참여한 사람들에게 더 넓게 말하면 모든 사람에게 세왕은 "인생은 어려운 환경에서라도 '생명이란 시간'이 주어졌을 때 이승에서 즐겨야 한다!"는 교훈을 가르치고 있는 것이다.

세왕이 이승에서의 인간의 삶이 얼마나 고달프고 슬픈지를 왜 모르겠는가? 그래서 망자가 어떻게 대답하든 그것은 중요하지 않다. 어떤 삶을 살았는지를 이미 알고 있기 때문이다. 거의 대부분의 망자가 힘든 인생을 살았다는 사실이 전제되어 있는 것이다.

결국 삶이란 행복할 수 있는 여건이 되기 때문에 즐기고 기뻐하는 것이 아니다. 그렇지 않은 여건을 수용하고 극복하며 '지금 그리고 여기에서' 삶을 재미있게 즐기라는 지침이다. 세왕은 바로 이런 사실을 가르치고 싶은 것이다.

원문 7. 극락세계로 천도되는 망자

세왕世王께서 화안정좌和顏正坐코 새로이 분부하시되

이 망자는 세상에 선심공덕善心功德도 많이하고

승지강산勝地江山과 왕도王都도 많이구경 하였으니

극락세계極樂世界로 보내리라

먼저조문詔文을 보내시고 어주삼배御酒三盃를 하사下賜하시며

계화桂花를 내리사 망자씨 머리에 꽂게하시고

백금포白錦袍와 옥대玉帶를 하사하사 입게하시고

공경하여 대접하며 분부하시되 착한망자야 네 소원을 말하여라

네 원대로 하여주마

극락세계로 가려느냐 연화대蓮花臺로 가려느냐

신선제자가 되려느냐 장생불사 하려느냐

옥제玉帝앞에 신임信任하여 반화소임班樻所任 하려느냐

석가여래 제자되어 석관소임釋官所任 하려느냐

선녀차지 선관되어 요지연瑤地宴에 가려느냐

환생인간還生人間 하려느냐 부귀공명富貴功名 하려느냐

남중일색男中一色 호풍신에 명문자제名門子弟가 되려느냐

삼군사명三軍司命 총독으로 장수將帥몸이 되려느냐

팔도감사八道監司 육조판서六曹判書 대신大臣몸이 되려느냐

수명장수壽命長壽 부귀하여 부자몸이 되려느냐 네 원대로 말하여라

옥제전玉帝前에 주품奏稟하고 석가여래 아미타불 제도하여

문계問啓하자 삼신三神님이 너를 다시 점지할제 바삐바삐 제도하라

극락세계로 천도하니 부디부디 잘가소

망자씨 극락세계로 가는 거동 참으로 좋을시고

명부冥府의 십이대왕은 합장하여 축수祝手하고

삼사자 육사자 삼십사자 삼천수배三千隨陪들 전후로 나열하고

오색채운五色彩雲 서기瑞氣가 영롱한데

청학백학靑鶴白鶴은 무상무비舞上舞飛

원앙비조鴛鴦秘鳥는 명거명래鳴去鳴來며

난봉공작鸞鳳孔雀은 쌍거쌍래雙去雙來

기린봉황麒麟鳳凰은 처처處處에 왕래往來로다

백화만발百花滿發 운심처雲深處에 자맥홍진紫陌紅塵 불면래不面來요

녹음방초綠陰芳草 승화시勝花時에 노류장화路柳墻花는 처처장處處長이라

녹수綠樹는 진경도眞景圖요 청운靑雲은 낙수교落水橋라

신취화간身醉花間 심자희心自喜요 극락세계極樂世界 석가풍釋迦風이라

그리로가는 망자씨들은 남녀혼신男女魂神을 막론하고

소원대로 될것이니

인간고해人間苦海 힘들다하여 원통하다 하지말고 악한마음 버리고서

마음닦아 선심善心하여 극락極樂으로 돌아가면

소원성취所願成就 하오리니 부디부디 조심하여 평안히 가옵소서

178

세왕이 망자의 선심공덕을 확인한 후에 망자를 극락세계로 보내라는 명을 내린다. 망자는 마침내 그리고 당연히 천도된다. 즉, 『황천해원경』은 망자가 저승으로 가는 과정을 묘사하고, 그가 극락으로 인도되는 과정을 설명함으로써 망자의 원혼을 풀어주는 역할을 한다.

1) 세왕께서 화안 정좌하고 새로이 분부하시되 이 망자는 세상에 선심공덕도 많이 하고 승지강산과 왕도도 많이 구경 하였으니 극락세계로 보내리라 라고 한다.

앞서 언급했듯이, 망자는 이승에서 팔도강산 구경을 했는지 여부에 대한 세왕의 질문에 대해서 동문서답한다. 망자는 저승으로 오는 과정에서 구경한 산과 강에 대해서만 답한다. 그런데 오히려 세왕의 낯빛이 밝아지며 승지강산과 왕도도 많이 구경했으니 극락으로 보내라는 허락을 한다.

이는 앞서 언급한대로 세왕은 애초에 팔도강산 유람 여부에 관심이 없었다. 오히려 망자가 "내가 고달픈 세상살이 속에 무슨 팔도강산 등 유람을 했겠습니까?"하고 되묻은 것에 대하여, 세왕은 오히려 미안해 했을지도 모른다.

2) 먼저조문을 보내시고 어주 삼배를 하사하시며 계화를 내리사 망자씨 머리에 꽂게 하시고 백금포와 옥대를 하사 하사 입게 하시고 공경하여 대접하며 분부하시되 착한 망자야 네 소원을 말하여라 네 원대로 하여주마 극락세계

로 가려느냐 연화대로 가려느냐 신선제자가 되려느냐 장생
불사 하려느냐 옥제 앞에 신임하여 반화소임 하려느냐
석가여래 제자 되어 선관소임 하려느냐 선녀차지 선관
되어 요지연에 가려느냐 환생인간 하려느냐 부귀공명
하려느냐 남중일색 호풍신에 명문자제가 되려느냐 삼군
사명 총독으로 장수몸이 되려느냐 팔도감사 육조판서
대신 몸이 되려느냐 수명장수 부귀하여 부자 몸이 되려
느냐 네 원대로 말하라고 한다.

　세왕은 이승에서 선행을 한 망자에게 상을 내린다. 조문,[136] 어
주삼배, 계화, 백금포와 옥대를 하사한다. 마치 조선시대 때 과거에
급제하여 국왕에게 상을 받는 내용과 같다.[137]
　세왕은 착한 망자에게 소원대로 해주겠다고 하며 처분이 가능
한 여러 가지 안을 제시한다. 세왕이 망자에게 제안한 것은 크게
두 가지로 구분된다. 첫 번째는 극락세계로 가서 신선 또는 석가의
제자가 되어 선관으로 살아가는 것이다. 두 번째는 다시 인간세계
로 환생하여 부귀와 공명을 누리는 것이다. 망자에게는 어느 쪽이
라 하더라도 최상의 선택이다. 그 두 가지 조건보다 좋은 것은 없
다. 그리고 여기에는 인간 세상에서 부귀영화를 누리는 사람들은
전생에서 선업을 많이 쌓은 결과라는 생각이 바탕이 되고 있다.

---

136) 박필관 본에는 패문牌文으로 되어 있다.
137) 박필관 본에는 망자에게 곤룡포를 내리고 천리마에 앉혀서 극락세계로 인도한다.

3) 옥제전에 주품하고 석가여래 아미타불 제도하여 문계하자 삼신님이 너를 다시 점지할 제 바삐바삐 제도하라 극락세계로 천도한다.

인간을 점지하는 신령은 삼신이다. 세왕은 망자를 극락세계로 보내거나 다시 사람으로 환생還生하게 하여 다음 생生에서의 복福을 약속한다. 망자를 다시 환생시키기 위해서는 삼신의 점지가 있어야 가능한 일이다. 이내황 본에서는 부귀공명, 명문자제, 삼군사명 총독, 팔도감사 육조판서, 수명장수 부귀영화 등 인간 세상에서 최고의 복록에 대한 내용이 열거된다. 이와 유사한 내용이 언급된 회심곡에서도 이토록 좋은 제안을 많이 하지 않는다. 박필관 본에서도 왕후장상王侯將相, 귀문가의 귀동자로 될 것을 약속한다. 이를 통해서 망자는 이승에서 겪었던 고된 삶에 대한 보상을 받게 된다.

4) 극락세계로 가는 거동 참으로 좋을시고, 명부의 십이 대왕은 합장하여 축수하고 삼 사자 육 사자 삼십 사자 삼천 수배들 전후로 나열하고 오색채운 서기가 영롱한데 청학백학은 무상무비 원앙비조는 명거명래며 난봉공작은 쌍거쌍래 기린봉황은 처처에 왕래로다 백화만발 운심처에 자맥홍진 불면래요 녹음방초 승화시[138]에 노류장화는

138] '녹음방초 승화시綠陰芳草勝花時'는 본래 중국 송나라 시인 왕안석이 초여름 풍경을 읊은 '초하즉사初夏卽事'에 들어있는 시구에서 따온 것이다. "녹음과 향기로운 풀이 꽃피는 시절보다 낫다."라는 뜻으로, 조선 후기 판소리나 민요에 초여름을 노래하는 대목에 자주 등장한다. 왕안석의 원래 시에는 녹음방초가 아닌 '녹음유초幽草'

처처장이라. 녹수는 진경도요 청운은 낙수교[139]라 신취화
간[140] 심자희요 극락세계 석가풍이라 그리로가는 망자씨
들은 남녀혼신을 막론하고 소원대로 될 것이니 인간고해
힘들다하여 원통하다 하지 말고 악한마음 버리고서 마음
닦아 선심 하여 극락으로 돌아가면 소원성취 하오리니
부디부디 조심하여 평안히 가라한다.

『황천해원경』의 마지막 결론에 해당되는 내용이다. 극락으로
안내되는 망자의 앞길에 꽃길이 만발하는 등 상서로운 분위기가
연출된다.

이 경문은 망자의 저승길을 닦는 목적으로 굿판에서 구송된다.
즉, 망자 천도굿에서 쓰이는 중요한 경문이다. 법사에 의해서 이
경문이 구송됨으로써, 망자는 한을 풀고 저승으로 안착된다고 여겨
진다. 이 경문 내용은 이승의 유족들이 듣는 것이기도 하다. 앉은굿
법사들은 구슬프게, 그리고 망자의 심정을 대변하듯 이 경문을 구

로 되어 있다.
139) '녹수는 진경도요 청운은 낙수교'는 중국 당나라 시인 송지문의 '조발소주早發韶州'
에 나온다.
녹수진경도綠樹秦京道 청운낙수교青雲洛水橋
고원장재목故園長在目 혼거불수초魂去不須招
(녹수는 진나라 서울로 가는 길이요 청운은 낙수를 건너는 다리로다
고향산천 언제나 눈앞에 선하니 내 죽은 혼은 부르지 않아도 스스로 찾아가리.)
140) '신취화간'은 토정비결에 나오는 괘 중 하나이다.
월명사창 신취화간月明紗窓 身醉花間
(달 밝은 비단창에 몸은 꽃 사이에 취하도다. 풍광이 아름다운 곳에서 술잔을
기울이며 즐거워 한다.)

송한다. 「회심곡」이나 「죽엄의 말」 등의 내용 일부를 차용하여 편집했지만, 구송 목적이 다르다. 망자 천도가 구송의 핵심이자 목적이다. 그 목적은 경문의 결말에서 더욱 드러난다.

경문의 결말은 망자가 악한마음을 버리고서 극락으로 인도되는 것이다. 모든 인간은 죽지만 이 경문을 통해서 모든 망자는 이승에서의 죄를 용서받는다. 살아있는 사람은 '죽음 앞에선 망자의 이승에서 삶'을 포용하고 수용한다. 이는 이승에서의 유교적 도덕률의 잣대로 심판하는 것이 아니다. 죽은 자에 대한 용서와 이해는 산 사람에게도 해원解冤이 된다.

●

『황천해원경』에 보이는 사회배경

1. 저승길과 정치배경

『황천해원경』에서 망자亡者가 저승으로 가야 하는 이유는 천운天運이 다하여 그의 수명壽命이 다 되었기 때문이다. 그런 까닭에 저승의 명부冥府에서 그를 데리고 오라는 배자牌子가 발부되었고, 그 임무를 수행하기 위해서 저승으로부터 사자使者들이 파송派送되었다. 망자는 본인 의지와 전혀 상관없이 타의에 의해서 강제로 저승으로 소환된다. 이는 저승의 권력이 이승의 망자에게 영향을 미친다고 여기는 관념이 전제되어 있기 때문이다.

이승에서의 권력은 신체에 대한 직접적인 지배력을 행사할 수도 있다. 특히 전제왕조 시대에는 권력자의 명령으로 사람의 신체를 감금하거나 억압할 수 있었다. 그러나 망자의 육체는 썩어서 없어진다. 그렇기에 저승의 권력이 발동되는 대상은 망자의 육신이 아니라 혼魂이다.

그의 육신은 이승에 누워 있다. 저승으로 끌려가는 것은 그의 혼이지만, 『황천해원경』에서 망자는 저승사자들에게 쇠사슬을 비롯한 각종 형장구로 신체가 구속되어 잡혀간다. 저승에서의 권력도 이승과 마찬가지로 신체에 대한 억압으로 나타난다.

그러므로 저승길 가는 망자는 신체의 억압과 더불어 험난한 길을 떠나는 나그네 신세로, 목마름과 배고픔을 비롯해서 육체가 피곤해 지는 느낌을 받는 것으로 설정된다. 망자에게 가해지는 신체적 고통은 그가 이승을 떠나오는 순간부터 저승의 권력이 행사되고 있음을 상징적으로 나타낸다.

죽음을 거부하고 이승의 삶에 집착하는 망자에게 강제성을 발휘하기 위해서는 저승에서의 강한 권력구조가 설명되어야 한다. 저승의 권력이 이승에 있는 망자를 압도해야 그를 이승에서 끌어낼 수 있기 때문이다. 저승 권력은 세왕을 중심으로 하는 저승 신령들의 위계를 통해서 구축된다. 이러한 관념은 오랜기간 불교와 도교, 유교의 종교적 체계와 우리의 민간신앙이 혼합되어 형성된 결과이다.

저승에서 발휘된 권력에 망자가 맞설 수 없다. 그의 가족들도 마찬가지이다. 유일하게 저승 권력에 저항할 수 있는 이들은 망자와 한 공간에서 공동체를 구성하며 거주했던 집안의 여러 신령들이다. 성주·조왕·지신은 저승의 권력으로부터 망자를 보호하기 위해 온 힘을 다해 막는다. 저승의 권력이 아무리 강하더라도 또 다른 세계인 이승에서 자신들 마음대로 이를 행사할 수만은 없다. 저승 사자들은 집안신령들의 만류와 저항에 대해서 합법적인 절차와 질

서로 대응하고 설득해야 한다.

집안 신령들의 저항을 무마시킬 수 있는 것은 물리적인 폭력이 아니라 '배자牌子'라는 세왕의 위임장이다. 이 문서가 이승에 거주하는 신령들의 동의를 이끌어 낼 수 있다는 것은 이승과 저승의 조화로운 질서가 있다는 전제 하에 가능하다. 저승사자들은 이 배자를 통해 집안 신령들의 허락을 얻어낸 후에야 망자를 압송할 수 있게 된다. 인간이 운명적으로 받아들일 수 밖에 없는 '죽음'을 '배자'라는 증표를 통해 '합법적인 권력행사'로 포장한 것이다.

정치 권력은 일정한 지역적 범위를 갖는다. 서로의 권력이 미치는 최대 접점이 경계境界가 된다. 국가 간의 권력의 경계가 국경國境이 되듯이 저승길을 가다보면 이승과 저승의 경계가 어딘가에 설정될 수 밖에 없다.

기본적으로 산과 강은 지역을 나누는 자연 경계이다. 『황천해원경』에는 경계가 구분되는 의미가 담겨진 지명地名들이 여럿 등장한다. '단발령斷髮嶺', '삼멸강三滅江' 등이 그 예이다.

뿐만 아니라 경문에 등장하는 삼멸강과 수석강, 용안강 근처에 있는 '수사水使', '목사牧使', '태사관太史官'의 관직명官職名도 주목해야 할 필요가 있다. 이들은 망자가 강에 막혀서 건너지 못하고 울고 있을 때, 다가와서 도와주려고 노력한 이들이다. 수사水使와 목사牧使는 조선시대 지방관의 직명이고, 태사관太史官은 천문을 관측하는 관리를 일컫는다. 저승의 외방外方을 관장하는 이의 직명도 이승의 관직명이 차용된 것이다. 이는 조선시대의 정치 및 지방행정 구조가 저승의 영역에 투영된 것이다. 또한, 이들이 삼강三江 근처에 있다는 것은 이곳이 이승과 저승의 경계 또는 저승의 외방이기 때문이다.

　망자는 저승길을 지나서 제일전第一殿 진광대왕전秦廣大王殿을 시작으로 12대왕전을 차례로 거쳐 세왕 전으로 안내된다. 각 대왕전에는 문지기가 지키고 있다. 이들에게는 조선시대 관아 앞을 지키는 문지기가 투영된다. 다른 무가巫歌에서는 이들 문지기가 망자에게 막대한 인정人情을 요구하는 모습을 보이기도 한다.

　『황천해원경』에서는 망자가 이들에게 세왕 전에 가기 위해서 왔노라며 소지所志를 바치고 통문通文을 받아서 다음 대왕전으로 이동한다. 소지와 통문도 조선시대 때 널리 쓰인 일종의 행정문서이다.

　소지는 관에 올리는 소장訴狀으로 청원서 또는 진정서 역할을 한다. 이는 당시 사람들의 생활 속에 일어난 일들에 대한 모든 종류의 민원에 관한 문서인데, 저승길에서도 쓰인다. 즉, 저승의 십이대왕에게 청원서를 제출하여 세왕전으로 무사히 갈 수 있게 해달라는 역할을 한다. 통문通文은 조선시대 때 여러 사람들이 돌려보던 문서로, 『황천해원경』에서는 망자가 각 대왕전에서 통과를 허락받는 의미로 쓰였다.

　이러한 소지와 통문의 사용은 저승에서의 삶과 사회구조가 이승의 그것과 별반 다름이 없다는 인식하에 쓰인 것이다. 조선시대 삶의 모습이 저승으로 투영된 것이다.

2. 유배길이 투영된 저승길

이승과 저승의 공간 사이에는 그 둘을 연결하는 길이 설정된다. 흔히 그 길을 저승길이라고 부른다. 인간이 죽음의 과정을 거쳐야만 갈 수 있기 때문에, 그 길은 인간의 상상 속에서 펼쳐질 수밖에 없다. 그러나 그 길이 터무니없이 허황되거나 조금도 믿음이 가지 않게 되면, 저승에 대한 신뢰도 함께 멀어질 수밖에 없다.

불교계 가사인「별회심곡」을 비롯한 조선 후기 저승 관련 가사 歌辭와 무가巫歌에서는 저승과 지옥의 양상에 대해서는 비교적 구체적으로 서술되어 있지만, 저승길 자체에 대한 구체적인 묘사는 거의 없다. 조선 후기 유통되었던 것으로 추정되는 불교계 소설 일부에 저승길이 묘사되어 있을 뿐이다.[1]

이에 반해서『황천해원경』에는 비교적 상세한 저승길이 설명되어 있다. 경문에는 민간의 사고방식과 관념이 오랜기간 축적되어 구성된 것으로 보인다. 그래서 특정인의 인위적인 창작물이라고 보기 어렵다. 이 경문의 주요 내용이 구성되는 시기는 아마도 조선

---

[1] 조선후기 불교계 국문소설인「저승전」에는 주인공이 저승으로 가는 과정이 등장한다. 이 때 주인공이 거쳐간 곳은 통곡산, 망정산, 나루산, 눈물바위, 한숨재 등으로, 그 지명은 현실적인 지명과는 맞지 않는다. 이는 저승으로 가는 인간의 감성을 투영하여 표현한 것에 그쳤다. 그럼에도 불구하고「저승전」은『황천해원경』과 더불어 조선 후기 내세관을 이해할 수 있는 자료로 주목된다. 저승전과 관련된 글은 다음의 논문이 참고된다.
조상우,「『저승전』 연구」,『동양고전연구』14, 동양고전학회, 2000; 김정숙,「한중 저승체험담 속 저승 묘사와 사상적 경향 비교」,『민족문화연구』59, 고려대 민족문화연구원, 2013.

후기 즈음으로 추정된다. 특히 경문에 등장하는 '저승길'에는 조선 후기 '유배길'이 상당 부분 투영된 것이다.

유배형流配刑은 조선시대의 대표적인 형벌 중 하나였으며, 매우 빈번하게 이루어졌다.[2] 귀양가는 것은 양반 관료들에 국한된 것이라고 생각하기 쉽지만, 실제로는 관직이 없던 사족士族들 뿐만 아니라, 일반 평민平民이나 천민賤民들 조차도 유배형을 당했다. 지방에서 형사범刑事犯을 처리할 때에는 관할 관찰사觀察使가 직권으로 유배형에 처할 수 있었기 때문에 당시 사람들에게는 귀천貴賤을 막론하고 유배형은 자신의 생활터전에 다시 돌아올 기약이 없는 형벌이었다. 즉, 유배형은 사대부 관료들을 중심으로 하는 귀족 계층만이 수도 한양을 기준으로 타 지방에 유리되는 형벌이 아니다. 조선의 어떤 백성이라도 내가 살고 있는 곳에서 강제로 격리되는 형벌이 유배형이었다. 그러므로 당시 어떤 사람들에게라도 '죽음'은 유배형과 같은 것으로 인지될 수 밖에 없다. 유배형은 막연하지만 돌아올 기약이라도 할 수 있다. 그러나 저승은 한 번 가면 다시는 돌아올 수 없기에, 더욱 가혹하고 가급적 회피하고 싶은 형벌과 같은 이미지로 수용된 것이다.

그러한 유배길이 당시 사람들의 상상에 의해 구성된 저승길에 상당한 영향을 끼치며 반영되었다. 그래서 『황천해원경』에 나타나는 저승길은 조선시대 유배길 문화의 흔적이 곳곳에 남아있다. 조선 후기 유배길과 『황천해원경』에 등장하는 저승가는 모습을 비교

2] 『조선왕조실록』에는 유배와 관련된 기사만 360건이 넘는다. 특히 19세기 『고종 실록』에는 무려 97건이 검색된다.

해 보면 다음과 같은 공통점이 찾아진다.

1) 저승사자의 망자 호송

조선후기에 유배형流配刑에 처해진 사람은 왕명王命 또는 관할 지역의 수령의 명에 의해 압송관押送官을 배정받아 배소配所로 떠나야 한다.

저승사자는 유배객流配客의 호송관護送官과 마찬가지로 명부冥府의 명命을 받아 망자를 저승으로 압송하는 역할을 담당한다. 저승사자가 명부에서 지급 받은 배자는 의금부義禁府 혹은 형조刑曹에서 유배객의 배소配所를 결정하여 압송관에게 내리는 문서와 같다.

조선시대에 유배길에 오르는 것은 오늘날의 무기형無期刑과 같아서 언제다시 집으로 돌아올지 기약할 수 없는 상황이다. 그러므로 유배객은 일가친척의 배웅을 받으며 작별의 시간을 갖고, 조상의 사당祠堂에 고하는 의례를 치루기도 한다.[3] 이는 『황천해원경』에서 망자가 저승길을 나서기 전에 사당에 고하는 모습과도 같다.

『황천해원경』 이내황 본에서는 망자 일행이 삼강三江에 막히자 저승사자들은 망자에게 혼자서 가라면서 홀연히 사라진다. 망자는 어찌할 줄 몰라 슬피 운다.[4] 망자는 저승사자들에게 강제로 이끌려

3] 조선 중기 문신인 이항복(1556~1618)은 그의 나이 63세의 나이에 북청으로 유배될 때, 유배길 도중에 포천의 선산에 들러 성묘를 하고 본격적인 유배길에 오른다 (김경숙, 「조선시대 유배형의 집행과 그 사례」, 『사학연구』 55·56, 한국사학회, 1998, 382쪽).

4] 한응회 본과 박필관 본에는 저승사자가 사라졌다가 다시 등장하는 대목은 없다.

서 이곳까지 왔지만, 낯선 저승 노정에는 그들이 유일한 길잡이였다. 그렇기에 그들이 사라지면 막막해 질 수밖에 없다.

저승사자의 본래 임무는 저승의 세왕에게 망자를 압송하는 것이다. 만약 저승사자가 망자를 두고 사라졌다면 오늘날의 관점에서 보아도 직무유기에 해당된다. 그러나 이처럼 망자만 두고 사라진 상황은 조선시대 유배객을 압송하던 호송관의 모습과 흡사하다. 조선시대 유배객의 압송관의 임무는 원칙적으로 유배인을 배소까지 직접 압송해야 한다. 그러나 실제로 동행하지 않는 경우도 많았다. 유배인과 압송관이 각자 자신의 여정에 따라 별도로 길을 가서 저녁에 숙박지에서 확인하는 정도이거나, 심지어 서로 일정이 달라 숙박지에서 매일 점검하지 못하는 경우도 발생하기도 했다.[5] 사극史劇이나 영화에서 흔히 보이는 것처럼 모진 고문을 받은 몰골로 포승줄에 묶인 채 소달구지에 실려가는 모습은 다소 과장된 것이다.

조선시대 압송관들의 역할은 망자를 압송하는 저승사자들과 마찬가지로 압송보다는 배소(도착지)에서 도착 날짜를 확인하고, 유배지 수령(저승에서는 세왕)에게 인계하는 일에 보다 역점을 두었던 것으로 보인다. 이러한 모습은 저승사자들의 행태에서도 유사하게 나타난다.[6]

구체적인 표현은 이내황 본에만 등장한다. 그러나 수사·목사·태사관 등 다른 조력자들과 망자의 대화를 살펴보면, 저승사자가 중간에 사라진 것으로 이해할 수 밖에 없다. 이내황 본에는 그러한 맥락을 충실하게 서술한 것이다.

5) 김경숙, 「조선시대 유배형의 집행과 그 사례」, 『사학연구』 55·56, 한국사학회, 1998, 374쪽.

2) 저승사자들의 노잣돈 요구

저승사자들의 노잣돈 요구는 조선시대 유배객을 데리고 가는 압송관의 행태와 유사하다. 국왕의 윤허를 받아 유배자流配者가 결정되면 의금부義禁府 또는 형조刑曹에서는 유배인을 배소配所까지 압송해갈 관리를 배정하고, 유배인에게 단자單子를 내려 형刑을 고지했다. 압송관이 정해지면 죄인은 곧바로 유배길을 떠날 차비를 했다. 이 과정에서 유배인은 압송관에게 물품을 제공하는 것이 관례였으며, 압송관 쪽에서 먼저 물품을 요구하는 폐단도 종종 발생했다.[7] 이 때 압송관이 요구하는 물품들은 대체로 옷과 신발 등 의류와 음식물, 전냥錢兩 등이었다. 압송관의 여행경비 일부를 유배자가 제공하는 것이 관례였다. 유배인들은 불쾌한 반응을 보였지만, 요구 자체를 거부하기는 어려웠다.[8]

배소에 도착해야 되는 시간이 정해져 있기는 하지만, 출발 시각은 압송관과 유배객 사이에서 절충이 가능했다.

이러한 유배 압송관의 행태는 전통 상례의 사자상 관행에 영향을 주었다. 사자상을 차리는 관습은 예서禮書에 나오지 않는 한국의 독특한 상례 문화이다. 저승사자에게 주는 일종의 향응이다. 이는 조선시대 유배 문화가 반영되어 형성된 것이라 할 수 있다.

---

6)   김경숙, 앞의 논문, 1998, 375쪽.
7)   김경숙, 「옛 길을 따라」 조선시대 유배길」, 『역사비평』 67, 역사문제연구소, 2004, 266쪽.
8)   김경숙, 앞의 논문, 2004, 266쪽.

3. 저승길과 인정

　『황천해원경』에 등장하는 저승사자들은 망자의 유족들로부터 신발을 얻어 신고 노자를 받아 가려는 요량으로, 망자에게 부모형제를 비롯한 일가권속들이 있는지 물어본다. 호송관(저승사자)이 강제로 호송을 당하는 이(망자)에게 호송 비용 일부를 내라고 하기 위해서다. 즉, 일종의 뇌물賂物을 요구하는 것이다. 망자가 저승사자들의 요구에 응해서 뇌물을 제공하면 좀 더 편안하게 저승으로 안내될 수 있다. 다른 무가에서도 저승사자가 노자를 요구하는 내용이 나온다.

　　쇠뭉치로 등을치며 어서가자 바삐가자 이럭저럭 여러날에 저승원
　　문 다달으니 우두나찰 마두나찰 소리치며 달려들어 인정달라 하는
　　구나 인정쓸돈 반푼없다 담배골고 모은재산 인정한푼 써볼손가 저
　　승으로 옮겨오면 환전붙여 가져올까 의복벗어 인정쓰고 열두대문
　　들어서니 무섭기도 끝이없고 두렵기도 측략없다. (「별회심곡」中)

　　저승을 들어가니 열두 대문이 나선다. 첫째 대문에 들어가니 문직
　　이야 수직이야 인정다고 여깨다고 기밀망제 인정이 줄게 없어 우리
　　채관님아 인정다고 여깨다고 (안동의 시무굿 무가 中)

　「별회심곡」과 안동의 「시무굿 무가」에서도 저승사자를 비롯한 저승의 아전들이 망자에게 '인정人情'을 요구한다. '인정'의 본래 뜻은 한자 말 그대로 사람이 본디 지니고 있는 온갖 감정으로, 남을

생각하고 도와주는 따뜻한 마음씨이다. 이는 '인심人心'과도 비슷한 의미의 낱말이다. 그러나 '인정'은 본래의 낱말 뜻에서 벗어나서 '뇌물' 또는 '별비別備'의 다른 말로도 쓰였다. 최근까지도 무속인들은 굿에서 쓰이는 별도의 추가 비용이나 신에게 따로 바치는 돈을 '인정'이라고 부른다.

조선시대에는 '인정'이란 말이 벼슬아치들에게 은근히 주던 선물이나 뇌물 따위를 이르던 말로 두루 쓰이기도 했다. 『조선왕조실록』을 비롯한 조선시대 각종 문헌에는 인정人情이라는 낱말 외에도 특별히 쓰는 선물 또는 뇌물을 '별인정別人情', 사사로이 선물하는 물품은 '사인정私人情'이라는 용어가 빈번하게 등장한다. 관가의 아전들이 비공식적으로 수수료 조로 덧붙여 받던 돈을 '별인정'이라고 부르기도 했다. 조선시대에는 뇌물의 다른 낱말로 '포저苞苴'라고도 불렀다.

본래 '인정'이라는 말은 긍정의 의미로 쓰인 듯 하다. 일종의 기밀 비용이기는 하지만 남의 수고에 대한 보수로 주는 돈이나, 멀리 길을 떠나는 사람에게 인정으로 물건을 주는 의미로 쓰였다.[10]

---

9) 돈이나 보석같은 뇌물이 남의 눈에 띄지 않도록 포와 저로 싸서 보냈기 때문에 그것을 지칭하여 포저라 불렀다. 본래 포저는 짚풀 따위로 만든 거적 같은 것으로, 포는 물품을 싸는 것이고 저는 밑에 까는 것이다.

10) 「성종실록」에 보면 임금이 직접 별인정과 사인정에 대해서 언급하는 내용이 나온다. 傳曰 : 韓致亨赴京時, 燈盞破碎, 谷淸力奏無事, 別獻之物, 又力奏減數, 谷淸於我國, 可謂有功矣。**別人情, 所以示喜也。私人情及通事加帶行事**, 皆出於不得已也。(전교하기를, 한치형韓致亨이 중국 서울에 갔을 때 등잔燈盞을 깨었었는데 곡청이 힘써 아뢰어서 무사하였고, 별헌別獻의 물품도 힘써 아뢰어서 그 수를 경감輕減하였으니, 곡청은 우리 나라에 대하여 공이 있다고 이를 만하다. **별인정別人情은 기쁜 정을 표시하는 것이고, 사인정私人情과 통사通事를 더 데리고 가는 것은 모두**

그러나 인정이 과하거나 청탁이 결부되면 '뇌물'이 된다.

　동서고금을 막론하고 '뇌물수수'의 나쁜 관행은 보편적이었다. 그러나 특히 조선후기에는 부정한 청탁과 뇌물수수의 풍조가 만연되어 있었다. 위로는 중앙의 권력자들인 정승·판서로부터 아래로는 내시와 아전에 이르기까지 뇌물을 받았다. 그리고 지방에서는 관찰사나 수령들이 집중적으로 뇌물을 챙겼다. 관찰사는 수령들에게, 수령들은 상인이나 백성들에게서 뇌물을 거두어들였다. 관찰사들은 중앙의 권세가들에게 줄을 대어 출셋길을 마련하기 위해 뇌물을 주었다. 수령들도 권세가들에게 뇌물을 주어 중앙으로 진출하려고 하였으며, 그들의 인사에 영향을 미치는 관찰사들에게도 뇌물을 바쳤다.[11]

　일반 백성들도 요역을 면제받기 위해서거나, 세금과 형벌의 감면, 재판의 승소 등을 위해서 뇌물을 제공하였다. 조선 성종 대(1469~1494)에는 곤장을 치는 나장들이 죄수들에게서 뇌물을 받고 엄하게 고문하지 않거나, 곤장의 수를 감하는 일도 있었다. 심지어 죄수가 압송 중에 압송자에게 뇌물을 주어 도망친 사례도 있었다.[12] 뇌물죄에 대한 엄중한 처벌 규정이 없었던 것도 아니지만 실제로 이것이 제대로 지켜지기 어려웠다. 권세가權勢家들의 경우에 불문不問에 부쳐지거나 경미한 처벌에 그치는 경우도 많았기 때문이다.

부득이한 데서 나온 것이다.) (「성종실록」 권181, 성종16년(1485년) 7월 3일.)
11）　정구선, 「조선 전기 청탁관행 연구」, 『경주사학』 35, 경주사학회, 2012, 76쪽.
12）　정구선, 『조선은 뇌물천하였다 : 뇌물사건으로 살펴본 조선의 정치사회사』, 팬덤 북스, 2012, 231쪽.

『황천해원경』이 구성되던 조선후기에는 뇌물 수수 관행이 매우 극심하던 사회였다. 다산茶山의 『목민심서』에는 뇌물과 관련한 수령들의 수탈과 아전의 농단에 대한 많은 기록들이 자주 등장한다. 일부 기사를 소개해 본다.[13]

지금 무신武臣으로서 수령이 되어 나가는 자는 전관의 집을 두루 돌아 하직할 때에 반드시 요구하는 바가 무엇인가를 묻고, 전관이 짐짓 하찮은 물건을 구하는 체하면 수령은 다시 후한 것으로써 바치기를 청하며, 그가 부임하게 되면 공공연히 뇌물을 실어다 바치는 것을 당연한 일로 여기니 염치의 도가 떨어짐이 이에 이르렀다.

심한 자는 소송 사건과 형옥刑獄 관계를 돈을 받고 떠맡아 관청의 행정을 탁란하게 하여

부자집 자식은 글자 한 자 몰라도 글을 사고, 글씨까지 산 후 뇌물을 바쳐서 합격하는데, 이러한 자가 합격자 정원의 반수를 넘게 된다. 국가가 사람을 등용하는 길이 오직 이 길 뿐이니 어찌 한심한 일이 아니겠는가

무릇 무誣함을 입고 끌려온 사람들은 비록 첫 문초에 허위임이 밝혀지더라도 아전, 군교들에게 뇌물을 주지 않을 수 없다.

---

13) 정약용, 남만성 譯, 『목민심서』, 삼중당, 1986.

포교捕校가 포승을 가지고 일반 백성들의 집에 이르면 제자리에서 소 한 마리가 녹아나고, 일반 백성들이 관부에 들어오면 누명을 썻고 나가더라도 또한 논배미가 저당잡혀지거나 팔려나간다.

이처럼 『목민심서』에는 뇌물과 관련된 내용이 구체적으로 나타난다. 수령이 전관에게 뇌물을 바치는 것이 당연한 사회이고, 형사刑事 관계도 돈이 오고가며 관의 행정이 문란한 지경에 이르렀다고 고발한다. 심지어 글을 제대로 모르는 세도가의 자제가 뇌물로 합격하는데, 이들이 전체 합격자 수의 절반 이상이라는 비판도 서슴지 않게 하고 있다. 관직에 나가는 이의 절반이 뇌물과 관련이 있다면, 그 사회는 정상적으로 작동할 수가 없다. 일반 백성들은 송사訟事 자체에 휘말리면 불리하다. 무고誣告로 억울하게 관청에 끌려갔다 하더라도 아전과 군교들에게 뇌물을 주지 않으면 없던 죄도 생길 수 있기 때문이다. 억울함을 풀기 위한 뇌물을 쓰는데 소 한 마리 값이 쓰이고 논배미가 저당 잡힌다는 것은 백성들의 삶이 한 순간에 풍비박산이 난다는 의미이다. 『조선왕조실록』에도 이러한 사회분위기가 감지되는 기록이 등장한다.

홍정당에서 차대하였다. 임금이 말하기를, "포저包苴의 유행이 지금도 과연 있는가? 포저가 성행하면 그 피해가 백성에게 돌아가지 않고 장차 어디로 돌아가겠는가?"[14]

---

14) 『철종실록』 철종12년(1861) 1월 29일.

이처럼 국왕이 염려할 정도로 조선 후기는 뇌물 수수의 유행이 심각했다. 뇌물이 발생하는 구조는 그 사회의 심각한 도덕적 해이가 가장 큰 원인이겠지만, 정치적 문란이 극심한 상황에서 권한을 행사할 수 있는 자의 결정 권한이 지나치게 자의적으로 쓰여질 수 있었기 때문이다.

결국, 삼정三政이 문란하고 뇌물이 작동하는 조선후기의 사회관행이 『황천해원경』을 비롯한 저승관련 무경巫經, 무가巫歌들에 수용되었고, 저승사자들의 행태로 그 모습이 투영된 것이다. 이러한 사회 분위기 속에서는 저승길을 떠나는 망자조차도 뇌물과 인정人情에서 자유롭지 못하다.

『황천해원경』에서는 망자가 저승사자들의 노골적인 요구에도 불구하고 아는 사람이 없다고 잡아떼어서 그들에게 노자와 신발을 제공하지 않는다. 그러나 실제 한국의 전통 상례에서는 유족들이 사자상使者床을 차려서 저승사자들을 대접한다.

사자상에는 대체로 밥 세 그릇, 된장 세 그릇, 짚신 세 켤레와 동전 세 닢을 올려놓는다. 간장을 담은 종지를 올리기도 하는데, 이를 먹은 저승사자가 목이 말라서 더디 가라는 의도가 담겨 있다. 사자상을 차리는 관행은 망자가 저승으로 가는 길이 조금이나마 편안하기를 바라는 유족들의 배려이다. 그래서 근래에는 사자상도 가급적 풍성하게 차린다.

저승길은 이승에서 저승으로 가는 중간 지점에 위치하고 있기 때문에 불안한 공간이다. 그 뿐만 아니라 망자가 저승길을 나선 이상 그 길을 최대한 빨리 가야 한다. 특별한 사유가 없다면, 가야할 목표가 정해져 있는 이상 굳이 길을 돌아갈 이유가 없다. 그래야

사자상 (2017년 촬영)

길 가는 망자의 피로도 줄여줄 수 있다.

유족의 관점에서 보면 망자의 저승길을 주관하는 이가 저승사자들이다. 저승사자들이 어떻게 하느냐에 따라서 망자가 편하게 그 길을 갈 수도 있지만, 힘들고 고될 수도 있다. 저승길을 가다보면 목이 마를 수도 있고, 굶주릴 수도 있다. 먼 길에 지쳐서 쓰러질 수도 있고, 저승사자들에게 폭행과 억압을 당할 지도 모른다. 유배지로 압송하는 호송관에게 뇌물을 주면 유배길이 조금 편해질 것이라고 기대하듯이, 유족들은 저승사자들에게도 뇌물을 주어야 망자의 저승길이 고되지 않을 것이라고 여긴다.

『황천해원경』을 비롯한 천도 무가에 등장하는 저승사자들은 드러내놓고 뇌물을 요구한다. 유족의 입장에서는 저승사자를 비롯해서 망자가 저승에서 만날 수 있는 사람들을 위한 뇌물을 준비해 주어야 마음이 놓이게 된다. 전통 상례에서 차려지는 사자상과 수의壽衣에 꽂아주는 종이고깔은 망자의 저승길에 쓸 수 있는 선물이자 뇌물이 된다.

이처럼 『황천해원경』에는 뇌물이 아니면 사회가 제대로 작동하지 않았던 조선 후기의 정치사회상이 반영되어 있다. 그렇기 때문에 이를 통해서 『황천해원경』의 줄거리가 구성되는 시간성과 역사성도 어느 정도 유추할 수 있다. 저승사자들은 단순히 탐욕을 부리고 일탈을 저지르는 성격의 소유자들이 아니다. 그들은 조선 후기 삼정三政이 문란하고 관리의 부패가 극심했던 당대의 시대상을 드러내 보이는 상징적인 표상이다.

第五閻羅大王

고성 옥천사 시왕도 - 염라대왕 (보물 제1693호, 문화재청 소장)

맺음말
: 『황천해원경』의 생사관

1. 인생의 허무를 극복

저승은 사람이 죽은 뒤에 그 영혼이 거한다고 믿는 세상이다. 저승의 반대말은 이승이다. 이승이라는 낱말은 주로 저승과 대비되어 언급된다. 이렇듯 이승과 저승이라는 낱말들에는 인간의 죽음을 기준으로 죽기 전인 '이 쪽'과, 죽은 후인 '저 쪽'을 구별하는 개념이 담겨져 있다. 저승의 다른 말인 '후생後生', '타계他界'도 '저 쪽'에 대한 한자로 된 낱말들이다.

이러한 개념은 서양에서도 마찬가지다. 인간이 죽은 후에 가는 곳을 영어로 표현하면 'the other world'가 된다. 이렇듯 인류는 보편적으로 산 자와 죽은 자 사이를 '이 쪽'과 '저 쪽'이라는 개념으로 분류해서 설정했다.

인류는 이쪽에서의 삶生이 있듯이, 저쪽에서도 삶이 있을 것이라고 생각했다. 그래서 이승은 이생此生에 어원을 두고 있고 저승은 차생彼生에서 유래했다는 설이 유력하다.[1] 즉, 이승과 저승에서의 '승'은 '생生'의 발음이 변한 것이다. 이러한 인식은 인간이 죽음의 과정을 통해서 육신은 비록 소멸하더라도 영혼은 다른 세계로 가서 산다는 믿음이 전제된 것이다.

인간에게 죽음 이후의 세계가 별도로 설정된다는 것은 인간이 죽음에 대한 인식을 어떻게 하고 있는지 잘 보여준다. 인간은 누구나 죽는다. 그런데 인간이 죽은 후에 이승에서 살면서 맺은 인연과 경험, 심지어 감정까지 모두 소멸해 버린다면 그 삶 자체는 허무함만 남게 된다. 그 허무함은 현세의 삶 자체가 무의미한 것이라는 절망감으로 연결될 수도 있다. 그래서 죽은 자의 세계를 별도로 상정하는 것 자체가 죽음을 초월하고 극복하려는 인간의 의지가 반영된 것이라고 할 수 있다. 죽음은 곧 이 세상과 단절되는 것이기 때문에 죽음 이후의 다른 세상에 대한 설정이 필요한 것이다.[2]

이렇듯 저승 세계는 삶의 허무함을 통제하고 조절하기 위한 스스로의 의도와 의지를 가지고 만들어 낸 것이라고 할 수 있다. 인류의 여러 신화 속에서 등장하는 사후세계가 그런 목적성과 관념을 통해서 설정되고 있다. 그래서 저승세계는 이승세계와는 전혀

---

1) 조홍윤, 「한국지옥연구 - 巫의 저승」, 『샤머니즘연구』 1, 한국샤머니즘학회, 1999, 34쪽.
2) 사람이 죽으면 이승을 떠나 저승에서 새로운 삶을 이어간다는 관념은 전통상례의 염습 절차에서도 나타난다. 염습 할 때 남자의 경우 머리를 빗겨 상투를 틀었다. 여자의 경우는 버드나무 비녀를 꽂아주기도 하였다. 또, 여자의 경우 화장을 곱게 하고, 연지와 곤지를 찍어 주기도 했다(대전시사편찬위원회, 「대전민속지」上, 1998, 311쪽; 국립문화재연구소, 『한국인의 일생의례』, 충청남도편, 2009, 520쪽).

다른 공간이면서 이승과 연결고리를 가지고 있어야 한다는 공통점을 가지고 있다. 한국의 무조巫祖 신화인 「바리데기 공주」나 메소포타미아의 신화인 「길가메시의 서사시」 등에서도 이승과 사후세계를 오고가는 과정이 등장한다. 이렇듯 신화에서는 이승과 저승의 공간 경계에 대한 설정이 구체적으로 필요하다. 그리고 자연스럽게 공간과 공간 사이의 거리 개념도 만들어진다. 한국의 상여소리에 흔히 '대문 밖이 저승'이라는 사설이 등장한다. 이는 생生과 사死가 한 순간이라는 시간성을 설명하기 위한 표현이다. 또한 삶과 죽음의 밀접성을 뜻하기도 한다. 공간으로서의 저승은 지금 인간이 살고 있는 이승에서 멀리 떨어진 그 어디쯤인가로 설정된다. 그러면 저승으로의 이동의 문제가 발생한다. 이동에 필요한 수단과 방법 등이 구체적으로 제시되어야 저쪽 세계에 대해 더욱 실감할 수 있다.

단절된 두 개의 공간을 연결해 주는 것이 길路이다. 이승에서 저승으로 가는 길이 설정되어야 두 개의 공간이 구체적으로 설명된다. 저승으로 가는 길은 수평적으로 놓여 있어야 훨씬 현실적이다. 만약 이승을 기준으로 수직으로 이동하게 되면 그 이동방법은 매우 추상적일 수 밖에 없다. 예를 들면 새를 타고 날아가거나, 무지개 또는 구름이나 용을 타고 가는 등의 상상 체계가 수반될 수 밖에 없다. 이동에 대한 현실성이 떨어지면 그에 비례하여 저승에 대한 신뢰 역시 떨어질 수 밖에 없다. 그러나 이승과 저승 사이의 거리를 구체적으로 제시하거나 육로陸路와 수로水路 등 길의 형태가 설정되면 훨씬 현실감이 높아지게 된다. 현실감이 높아진다는 것은 상상 속에 있는 저쪽 세상에 대한 이해와 신뢰가 함께 증가한다는 것이다. 그래서 저승가는 길은 이승에서 인간이 경험했던 길과 유사해야 한다. 그래야 저승길에 대한 감정적인 확신이 더해진다.

인간은 어느 누구라도 일생을 살면서 길을 떠나 본 경험이 있다. 한 평생 한 마을에서만 살던 사람이라 하더라도 장을 보러 고개를 넘고 강을 건너봤을 것이다. 이러한 기억들이 바탕이 된다면 저승길도 자연스럽게 수평적인 길로 인식될 수 밖에 없다. 저승길에 나타나는 지명地名이 이승의 지명과 관련이 있다면, 그 현실감은 더욱 강력해 진다. 『황천해원경』에 나타나는 '단발령'은 금강산 일대의 실제 지명이기도 하기 때문에, 저승의 지리적 구체성이 극대화 된다.

이승과 저승의 공간이 설정되면 경계의 구분이 생긴다. 높은 산이나 큰 강이 지역을 나누는 지리적 경계가 된다. 이러한 경계는 위험성을 가지고 있다.[3] 예컨대 가옥 안의 방과 방의 경계가 되는 '문지방'은 위험한 공간이듯이, 이승과 저승으로 가는 길은 이승도 저승도 아닌 불완전한 공간이 된다. 죽음 의례에 해당하는 상·장례 기간과 마찬가지로 저승길 역시 위험하고 불안한 시간과 공간 속에 놓이게 된다. 그래서 결코 가고 싶지 않은 저승길이지만, 한 번

---

3) 아놀드 반 게넵(A. VanGennep, 1873~1957)은 『통과의례』(1909)에서 통과의례를 '분리分離' - '전이轉移' - '재통합再統合'으로 분류하고, 이 중 '전이' 단계는 그 앞 단계인 분리 전의 단계도 아니고, 다음 단계로의 통합이 되지 않은 중간적인 상태로 설명하였다. 이 전환기에서 각종의 의례rite가 베풀어지며, 금기가 행해진다. 이는 빅터 터너(Victor W. Turner, 1920~1983)에 의해 리미날리티와 커뮤니타스의 개념으로 확대되었다. 리미날리티는 '문지방'을 의미하는 'limen'에서 유래하였다.

그 길을 나선 이상 최대한 빨리 지나가야 한다. 즉, 저승길은 인간이 죽음을 극복하고 수용하기 위해서 설정된 저승으로 가는 경계에 위치한다. 그렇기 때문에 그 길을 어떻게 빨리 가느냐가 중요해진다.

『황천해원경』에서도 망자는 처음에는 죽음을 거부하고 저승사자를 뿌리치고 이승을 떠나지 않으려고 한다. 그러나 죽음을 수용하고 집을 떠난 이후부터는 가급적 빨리 저승에 안착해서 세왕의 심판을 빨리 받으려 한다. 이러한 모습은 저승길이 경계지역liminal zone의 의미를 갖고 있기 때문으로 보인다.

『황천해원경』에 등장하는 망자의 죽음과 저승길에 대한 인식은 반 게넵A. VanGennep(1873~1957)의 '통과의례의 3단계' 과정과 유사하게 전개된다.

1단계의 망자는 죽음을 거부한다. 그 어떤 죽음이라도 인간에게는 그 자체가 비극이다. 그러나 인간은 결국 죽어야 하는 존재이기 때문에, 그 죽음을 이끌어야 하는 강제적인 요소가 있어야 한다. 망자의 집에 들어가서 그를 강제로 끌어내는 저승사자가 무서운 형상을 하고 있고, 죄인을 다루듯이 무시무시한 쇠사슬과 쇠뭉치 등 각종의 형장구도 지참해서 온다. 저승사자가 온 것도 자의自意에 의한 것이 아니라, 저승에 있는 세왕世王의 명을 위임받은 것이라는 확인도 시켜준다. 그에 대한 증표인 배자牌子는 죽음을 모면하려는 인간을 완전하게 구속시킨다.

2단계는 망자가 죽음을 수용하는 과정이다. 망자의 죽음이 운명적이라는 것을 『황천해원경』에서는 '배자'를 통해서 설명한다. 조상들이 있는 사당을 배알하고 친지들과 이별하는 장면 역시 죽음을 받아들이는 과정이다. 망자가 삼강三江에 막혀 슬피 통곡하는 이유는 외로운 저승길에 대한 서러움과 함께, 강을 건너야 하는데 그러지 못하는 상황에 대한 비참한 감정이 섞여 있기 때문이다. 죽음을 수용한 망자는 이제 하루 바삐 저승길을 통과해야만 한다.

『황천해원경』은 저승길을 통해서 망자가 죽음을 수용하는 과정을 자세하게 설명하고 있다. 죽음을 받아들여야 하는 이는 망자 뿐만이 아니다. 망자의 죽음을 애통해 하는 가족들도 마찬가지다. 현실적인 상황에서 보면 죽음을 받아들이지 못하는 것은 오히려 유족이다. 『황천해원경』의 자세한 저승길 묘사는 망자가 빨리 가야 한다는 당위성을 부여해 준다.

3단계는 죽음을 극복하는 과정이다. 저승길을 무사히 지나가기 위한 가장 중요한 전제조건은 그가 이승에서 어떻게 살았는가 하는 문제와 관련된다.

이를 설명하기 위해 『황천해원경』에서는 망자의 조력사들을 등장시킨다. 저승길은 어떤 인간이라 하더라도 초행初行일 수 밖에 없다. 그러므로 그 길을 안내하는 이가 설정되어야 하는데, 그 역할을 담당하는 이들이 바로 저승사자들이다. 그러나 저승사자들은 망자가 저승길에서 어려움을 처했을 때 적극적으로 나서서 도와주는 인물들이 아니다. 그들의 역할은 단지 망자를 세왕 전으로 데리고 가는 호송관일 뿐이다. 군주제와 관료제를 바탕으로 하는 이승에서의 권력구조와 마찬가지로 저승사자는 군주(세왕)의 명을 집행한다.

망자가 어려움에 직면했을 때 도움을 주는 인물들은 수사·목사·태사관을 비롯해서 설령할미 하얀할미, 청의동자이다. 이들은 인간이 죽음을 극복하는 과정에 적극적으로 개입해서, 망자가 저승으로 무사히 들어가도록 하는 조력자 역할을 한다. 그러나 이들이 모든 망자를 돕는 것은 아닌 듯 하다.

모든 인간은 죽음을 맞이하지만 모두 똑같은 조건의 저승길을 가는 것이 아니다. 이에 대하여 『황천해원경』은 다음과 같이 말한다.

"망자씨 더욱더 기가막혀 열씨솔씨를 심지못하고 슬피 통곡만 하노라니 설렁할미 하얀할미가 그 망자를 불쌍히여겨 내달아서 따비로 활활 땅을 갈고 열씨솔씨를 휠휠이 뿌여주니 망자씨 인간공덕 없었으면 어찌그러 하리요만…" (『황천해원경』 中)

곧, 이승에서의 인간공덕이 전제되어 있기 때문에 저승길에서 여러 조력자들이 등장하고 있는 것이다. 그러므로 저승길은 그 사람이 어떤 삶을 살았느냐에 따라 달리 펼쳐진다. 이승에서의 공덕이 없었다면 그의 저승길은 아무 조력자들 없이 혼자 외롭게 가야했을 것이다. 무사히 저승으로 안착하지 못하고, 알 수 없는 어딘가에서 떠돌고 있을지도 모른다. 요행히 세왕의 심판을 받더라도 그가 원하는 극락왕생은 애초에 기대하기도 어려울 것이다. 이처럼 망자 앞에 나타난 조력자들은 망자가 이승에서 쌓은 선업의 응보와 관련된다.

인간의 업이 생전에만 응보되는 것이 아니다. 이승에서의 행위가 저승가는 과정을 비롯해서 저승에서 받을 심판의 향방을 결정짓는 중요한 요소가 되는 것이다.

경문에서는 이승에서 어떻게 살아야 하는가를 세왕의 질문을 통해서 구체적으로 설명해 준다.

> 임금님께 극간하여 나라에 충성하며 늙은이를 공경하고 형우제공
> 부화부순 화목하고 붕우유신 하였느냐. (중략) 배고픈 이 밥을 주어
> 아사구제 하였느냐, 헐벗은 이 옷을 주어 구난공덕 하였느냐, 좋은
> 터에 집을 지어 행인공덕 하였느냐, 깊은 물에 다리 놓아 월천공덕
> 하였느냐 목마른 이 물을 주어 급수공덕 하였으나 병든 사람 약을
> 주어 활인공덕 하였느냐 높은 명산에 불당지어 중생구제 하였느냐
> 좋은 밭에 원두 놓아 만인해갈 하였느냐 부처님께 공양드려 염불공
> 덕 하였느냐(중략) (『황천해원경』中)

망자가 어렵게 저승에 도착하여 세왕에게 받은 질문은 위 내용
이 전부이다. 그가 이승에서 어떠한 부귀와 권세를 누렸는지에 대
한 세속적인 질문은 없다. 그가 고관대작高官大爵이었는지, 어디서
어떤 신분으로 어느 정도의 부富를 축적하고 살았는지도 묻지 않는
다. 질문의 주요 내용은 유교와 불교의 기본 가르침에 대한 것들이
다.[4] 그러나 꼭 특정 종교의 교리로 치부될 내용들이 아니다. 부모
에게 효도하고 부부, 형제, 붕우 간에 화목했는지 여부와, 어려운
이들을 얼마나 어떻게 도와주고 살았느냐가 질문의 핵심이다. 이는
인간으로서의 기본적인 윤리 도덕의 문제들이다.

4] 이 구절은 『황천해원경』뿐만 아니라 회심곡 류의 불교계 가사 등에 많이 등장하
  는 표현이다. 그러므로 이 글이 유통되었던 19세기 조선사람들의 삶의 지표 중
  하나로 이해할 수 있다.

다른 이들과 더불어 살면서 그들에게 도움을 주는 행위를 했는지가 '착한 삶'의 요체要諦이고, 이러한 이승에서의 삶이 죽음을 극복하는 단서端緒가 된다.

이러한 경문 내용은 타인의 죽음을 통해 살아있는 사람들에게 반복적으로 전해진다. 무경巫經은 죽은 자를 위한 문서이기도 하지만, 산 자가 듣는 것이기도 하다. 살아있는 사람은 여러 죽음을 통해 이러한 내용을 반복적으로 들음으로써 자신의 삶을 반성하고 미래의 삶을 재설정한다. 그와 더불어 궁극적으로 자신의 죽음도 수용하고 극복할 수 있는 의지를 부여받는다. 이처럼 그가 이승에서 쌓은 공덕과 착하게 살아온 삶이 죽음을 극복하는 실마리가 된다는 것을 『황천해원경』을 비롯한 여러 천도무가와 무경에서 설명해 주고 있다.

2. 무한한 시간 안에 설정되는 조상과 후손

『황천해원경』의 또 다른 제목은 「황천길 닦는 해원경」이다. 경문 제목이 시사하는 바와 같이 『황천해원경』은 망자가 저승으로 가는 황천길을 잘 닦아주어서 이승에서의 원寃을 풀어주기 위한 목적을 갖고 있다. 이승에서 남은 원을 풀어내야 망자가 저승으로 잘 갈 수 있다고 여기기 때문이다.

어떠한 인생이라도 이승에서의 삶에는 한恨이 남기 마련이다. '죽어도 여한餘恨이 없다'는 속담은 이승에서 강렬하게 소원했던 어떤 기대가 이루어져서 행복이 절정에 이르렀음을 표현하는 말이지만, 이 속담은 대부분의 사람이 죽음을 맞이하게 되면 한이 남는다는 것을 반증하는 말이기도 하다. 이렇듯 망자에게는 근본적인 한恨이 있는데, 이를 제대로 해소해 주지 못한다면 온전히 저승을 가기 어렵다는 인식이 『황천해원경』에 담겨 있다.

『황천해원경』에서 세왕이 망자에게 제안한 이승에서의 삶의 모습은 경문이 쓰여진 조선후기 사람들의 소원했던 삶의 형태가 투영되어 있다.

부귀공명 하려느냐 남중일색 호풍신에 명문자제 되려느냐 삼군사
명 총독으로 장수 몸이 되려느냐 팔도감사 육조판서 대신大臣 몸이
되려느냐 수명장수 부귀하여 부자 몸이 되려느냐
(『황천해원경』 中)

위 경문에서 인간들이 원하는 삶의 모습은 부귀富貴와 공명功名으로 요약된다. 구체적으로 명문자제名門子弟로 태어나서 높은 지위의 대신大臣 또는 장수將帥가 되어 부富를 누리며 장수長壽하는 것이다. 이렇게 부귀영화를 누리는 삶은 현대인들의 소원과도 크게 다르지 않다. 그러나 이러한 삶을 모두 갖추어 사는 사람은 매우 드물다. 부귀와 공명 중 어느 하나를 갖추는 것도 어렵다. 세상에서 그 어떤 소원을 이루었을지라도 그로 인하여 이루지 못한 것들이 있기 마련이다. 예컨대 열심히 노력해서 부귀함을 얻었지만, 그만큼의 시간을 포기하거나 건강을 해칠 수도 있다. 얻은 것이 있으면 잃은 것도 있는 것이 인생사이다.

이렇게 인간이 이승에서 얻고자 하는 것을 이루지 못한 것이

있으면 죽은 후에 그것이 한恨이 된다. 세상에서 많은 것을 얻은 사람이라 하더라도 얻지 못한 단 한 가지는 아쉬움으로 남기 마련이다. 그러므로 여한餘恨 없이 죽을 수 있는 사람은 거의 없다.

한국인이 일반적으로 인식하는 조상의 한은 크게 두 가지 종류로 구분된다.

첫째, 인간에게 가장 본질적인 한恨은 죽음의 문제이다. 즉, 인간의 생명은 유한하기 때문에 반드시 죽을 수 밖에 없는 운명이 가장 큰 한이다. 이는 인간의 원초적인 관념인 불안한 실존에 따른 한이라고 할 수 있다. 그러한 한은 앉은굿 법사들의 「굴원해원경」[5]에 다음과 같이 표현된다.

만고풍상 다 지내고 입신양명 하려다가 수명이 사정없어 허망하게
죽어지니 불쌍하다 인생이여. 복희씨와 헌원씨도 백년을 못다살고
요순우탕 성군들도 불로장수 못하고서 청산고혼 되었으니 그 아니
애석한가. (「굴원해원경」 中)

「굴원해원경」에서는 중국의 위인들도 불로장수하지 못하고 죽음을 면치 못하였으므로 죽음은 근본적으로 허망한 것이라고 설명한다. 인간의 삶이 유한한데 반해, 자연은 다시 순환하여 재생한다. 봄에 핀 해당화가 진다하더라도 이듬해 봄이 되면 다시 핀다. 이렇

---

5) 충남 태안 지역에서 일반적으로 「해원경」 또는 「굴원해원경」으로 불려지는 경문으로 '오호라 슬푸도다'로 시작된다. 경문의 본문에 '만고 충신 굴원이'가 등장하기 때문이다. 굴원은 반드시 죽을 수 밖에 없는 운명을 설명하기 위해 인용된 여러 성인과 영웅호걸 중 한 명으로 원을 품고 죽은 대표적인 인물로 상정된다.

듯 자연은 다시 순환하여 재생하지만, 인간은 한 번 죽으면 그로써 모든 것이 종료되기 때문에 회복될 수 없다. 이처럼 죽음은 인간의 삶을 중단시키고 이승에서 모든 것을 단절시킨다. 그렇기 때문에 죽음 자체에서 오는 인간의 한恨은 근본적이다.

둘째, 인간의 한恨은 이승에서 이루지 못한 소원이 남겨진 것들이다. 인간은 죽음 그 자체에 대한 한이 있다. 그런데 어느 인생이라도 완성된 인생은 있을 수 없다. 다시 말하면 후회 없는 인생은 없다. 어떤 인생이라 하더라도 그 삶 속에서 무언가를 가지게 되면, 반대로 어느 하나를 잃기 마련이다. 즉, 세속적으로 성공한 삶이라 하더라도 다른 무언가가 결여된 것이 있다. 인생에서 하지 못한 것에 대한 후회는 누구에게라도 남는다.

「굴원해원경」에는 이에 대한 사례가 구체적으로 나타난다.

저망자 저혼신아 해원사정 들어보소 불상하여 해원일세
부모형제 이별하고 죽어지니 못보아서 원한이요
세류같은 어린자식 의지없이 두고가니 눈못감아 원한이요
꽃같은 백년가약 이별하고 죽어지니 상사불견 못잊어서 원한이요
사시절차 아낀의복 못다입고 죽어지니 분발하여 원한이요
곤궁한 살림살이 고생고생 살아갈제 배가고파 기진하고
의복절차 구비못해 굶주리고 헐벗었네 희망에 속다속다 속절없이
죽어지니 골절에 맺힌 기한 못면하여 원한이오.
(「굴원해원경」中)

이처럼 가난하게 일생을 살았다거나 비극적인 상황을 겪다가

죽음을 맞이한 경우는 그 한恨이 더욱 커진다. 그래서 죽음 이후까지도 그 한이 해소가 되지 않는다. 이러한 한은 망자가 온전히 저승으로 가는데 가장 중요한 방해 요소가 된다. 이루지 못한 아쉬움으로 인하여 이승에서 고리를 끊지 못하면 차마 저승으로 돌아가지 못하기 때문이다.

조상이 저승으로 들어가지 못하고 이승에서 맴돌게 되면 후손에게 좋지 않은 영향을 끼친다.

사람은 누구나 인생을 살아가면서 자신과 가족의 삶이 행복하고 평안하길 바란다. 그런 삶을 살기 위한 가장 중요한 전제조건 중 하나로 조상과의 관계가 원만해야 한다고 여긴다. 조상은 후손의 삶에 개입한다. 그래서 자신의 삶이 잘 되거나 또는 잘못되면 조상의 덕 또는 조상 탓이라는 관념을 갖고 있다. 다시 말해 인간의 길흉화복吉凶禍福을 결정하는 가장 중요한 변수 중에 하나가 조상의 문제라고 여긴다. 이처럼 조상이 후손의 길흉화복을 관장한다고 여기기 때문에, 조상에게 되도록 길吉과 복福을 이끌어 내야 한다. 또한 흉凶과 화禍가 발생하지 않도록 조심해야 한다. 더욱이 탈이 나는 조상이 있다면 그가 어떤 조상인지 정확하게 짚어내서 문제를 해결해 주어야 이승의 후손도 평안해 진다고 여긴다. 그러기 위해서는 어떤 조상인지 정확하게 알아야 문제 해결이 가능해진다. 이를 해결하기 위해서 법사 또는 보살이 개입하여 조상을 풀어주는 역할을 한다. 육십갑자六十甲子를 모두 읊어서 모든 갑자에 매인 조상을 풀어주는 「육갑해원경六甲解冤經」은 이러한 필요성에 의해서 구송口誦된다.

한편, 정상적인 죽음을 맞이하고 후손들의 정성 덕으로 저승에 안착한 조상이라도 지속적으로 후손들과 관계를 맺는다.

어느 누구라도 인생을 살다보면 예기치 않은 상황에 직면한다. 각종 사고로 다칠 수도 있고, 병마病魔에 시달릴 수도 있다. 또, 경제적으로 곤란을 겪는 등 여러 가지 삶의 고난을 경험한다. 이러한 인생의 문제에 직·간접적으로 연결된 것이 바로 조상이다.

조상이 후손에게 자신의 서운함을 드러내면 '탈'로 작용한다. 조상의 묘에 물이 들이 친다던가 나무 뿌리가 관으로 들어와서 시신을 건들게 되면 조상은 '탈'을 일으켜 즉각적으로 반응한다고 생각한다. 그러나 조상도 이승에서의 부모였듯이 후손이 다소 서운하게 했다하더라도 즉각적인 화를 내지 않을 것이라고 생각한다. 어느 날 찾아온 집안의 우환 원인이 조상 탓일 수도 있기 때문에 앉은굿에서는 대가름의 절차를 통해서 반드시 확인해 본다. '조상 탈'이 확인되면 조상을 위해 주어야 한다. 한 번 조상을 천도薦度해 주었다고 해서 영원히 조상 문제가 해결되는 것은 아니다.

이승의 후손과 조상이 끊임없이 관계를 유지하고자 한다는 사고관념은 조상에게도 이승의 인간과 마찬가지로 욕심에서 기인하는 것으로 보인다. 즉, 인간의 못다 한 욕망이 죽은 사람에게 고스란히 투사되기 때문에 인간의 욕망은 조상의 욕망으로 연결된다.

그렇기 때문에 『황천해원경』에서 망자는 세왕에게 이승에서의 삶이 고단했다고 고하지만, 인간의 고해苦海가 힘들다하여 원통해 하지 말고 악한 마음을 버리고서 선심하여 극락으로 돌아가면 소원 성취할 것이라고 끝을 맺는다.

이렇게 인간의 원초적인 한과 욕망이 죽음과 연결되어 있음을 『황천해원경』에서는 조상과 후손의 관계로 설명한다. 유한한 인간의 삶이 저승으로 가서 종결되는 것이 아니라, 후손을 통해 다시 이승과 연결된다. 저승에 있는 조상은 이승의 후손이 있으므로, 이승에서의 삶이 연장된다. 그러므로 이승의 후손이 자신의 삶을 온전히 유지해야 저승의 조상도 편안하다. 저승에 있는 조상이 나를 통해서 이승에 연결되어 있기 때문에 그 삶의 끈이 내 삶에 함께 매어 있는 것이다.

이처럼 조상은 후손의 길흉화복과 밀접한 관련을 맺음으로써, 삶과 죽음이 공존하고 있음을 보여준다.

3. 바람직한 인생관

망자가 이승에서의 삶에 대해 최종적인 심판을 받는 곳은 세왕전이다. 저승의 정치 권력의 정점은 세왕이기 때문이다. 세왕의 최종 심판에 앞서 일종의 예비 심사는 12대왕 또는 십대왕이 관장한다. 명부의 세왕은 저승을 관장하며 이승의 권력자와 마찬가지로 궁전에 거주하고 이승의 망자들을 심판한다. 그의 권한은 절대적이다. 그의 결정에 따라 망자의 극락왕생 등이 결정된다.

저승 세계는 인간 삶의 허무함을 통제하고 조절하기 위한 인간 스스로의 의도와 의지를 가지고 만들어 낸 것이라고 할 수 있다. 그렇다면 그 저승 세계를 관장하는 권력자는 가장 강력한 권력을 정의롭게 행사해야 한다. 이러한 막강한 권력이 설정되어야 이승 사람들이 일탈하거나 불의不義하지 않도록 노력하며 살아간다. 이승의 세도가라 할지라도 그 힘이 저승의 권력을 넘어서지 못한다.

결국 세왕 앞에 심판을 받으러 온 망자를 비롯해서 『황천해원경』을 굿판에서 듣고 있을 유족들은 그러한 권력 아래에 감시당하고 통제되는 사람이 된다.

저승에서는 인간이 어떻게 사는지를 매 순간 기록한다. 인간이 이승에서 머무를 수 있는 시간은 유한하기 때문에, 그 시간이 끝나면 감시된 모든 내용들이 심판을 받게 되어 죄를 지으면 처벌된다.

세왕이 행사하는 권력의 최종적인 결과는 심판으로 나타난다. 이것이 바로 저승과 세왕이 존재하는 궁극적인 이유가 된다. 결론적으로 저승과 세왕은 이승에서의 삶에 대한 감시와 처벌 기능을 한다. 그렇기 때문에 저승과 세왕은 이승의 권력을 넘어서는 강력한 힘이 설정되어야 한다.

『황천해원경』에는 나타나지 않지만, 저승에서 심판을 받아 지옥으로 가는 망자들은 상상할 수 없는 고통의 형벌을 받는다. 여러 무가巫歌와 무경巫經에 등장하는 10개의 지옥은 그 이름만으로도 공포를 더해준다. 망자천도 무가 중 하나인 「신무염불」에서는 부모에게 효를 다하지 않은 망자의 눈과 입을 집게로 빼내는 등 무서운 장면들을 묘사하여 형벌의 무서움을 직설적으로 표현하고 있다. 저승 권력의 강력한 힘과 공포를 드러내는 것이다.

『황천해원경』에서 망자는 이승의 삶에 대한 심판에서 통과한 자이다. 망자가 저승길을 거쳐 세왕전에 온 이유는 자신의 삶을 심판받기 위한 것이었다. 그러나 그가 심판을 무사히 통과했을 뿐만 아니라 결과적으로 '착한 인생살이'라는 시험에 합격한 것이 된다.

세왕은 망자에게 조선시대 과거科擧 중에서도 대과大科 급제자와 같은 수준의 대우를 해준다. 그에게 어주삼배御酒三杯를 내리고, 머리에 계화桂花를 꽂아준다. 심지어 곤룡포袞龍袍와 옥대玉帶를 하사한다. 또, 극락으로 보내주기 위해 천리마千里馬를 상으로 내린다. 과거제도는 조선시대 관리의 등용문이다. 양반 관료를 중심으로 하는 조선시대의 신분제도는 과거제도를 통해서 그 근간을 유지했다. 과거급제는 이승에서 모든 부귀와 영화를 보장해주는 확실한 방법이다. 망자는 이승에서의 착한 삶의 보답으로 저승에서 과거에 급제한 셈이 된다.

망자가 이승에서의 삶을 심판받은 것은 단지 죄를 면한 것으로 끝나는 것이 아니다. 이승을 압도하는 저승의 권력구조에 새롭게 편입된 것이다. 저승의 권력구조로의 편입은 윤회輪廻를 바탕으로 해서 다시 이승의 권력구조로 환원된다. 세왕은 망자에게 극락세계로 갈 것인지 인간으로 환생還生할지 묻는다. 환생한다면 망자는 자신의 선택에 따라 명문자제, 삼군사명 총독, 팔도감사, 육조판서 등 이승의 권력자로 환생할 수 있다.

이처럼 망자가 세왕의 심판에 통과할 수 있었던 이승에서의 공덕은 인간다운 삶을 살았는지 여부였다. 『황천해원경』의 마지막 구절에서 그 해답을 제시하고 있다.

인간고해 힘들다하여 원통하다 하지말고 악한마음 버리고서 마음 닦아 선심하여 극락으로 돌아가면 소원성취 하리오니 부디부디 조심하여 평안히 가옵소서. (『황천해원경』中)

어떤 인생이고 고해가 없는 삶은 존재하지 않는다. 더욱이 죽음

해원경을 송경하는 법사 (2016년 촬영)

은 인간에게 필연적으로 일어날 수 밖에 없는 일이다. 그런데 이
죽음은 아무 때나 불시에 찾아올 수 있다. 그러므로 인간은 죽음을
늘 대비하고 때로는 두려워한다. 이것이 극대화되면 인간은 매일
마지막 하루를 사는 셈이다.[6] 이승에서의 마지막 날은 저승에서의
첫 날이다. 저승으로 가는 순간에 이승에서의 부귀와 영화는 심판
과 시험 대상이 아니다. 이승에서 악한 마음을 버리고 선심善心을
해야 세왕의 심판을 면할 수 있고, 저승의 권력을 얻을 수 있다는
사실을 당시의 정치구조를 바탕에 두고 설명하고 있다. 이승의 권
력은 유한하지만 저승의 권력은 무한할 뿐만 아니라, 이승의 권력
도 함께 보장받는다.

　이처럼『황천해원경』은 당시 세상이 투영되어 오늘에 남아서
전해지고 있다. 사후 세계인 저승의 형상은 당시의 현실 세계이기
도 했다. 이러한 모습은 오랜 시간 이 땅의 사람들이 살아오면서
삶과 죽음에 대한 인식이 축적되어온 결과이다.

　이상으로 충남 태안의 앉은굿 법사들에게 전해오는『황천해원
경』을 분석해 보았다. 경문 구절마다 담겨진 의미를 추적해 보니
경문이 형성된 당시의 시대 상황과 한국인의 내세관이 내재되어
있었다는 사실을 확인할 수 있었다.

　이 경문은 장편의 서사가 아니다. 더욱이 독자의 취향에 따라
읽는 문학 작품도 아니다. 때로는 환자 치료를 위해서, 또는 죽음을

---

6)　미셸 푸코, 심세광 譯,『주체의 해석학』, 동문선, 2007, 502쪽~503쪽.

당한 사람을 위해서 행해지는 의례에 송경된다. 종교적 성격을 갖고 있는 경문이다.

충남 내포 지역에서는 물론이고 태안의 웬만한 가정에서는 법사를 초빙해서 해원경을 읽었다. 해안에 인접한 지역이기 때문에 바다에서 비명횡사한 사람이 많았음은 물론이고, 그 어떤 죽음도 애처롭지 않은 것이 없다. 그렇기 때문에 해원경은 산자와 죽은자에게 모두 필요한 경문이다. 심지어 지금 이 순간에도 어느 망자를 위해, 어떤 환자를 위해서 송경되고 있다.

이 경문은 죽은 자를 위해서 송경되지만, 정작 이를 듣는 것은 산 자이다. 망자의 유족이 듣고 울기도 하고 비통해 하기도 한다. 경문을 듣다보면 망자의 저승길에 동행하고 있는 느낌이 들 수도 있다.

그러나 경문을 통해서 이승에서의 삶이 죽음으로 끝난 것이 아닌 것을 깨닫게 된다. 저승은 이승의 연장선에 있다. 즉, 이승에서의 삶은 저승으로 이어진다.

죽음 이후의 세계와 공간도 이승만큼 복잡하다. 이승과 마찬가지로 권력의 구조도 보인다. 이승에서 잘못 살았다가는 저승에서 곤욕을 치를 수도 있겠다는 생각이 든다.

저승의 세왕이 망자에게 하는 질문의 요체는 간단하다. 세왕은 망자에게 이승에서 어떠한 부귀와 권세를 누렸는지 묻지 않는다. 어떤 지위까지 올랐는지도 관심이 없어보인다. 얼마만큼의 재물을 모았는지도 관심이 없다. 망자에게 오로지 묻는 것은 그가 이승에서 남을 도우면서 얼마나 착하게 살았느냐 뿐이다. 세왕이 이승에 있는 우리들에게도 던지는 질문이기도 하다.

인간은 죽으면 모든 것이 끝난다. 평생 부지런히 모은 돈을 가져갈 수도 없고, 비싸게 주고 산 옷도 입고 갈 수 없다. 이승에서 높은 지위에 올랐어도 저승에서는 묻지도 않는다. 심지어 별 의미도 없다.

『황천해원경』의 저승 노정과 세왕의 심판은 인간이 죽음을 어떻게 극복하려는지에 대한 철학적 사고가 담겨져 있다. 경문을 통해서 죽음 이후에도 세계가 있음을 설득하고 있다. 그리고 그 세계에서 인정되는 가장 중요한 가치는 이승에서의 '착한 마음'과 그를 바탕으로 하는 삶을 살았느냐이다.

착한 삶의 기준은 대인 관계에서 비롯된다. 그러므로 착한 삶은 곧 '상생相生'의 실현 여부로 규정된다. 인간 세상은 혼자만 살 수 없는 곳이다. 가장 가까운 관계인 가족을 비롯해서 마을과 지역 공동체 구성원들과 더불어 산다. 이승에서 타인과 어떤 관계를 맺고 상생을 실현했는지의 결과에 따라 다음 세상에서의 삶을 결정한다. 그러므로 이승에서의 삶이 마감되어 저승길을 나서는 순간부터 그동안 살아온 삶에 대한 심판이 시작된다. 저승 세왕의 심판은 최종 결론일 뿐이다. 이러한 관점에서 보면 망자의 저승길을 위해 유족들이 마련하는 사자상이라든가 인정조차도 단순히 뇌물로만 이해할 수 없다. 망자가 이승에서 타인과 더불어 산 삶의 증표가 된다. 이러한 상생의 철학은 오늘날의 한국인들이 갖고 있는 사고 방식에 고스란히 담겨있다.

결국, 『황천해원경』에서는 다른 사람들과 더불어 살며, 배려하고, 베풀면서 살아가는 착한 마음이, 죽음을 극복하는 열쇠라는 메시지를 던지고 있는 것이다. 그리고 이처럼 단순하지만 묵직한 메시지가 그 오랜 기간 수많은 죽음 앞에서 끊임없이 반복되어 구송되고, 재확인되는 과정을 거쳐 오늘날 한국인의 심성心性을 형성하는데 큰 영향을 주었다.

·

『황천해원경』(이내황 본) 전문

천운天運이 불길不吉하고 원명이 쇠진하니 황천黃泉길이 머잖았네
명부冥府에서 사자使者불러 분부하되 이승의 해동조선국 ○○○도
○○군 ○○면 ○○리에 거주하는 ○○생신生身을 데려오라 하시니
사자님들 거동보소

활대같이 굽은길을 살대같이 달려들제 연직사자年直使者 월직사
자月直使者 일직사자日直使者 시직사자時直使者 사직사자使直使者 칙호사자
勅呼使者 사중팔중四中八中 만고萬古의 당사唐士들이 망자씨亡者氏를 데리
러오는 거동이야 밀거니 닥치거니 나는듯이 달려와서 첫 번째 잡으
러드니 조왕대신竈王大神이 밀어막아 못데려가고 두번째 잡으러드니
만년안택萬年安宅 성조대신成造大神이 밀어막아 못데려가고 세번째 잡
으러드리 오방명당五方明堂 후토지신後土地神이 밀어막아 못데려가네

저승사자 거동보소 각처각위各位 신령전에 배자올려 보여드리
니 각위신령이 천문天門을 열어놓고 배자를 펼쳐보니 세왕전世王殿에

서 보낸배자 분명한지라 사정私情은 애석하나 원명이라 하릴없이 데려가라 허락하니

사자들 거동보소 연직사자年直使者 월직사자月直使者 일직사자日直使者 시직사자時直使者 사직사자使直使者 저승사자 오계五戒다리 밖에서고 이승사자 강림도량 문안에 들어서서 천둥같이 호령하며 성명삼자 불러내어 어서나오소 바삐가세 뉘분부라서 거역하며 뉘분부라 지체하랴 팔뚝같은 쇠사슬로 망자씨의 실낱같은 목을잡아 끌어내니 인간하직 망극하다

망자씨가 위령威令에 하릴없이 저승길을 가려하고 구사당舊祠堂에 하직하고 신사당新祠堂에 허배虛拜하고 집안을 둘러본뒤 부모형제 이별하고 일가친척 작별하고 대문을 썩나서니

사자님들 거동보소 철추鐵錐를 둘러메고 두발을 구르면서 어서가자 재촉하네 그러면서 사자님들 망자더러 묻는말이 망자씨의 부모형제 처가권속은 있겠거니와 일가친척 친구들도 많이있소 하고 물으니 망자씨 정신이 혼미한중 애원이도 이르되 아무도 없거니와 사자님은 무슨 연고로 묻습니까 하고 물으니

사자들이 하는말이 망자씨의 부모형제 처가권속 일가친척 친구들이 구비俱備하게 있다하면 우리가 오가기에 신발도 떨어지고 노자路資도 다했기로 신발도 얻어신고 노자돈이나 타갈까 하였더니 아무도 없다하니 어서길이나 바삐가자 재촉이 성화같다 애고답답 설은지고 심산험로 어이가나 정처없는 길이로다 눈물짓고 한숨쉬며 사자들을 따라갈새 주산안산主山案山 월산화산月山火山을 넘어들고 넘어나니 산천山川은 절승絶勝하고 초목草木은 성쇠盛衰로다 낮에우는 접동새와 밤에우는 두견조는 슬픈심정 돋워내네

눈물을 흘리면서 한숨으로 벗을삼고 수천리를 가노라니 대산
大山이 가려있네 망자씨 사자에게 묻는말이 저산은 무슨 산이라 하
나이까

사자들 대답하되 저 산은 바람도 쉬어넘고 해동청海東靑 보라매
도 쉬어가고 우리의 석가세존 아미타불 부처님도 머리깎고 쉬어가
시던 단발령斷髮嶺이오이다

망자씨 단발령을 넘어서니 기곤飢困도 자심自甚하다

부모형제 처자식은 나를보내고 애절하게도 통곡痛哭하련만 어
이이리도 적막한가 청천에 울고가는 저기럭아 너희는 살던곳과 있
던곳과 다니던곳을 다보고듣고 알련마는 어이이리도 적막하냐 애
원哀怨이 통곡하며 그리로 수천리를 가노라니 대강大江이 막아있네

망자씨가 물어보되 이 강은 무슨 강이라 합니까 사자들이 수석
강水石江 용안강龍安江 삼멸강三滅江이라 대답하고 혼자서 가라면서 홀
연이 사라지니 망자씨 삼강三江이 막혀서 어쩔줄 몰라 슬피우니 수
사불사 태사관太使官이 그 강가에 있다가 망자 불러 묻는 말이 그대
는 어떤 연유로 여기와서 슬피통곡 하느냐 망자씨 애절하게 여짜오
되 저는 본시 해동海東의 조선국 ○○○도 ○○군 ○○면 ○○리에
거주하던 ○○생 망자로서 저승길을 가옵는데 길이막혀 어쩔줄몰
라 우나이다 태사관太使官 그말 듣고 열씨를 세말 세되 세홉을 내주
며 하는 말이 이 열씨를 갈아가꾸어 왕성하거든 베어벗기고 열대로
다리를 놓고 건너라 분부하니 망자씨 기가막혀 슬피울며 여짜오되
일시일각一時一刻이 바쁘온데 어느세월에 이열씨를 갈아길러 열대로
다리놓고 건너가라 하나이까

태사관 거동보소 이번엔 솔씨를 삼두삼승三斗三升 삼三홉을 내어

주며 하는말이 이솔씨를 심어길러 원목이 되거든 베어서 배를지어
건너라고 분부하니 망자씨 더욱더 기가막혀 열씨솔씨를 심지못하
고 슬피통곡만 하노라니 설렁할미 하야할미가 그망자를 불쌍히여
겨 내달아서 따비로 활활 땅을갈고 열씨솔씨를 휠휠이 삐여주니
망자씨 인간공덕 없었으면 어찌그러 하리요만 망자씨 일각이 급한
중 강을 건너지 못하고 강만을 바라보며 슬피울기만 하노라니

　이때에 청의동자靑衣童子가 일엽선一葉船을 타고나타나 하는말이
그대가 해동의 조선국 ○○○도 ○○군 ○○면 ○○리에 거주하던
○○생 망자입니까 그 망자거든 이배에 오르소서 망자씨 눈물짓고
한숨쉬며 배에오르니 그배가 화살같아 순식간에 건너편 언덕에 다
다라서 청의동자가 망자씨더러 내리라하니 망자씨 배에서 내려 동
자에게 묻는말이 동자님은 누구십니까 청의동자 대답하되 남해용
왕南海龍王의 셋째아들 이온데 부왕께서 분부하시되 이승의 불쌍한
망자가 길이막혀 슬피울고 있으니 어서가서 건네주라 하시기로 예
왔사오니 어서빨리 가옵소서 망자씨 또다시 묻는말이 여기서 세왕
전世王殿까지 가려하면 얼마나 되나이까 청의동자 대답하되 육로陸路
로 가려하면 구만사천리 거리요 수로水路로 가려하면 팔만사천리
거리로되 수로로는 갈수가 없으니 육로로 가옵소서 망자씨 동자를
작별할제 청의동자 다시이르되 그리로 수천리를 가노라면 좌편左便
에 대로大路가있고 우편右便에 소로小路가 있을터이니 좌편대로左便大路
를 버리시고 우편소로右便大路로 가옵소서

　좌편대로左便大路는 처음은 길이좋지만 점점갈수록 험악하여 쇠
성城 가시성城 칼성城을 넘어서 삼천지옥三千地獄 가는길로써 악한사
람을 잡아가는 길이라 그길은 지옥길로써 그리로 들어가는 죄인망

228

자는 칠월의 백중일百中日이나 한번쯤 세상 구경 하거나 말거나 하는 곳이요 우편소로右便小路는 세상의 착한사람을 데려가는 길이온데 하루에 성인군자 한분씩 들어가거나 말거나 하는길로써 처음에는 좁고험해도 그길로 점점 들어가면 길이넓고 명랑明朗할 것입니다 은銀가래에 은銀줄매고 놋가래에 놋줄매어 청록홍록青綠紅綠 후리휘 청 매어놓고 오는망자 가는망자 황천黃泉길을 닦아보세 나무아미타 불 관세음보살

　　염불노래 부르면서 협소한 길 넓게닦고 굽은길은 곧게닦고 높은곳 밀어다가 깊은곳을 메꾸고 활활이 닦은길로 또 수천리를 가노라면 좌편에 우물있고 우편에도 우물이 있을테니 어느편 우물이든 망자씨가 선택하여 세모금만 먹고가오 좌편 우물을 마시면 여자로 환생還生하고 우편 우물을 마시면 남자로 환생還生한다 하였으니 어느 쪽 우물이든 세모금만 마시면 배도부를 것이요 정신도 깨끗할 것입니다 그리로 계속해서 가시는 중 배가고파도 쪽지 꽃도 따먹지 말고 졸리더라도 잠자지 말고 졸지도 말며 길만 보고 계속하여 가옵소서

　　수천리를 가노라면 또 대산大山이 가로막을 것이니 그 산 이름은 혈명산血明山이라 혈명산하에 석가세존 아미타불 부처님이 계실터이니 그부처님전 참배하고 염불하고 가옵소서 나무아미타불이라하고
　　나무동방제두뇌타천황보살南無東方提頭賴咤天皇菩薩 나무아미타불,
　　나무남방비류늑차천황보살南無南方毘瑠勒叉天皇菩薩 나무아미타불,
　　나무서방비류박차천황보살南無西方毘瑠博叉天皇菩薩 나무아미타불,
　　나무북방비사문천황보살南無北方毘沙門天皇菩薩 나무아미타불,
　　나무중앙황제대변천황보살南無中央黃帝大辨天皇菩薩 나무아미타불

외우면서 계속하여 수천리를 가노라면 또 대령大嶺이 가려있으니 그 고개명은 어흥재라 그 고개를 넘어갈 적에 어흥어흥 소리를 두 세 번만 외치고 넘어가오

어이가리 어이가나 심산험로深山險路 어이가나 지칠대로 지친몸을 잠시 쉬고 있노라니 홀연이 사자들이 나타났네 사자님 쉬어가세 힘이들어 못가겠소 사자님들 들은체도 아니하고 어서어서 바삐가자 재촉하니 그럭저럭 어흥재를 넘어서 건너 산을 바라보니 정신도 암암暗暗하고 기곤飢困도 자심滋甚하다

난데없는 검추劒椎소리 철석간장鐵石肝腸 다놀랜다 정신을 수습하고 사자더러 묻는말이 이것이 웬소리요 사자들이 이르는말 십이대왕十二大王님 각각이맡은 책임대로 죄인을 다스리는 소리오이다 망자씨 애애절절哀哀切切이 눈물지며 한숨쉬고 사자들 따라

제일전第一殿 진광대왕전秦廣大王前 다다르니 문지기 내다르며 그대어떤 망자건대 여기왔느냐 바른대로 아뢰어라 호통하니 망자씨 애절이 아뢰오되 저로 말하면 해동의 조선국 ○○○도 ○○군 ○○면 ○○리에 거주하던 ○○생 망자로서 세왕전世王前에 가려하고 이리로 왔나이다 소지일장 받치고 공문公文한장 받아가지고 제이전第二殿 초강대왕初江大王 문전에 다다르니 문지기 내다르며 그대어떤 망자건대 여기왔느냐 호령이 엄숙하니 망자씨 선후일장 성명삼자姓名三字 아뢰고 소지일장 받치고 공문증명公文證明 받아가지고 그리로서

제삼전第三殿 송제대왕宋帝大王 문전을 지나고 그리로서

제사전第四殿 오관대왕五官大王 문전을 지나고 그리로서

제오전第五殿 염라대왕閻羅大王 문전을 지나고 그리로서

제육전第六殿 변성대왕變成大王 문전을 지나고 그리로서

제칠전第七殿 태산대왕泰山大王 문전을 지나고 그리로서

제팔전第八殿 평등대왕平等大王 문전을 지나고 그리로서

제구전第九殿 도시대왕都市大王 문전을 지나고 그리로서

제십전第十殿 오도전륜대왕五道轉輪大王 문전을 지나고 그리로서

제십일전第十一殿 충정대왕忠靖大王 문전을 지나고 그리로서

제십이전第十二殿 왕비대왕王妃大王 문전을 지나서

세왕궁전世王宮殿에 당도하니 사자들 거동보소 망자씨를 새로이 결박하여 세왕전世王前에 아뢰고 대령하여 기다리니 두렵기가 측량 없네

귀면청체鬼面靑體 나졸羅卒들은 전후좌우로 벌려서고 기치창검旗幟 槍劍은 삼엄한데 세왕世王님은 용상좌기龍床坐起 하시고 최판관催辦官이 문서잡고 명부冥府의 십이대왕十二大王이 열좌한 자리에 남녀망자들 차례차례로 점고點考한 후 선악善惡을 분별하여 각처로 보내고나서 세왕世王께서 이망자씨를 향하여 물으시되

저 망자야 너는 무슨 선심善心을 하였느냐

용방비간 본을받아 임금님께 극간極諫하여 나라에 충성忠誠하며

증자왕상 효즉效則하며 혼정신성 효도孝道하며

늙은이를 공경恭敬하고 형우제공兄友弟恭 부화부순夫和婦順 화목하고

붕우유신朋友有信 하였느냐 바른대로 아뢰어라

망자씨亡者氏 애원이도 여짜오되 황송하와 아뢰올말씀 없나이다

세왕世王께서 또물으시되 너그리하면 무슨공덕功德 하였느냐

배고픈이 밥을주어 아사구제餓死救濟 하였느냐

헐벗은이 옷을주어 구난공덕救難功德 하였느냐

좋은터에 집을지어 행인공덕行人功德 하였느냐

깊은물에 다리놓아 월천공덕越川功德 하였느냐

목마른이 물을주어 급수공덕汲水功德 하였느냐

병든사람 약을주어 활인공덕活人功德 하였느냐

높은명산名山에 불당佛堂지어 중생구제衆生救濟 하였느냐

좋은밭에 원두園頭놓아 만인해갈萬人解渴 시켰느냐

부처님께 공양드려 염불공덕念佛功德 하였느냐 바른대로 아뢰어라

망자씨 여짜오되 웬만한 것을 가지고서 하였다한들 했다고 할 수 있사오리까

세왕世王께서 또 물으시되 너 그러하면

팔도강산八道江山 구경하며 왕도王都구경도 하였느냐

망자씨 애원哀願이 여짜오되 애욕골몰汨沒 살림살이 갖은 고초 받을 적에 어느 세월에 승지강산勝地江山과 왕도王都구경을 했사오리까 이리 올 때에 안산주산安山主山 월산화산月山火山을 넘어와서 단발령斷髮嶺을 넘어왔고 수석강水石江 용안강龍安江 삼멸강三滅江을 건널 적에 남해용왕南海龍王님 자비하신 덕으로 무사히 건너고

혈명산하血明山下 석가세존釋迦世尊 아미타불阿彌陀佛 부처님께 참배하옵고 어흥재를 넘어서 제일전第一殿의 진광대왕秦廣大王 제이전第二殿의 초강대왕初江大王 제삼전第三殿의 송제대왕宋帝大王 제사전第四殿의 오관대왕五官大王 제오전第五殿의 염라대왕閻羅大王 제육전第六殿의 변성대왕變成大王 제칠전第七殿의 태산대왕泰山大王 제팔전第八殿의 평등대왕平等大王 제구전第九殿의 도시대왕都市大王 제십전第十殿의 오도전륜대왕五道轉輪大王님과 제십일전第十一殿의 충정대왕忠靖大王 제십이전第十二殿 왕비대왕王妃大王 문전門前을 지나서 이리로 왔나이다 하고아뢰니

세왕世王께서 화안정좌和顔正坐코 새로이 분부하시되 이망자는 세

상에 선심공덕善心功德도 많이하고 승지강산勝地江山과 왕도王都도 많이
구경 하였으니 극락세계極樂世界로 보내리라 먼저조문詔文을 보내시
고 어주삼배御酒三盃를 하사下賜하시며 계화桂花를 내리사 망자씨 머리
에 꽂게 하시고 백금포白錦袍와 옥대玉帶를 하사하사 입게하시고 공
경하여 대접하며 분부하시되

착한망자야 네 소원을 말하여라 네 원대로 하여주마

극락세계極樂世界로 가려느냐 연화대蓮花臺로 가려느냐

신선제자神仙弟子가 되려느냐 장생불사長生不死 하려느냐

옥제玉帝앞에 신임信任하여 반화소임班栮所任 하려느냐

석가여래釋迦如來 제자되어 석관소임釋官所任 하려느냐

선녀仙女차지 선관仙官되어 요지연瑤地宴에 가려느냐

환생인간 하려느냐 부귀공명 하려느냐

남중일색男中一色 호풍신에 명문자제가 되려느냐

삼군사명三軍司命 총독으로 장수몸이 되려느냐

팔도감사 육조판서 대신大臣몸이 되려느냐

수명장수 부귀하여 부자몸이 되려느냐

네 원대로 말하여라 옥제전玉帝前에 주품奏稟하고 석가여래 아미
타불 제도하여 문계問啓하자 삼신三神님이 너를다시 점지할제 바삐
바삐 제도하라

극락세계로 천도하니 부디부디 잘가소 망자씨 극락세계로 가는
거동 참으로 좋을시고

명부冥府의 십이대왕은 합장合掌하여 축수祝手하고 삼사자三使者 육
사자六使者 삼십사자三十使者 삼천수배三千隨陪들 전후로 나열하고 오색
채운五色彩雲 서기瑞氣가 영롱玲瓏한데 청학백학靑鶴白鶴은 무상무비舞上

舞飛 원앙비조鴛鴦秘鳥는 명거명래鳴去鳴來며 난봉공작鸞鳳孔雀은 쌍거쌍래雙去雙來 기린봉황麒麟鳳凰은 처처處處에 왕래往來로다 백화만발百花滿發 운심처雲深處에 자맥홍진紫陌紅塵 불면래不面來요 녹음방초綠陰芳草 승화시勝花時에 노류장화路柳墻花는 처처장處處長이라 녹수綠樹는 진경도眞景圖요 청운靑雲은 낙수교落水橋라 신취화간身醉花間 심자희心自喜요 극락세계極樂世界 석가풍釋迦風이라 그리로 가는 망자씨들은 남녀혼신男女魂神을 막론하고 소원대로 될 것이니 인간고해人間苦海 힘들다하여 원통冤痛하다 하지 말고 악한마음 버리고서 마음닦아 선심善心하여 극락極樂으로 돌아가면 소원성취所願成就 하오리니 부디부디 조심하여 평안히 가옵소서.

부록 2

●

『황천해원경』 유사본 비교표
(이내황 본 / 한응회 본 / 박필관 본)

이내황 본	한응회 본	박필관 본
천운이 불길하고 원명이 쇠진하니 황천길이 머잖았네	천운이 불행하고 원명이 쇠진하니 황천객이 되리었고나	가운家運이 불행한지 원명原命이 그뿐인지 황천객黃泉客이 되었구나
명부에서 사자불러 분부하되	세왕이 사자불너 분부하되	세왕이 사자불러 분부하되
이승의 해동조선국 ○○○도 ○○군 ○○면 ○○리에 거주하는 ○○생신을 데려오라 하시니	?생의 모면 모리 모생 망자 자버오라 분부하니	이 생의 해동 조선국 모지某地에 거주거생 하옵는 모생某生 망자를 잡아오라 분부하니
사자님들 거동보소 활대같이 굽은길을 살대같이 달려들제	?사자들 그동부게(거동보게)	사자들 거동 보소
연직사자 월직사자 일직사자 시직사자 사직사자 칙호사자 사중팔중 만고의 당사들이	연직사자 월직사자 일직사자 시직사자 사직사자 칙후사자 만구당 사자들이	연직사자年直使者 월직사자月直使者 일직사자日直使者 시직사자時直使者 사직사자司直使者 칙허사자勅許使者 병부사자丙部使者 사중팔중四重八重 만고당萬苦障
망자씨를 데리러오는 거동이	망자씨 자부러 오나 그 등이	사자덜이 밀거니 닥치거니

이내황 본	한응회 본	박필관 본
야 밀거니 닥치거니 나는듯이 달려와서	밀거니 쓰건이 나는다시(나는 듯이) 달려들 때	날으는듯 달려와서
첫 번째 잡으러드니 조왕대신이 밀어막아 못 데려가고	첫 번째 자부러 드니 조왕대신이 막어 못자버리고	첫 번째 잡으러드니 성조대신成造大神이 밀어막어 못잡어갔네
두 번째 잡으러드니 만년안택 성조대신이 밀어막아 못 데려가고	두 번째 자부러드니 성조대신이 막어 못자메	둘째번 잡으라드니 주왕대신灑王大神이 밀어막어 못잡어가고
세 번째 잡으러드리 오방명당 후토지신이 밀어막아 못 데려가네	삼시번째 자부러드니 후토지신이 막어 못자버내니	삼세번째 잡으라드니 기지오방후토지신基地五方后土之神이 밀어막어 못잡어갔네
저승사자 거동보소 각처각위신령 전에 배자올려 보여드리니	저승사자 거동보소 각위신령 지하의 시왕전에 배자를 올니이	사자들 거둥보소 각위신령各位神靈에 배자牌子를 올리오니
각위신령이 천문을 열어놓고 배자를 펼쳐보니	각위신령이 비지적실하니 처분...	각위各位 신령님이 천문天門을 열어놓고 배자를 펼쳐보니
세왕 전에서 보낸 배자 분명한지라		세왕배자+王牌子 분명하다
사정은 애석하나 원명이라 하릴없이 데려가라 허락하니		원명이라 할 수 없어 잡아가라 분부하니
사자들 거동보소 연직사자 월직사자 일직사자 시직사자 사직사자 저승사자 오계다리 밖에서고		사자들 거둥보소 연직사자 월직사자 일직사자 시직사자 저승사자 흑헤사자 흑헤리는 문밖에 스(서)고
이승사자 강림도량 문안에 들어서서	이승사자 강임도량	이승사자 강림도령 영문안에 들어서서
천둥같이 호령하며 성명삼자 불러내어 어서나오소		
바삐가세 뉘 분부라서 거역하며 뉘 분부라 지체하랴		
팔뚝같은 쇠사슬로 망자씨의 실날같은 목을 잡아 끌어내니	시계 팔둑갓튼 쇠사실노 실낫갓튼 목을 울거 끌어내며 밧삐나거와 둘거와 하난소리	팔뚝같은 쇠사슬로 망자씨 실날같은 목을 읽어 철채鐵策로 두다리니
인간하직 망극하다 망자씨가	하릴없이 저승길을 가려하고	정신조차 암암하다

236

이내황 본	한응회 본	박필관 본
위령에 하릴없이 저승길을 가려하고		위上 영令이라 할 일 없어 저승길을 갈려하구
구사당에 하직하고 신사당에 허배하고	구사당 재배하고 신사당 허배하고	고사당告祠堂에 배설排設하구 신사당神祠堂에 하직하구
집안을 둘러본뒤	방안의 ○○두고 먹던 ○의 본의 디고 분우의 귀띔하고	
부모형제 이별하고 일가친척 작별하고		부모동생 일가친척 좋은친구 다버리구
대문을 썩나서니		방안에다 수저두구 먹던 술 보헤찌구 개 불러 정설허구 마당에다 수레놓구 북망산천을 가려할제
사자님들 거동보소 철주를 둘러메고 두발을 구르면서 어서가자 재촉하네	고대문밖의 썩나슨 해슨사자 그동부 철퇴를 드러메고	사자들 거둥보소 철재를 둘러메구 두 발길을 구르면서
그러면서 사자님들 망자더러 묻는 말이 망자씨의 부모형제 처가권속은 있겠거니와 일가친척 친구들도 많이있소 하고 물으니	망자씨을 연우면서 하난말이 그대 부모동생인나 이 망자씨 있는 말이 음우히 그러면 일가권속 삼사오육촌도 음노라 그러호맨 망자씨 임고가는 웃은 뉘아 허대 쥬던이가 망자씨 애원이 이웃 면권당이하여	망자씨에 이르는 말이 부모동생 있나이까
망자씨 정신이 혼미한중 애원이도 이르되 아무도 없거니와 사자님은 무슨 연고로 묻습니까 하고물으니	사자임네 문난연고는 무삼연고로	망자씨 속여 이르는 말이 부모 동생도 없노라 그러하오면 백연체관百緣諦觀이나 남녀간 자식이나 있나이까 남녀간 자식도 없노라 그러하오면 삼사오륙 칠판촌이나 있나이까 삼사오류 칠판촌도 없노라 그러하오면 망자씨 입고가는 의복은 누구라 지어주기로 입고가려 하나이까 망자씨 애원히 이르는 말이 이웃집 면권당 할머니가 말어

이내황 본	한응회 본	박필관 본
		주기로 입고가려 하거니와 사자님네 묻는 연고는 무슨 연고로 묻나이까
사자들이 하는 말이 망자씨의 부모형제 처가권속 일가친척 친구들이 구비하게 있다하면 우리가 오가기에 신발도 떨어지고 노자도 다했기로 신발을 얻어신고 노자돈이나 타갈까 하였더니 아무도 없다하니 어서길이나 바삐가자 재촉이 성화같다	사자덜 있는 말이 우리가 질서는 오다 신발도 어더신고 노자나 으더가지고 진자 부모 동생 처자식구 삼사오육 칠촌도 엄다하니 갈길이나 어여 마이 가사이다 재촉이 성화갓튼디	사자들 이르는 말이 망자씨 부모 동생이나 남녀 간 자식이나 백연체관이나 있다하면 우리도 오고가기에 신발도 떨어지고 노자도 진하였기로 신발도 얻어신고 노자도 타가지고 진자리 적회나 주고 가자더니 그대 아무 것도 없다하니 어서 길이나 바삐 가사이다 재촉이 성화같더구나
애고답답 설은지고 심산험로 어이가나 정처없는 길이로다		망자씨 할일없어
눈물짓고 한숨쉬며 사자들을 따라갈새	눈물 한숨 한이 읍시 사즈을 따러	눈물로 열양하구 한숨으로 벗을 삼구 사자들을 따러
주산안산 월산화산을 넘어고 넘어나니 산천은 절승하고 초목은 성쇠로다	주산 안산 월산화산을 넘어갈제 산천은 절승하고 초목은 성림한데	안산 주산 넘어들고 월산 화산 넘어가니 산천은 결성하고 초목은 승세로다
낮에우는 접동새와 밤에우는 두견조는 슬픈심정 돋워내네	나지우는 접동새며 밤의 우는 두견새와	낮에우는 뻐꾹새와 밤에 우는 두견새는 저 망자씨같이 불역이不如歸라
눈물을 흘리면서 한숨으로 벗을삼고 수천리를 가노라니 대산이 가려있네	눈물노 설령하고 한굼으로 이슬삼고 태산이 가려서 신이 으시할줄 몰러	망자씨 사지를 따라 수 천리를 가노라니 대산이 가려 있네
망자씨 사자에게 묻는말이 저산은 무슨산이라 하나이까	망자씨 사자불너 묻던 말이 저산은 무슨 산이라	
사자들 대답하되 저산은 바람도 쉬어넘고 해동청 보라매도 쉬어가고 우리의 석가세존 아미타불 부처님도 머리깎고 쉬어가시던 단발령이오이다	사자덜 있는 말이 그 산은 바람도 쉬어넘고 구름도 쉬어늠고 수진이 날진이 해동청 보라매도 쉬가며 우리 석가세존임도 머리깍고 쉬어가던 단발령이로소이다.	그 산은 바람두 쉬어가구 우리 석가세존 부처님두 머리깎고 쉬어가던 단발령 고개로소이다

이내황 본	한응회 본	박필관 본
망자씨 단발령을 넘어서니 기곤도 자심하다	망자씨 단발령 너머가니 0신 도 가이음네	
부모형제 처자식은 나를보내고 애절하게도 통곡하련만 어이이리도 적막한가	부모동생처자식은 나를 보내고 애절히 통곡하련만은 이 자신 어이이리 적막하고	
청천에 울고가는 저기럭아 너희는 살던곳과 있던곳과 다니던곳을 다보고듣고 알련마는 어이이리도 적막하냐 애원이 통곡하며	청천의 우는 지러기는 나사던 곳을 부텬만은 슬피통곡하매	
그리로 수천리를 가노라니 대강이 막아있네	그럴노가 너탓이 대강이 막히매	망자씨 단발령 고개를 지나 또 수천리를 가노라니 큰 강이 가려 있네
망자씨가 물어보되 이강은 무슨강이라 합니까	망자씨 사자불러 문난말이 저강 이름은 무슨 강이리까 하난	
사자들이 수석강 용안강 삼멸강이라 대답하고	사자덜 있는 말이 그 강을 수석강... 삼멸강이라 하나이다.	큰강 이름은 수척강 용안강 삼멸강이라
혼자서 가라면서 홀연이 사라지니		
망자씨 삼강이 막혀서 어쩔줄몰라 슬피우니	망자씨 그 강 근늘길(건널 길) 음써(없어) 통곡해서	
수사불사 태사관이 그강가에 있다가 망자불러 묻는말이 그대는 어떤연유로 여기와서 슬피통곡 하느냐	그 강가의 水使, 牧使, 太史官이 있어 망자 물어 묻는(묻는) 말이 그대는 어던(어떤) 망자관대 이길로 와서 우난	그 강가에 수사水使 목사牧使 태사관太史官이 있어 망자드라 이르는 말이 네 어인 망자인데 이리 왔느냐, 바른대로 말하여라
망자씨 애절하게 여짜오되 저는본시 해동의 조선국 ㅇㅇㅇ도 ㅇㅇ군 ㅇㅇ면 ㅇㅇ리에 거주하던 ㅇㅇ생 망자로서 저승길을 가읍는데 길이막혀 어쩔줄몰라 우나이다	망자씨 대답하되 모면 모리 모생 망자되어 저승을 가아대 길이 막혀 우나이다	망자씨 애원히 여짜오대 해동 조선국 모지에 거주거생하옵던 망자로서 저승길을 가려다가 길이 막혀 우나이다
태사관 그말듣고 열씨를 세말세되 세흡을 내주며	태사관이 그말듣고 열씨 스말 스되 주매	태사관 거둥보소 열씨(삼씨) 스무말 스되 스홉

이내황 본	한응회 본	박필관 본
		을 내여주며
하는말이 이열씨를 갈아가꾸어 왕성하거든 베어벗기고 열대로 다리를놓고 건너라 분부하니	일던 말이 이 열씨 갈러 크게 둘..	이 열씨를 갈어 길러내여 왕성하거든 비여 베껴서 열대로 다리 놓고 건너가라 분부하니
망자씨 기가막혀 슬피울며 여짜오되 일시일각이 바쁘온데 어느세월에 이열씨를 갈아길러 열대로 다리놓고 건너가라 하나이까	망자씨 대답하되 멍가 밧뿐 길의(바쁜길의) 어이때 열씨 갈러...노코 가다 하나있가?	망자씨 애원히 통곡하며 여짜오되 갈길이 바쁜디 어느 하가何暇이 열씨를 갈어 길어내여 열대로 다리놓고 건너가라 하나이까
태사관 거동보소 이번엔 솔씨를 삼두삼승 삼홉을 내어주며	수자...	태사관 거동보소 솔씨 스말 스되 스홉을 내여 주며
하는말이 이솔씨를 심어길러 원목이 되거든 베어서 배를 지어 건너라고 분부하니	이 솔씨갈어 크거들낭 모와 타고 근너갈라 하니	이 솔씨를 갈어 길러내여 원목되거든 배 지어 타고 건너가라 분부하니
망자씨 더욱더 기가막혀 열씨솔씨를 심지못하고 슬피통곡만 하노라니		망자씨 열씨 솔씨를 갖지 못하구 애원히 통곡하느라니
설렁할미 하얀할미가 그망자를 불쌍히여겨 내달아서		설눙할미 하얀할메가 불쌍하다고
따비로 활활 땅을갈고 열씨솔씨를 훨훨이 삐여주니		따비로 땅을 훨훨 일르고 열씨 솔씨를 삐여주니
망자씨 인간공덕 없었으면 어찌그러 하리요만		망자씨 인간공덕 없으면 그러하라
망자씨 일각이 급한중 강을 건너지 못하고 강만을 바라보며 슬피울기만 하노라니		망자씨 진퇴양난하여 애원통곡하니
이때에 청의동자가 일엽선을 타고나타나	청의동자 일엽선 타고와서	난데없는 청의동자가 편주扁舟 타고 와서
하는말이 그대가 해동의 조선국 ○○○도 ○○군 ○○면 ○○리에 거주하던 ○○	망자씨 물너 문난말이 그대가 해동 조선국 모면 모리 모생	망자씨드라 이르는 말이 그대가 해동 조선국 모지에 거주거생하옵든 모씨 망자씨

240

이내황 본	한응회 본	박필관 본
생 망자입니까		오닛가
그 망자거든 이배에 오르소서	망자여든 이 배에 오르소서 하니	그 망자씨거든 이 배에 오르소서
망자씨 눈물짓고 한숨쉬며 배에오르니	망자씨 배에 오르니 순식간의 강을 근너여 주면을	망자씨 반가와서 배에 올라보니
그배가 화살같아 순식간에 건너편 언덕에 다다라서		그 배 빠르기가 화살 같더구나
청의동자가 망자씨더러 내리라하니		순식간에 언덕에 대여놓고 동자 이로는 말이 망자씨 배에 내리소서
망자씨 배에서 내려 동자에게 묻는말이 동자님은 누구십니까	망자씨 동자불너 문난말이 동자는 뉘라 하신니이가	망자씨 동자더러 이르는 말이 동자는 누구시오니까
청의동자 대답하되 남해용왕의 셋째아들 이온데	청자 대답하되 사해용왕 삼자로서	동자 이르는 말이 나는 남해용왕의 셋째 아들로서
부왕께서 분부하시되 이승의 불쌍한 망자가 길이막혀 슬피울고 있으니 어서가서 건네주라 하시기로 예왔사오니	부왕의 명을 받잡와 망자씨를 근네여싸온데	부왕의 명을 받어 이생의 불쌍한 망자 길이 막혔다하기에 바삐 건너주라 분부하시옵기 건넜아오니
어서빨리 가옵소서 망자씨 또다시 묻는말이 여기서 세왕전까지 가려면 얼마나 되나이까	바삐 길을 가소서 망자씨 동자에게 새로 묻는 말이 에서 세왕을 갈려면 얼마나 되나이까	어서 저승길 가사이다
청의동자 대답하되 육로로 가려면 구만사천리 거리요 수로로 가려면 팔만사천리 거리로되	동자 대답하되 육로로 가려하면 구만사천리요 수로로 가려하면 팔만사천리로	저승길 갈려하면 육로로 가려면은 구만사천리요 수로로 가려면은 팔만사천리로되
수로로는 갈수가 없으니 육로로 가옵소서	수로로는 못가고 육로로 가난이다.	수로로는 못 가고 육로로 가사이다
망자씨 동자를 작별할제 청의동자 다시이르되 그리로 수천리를 가노라면 좌편에 대로가있고 우편에 소로가 있을터이니 좌편대로를 버리	망자씨 동자와 이별하되(*두 줄로 지움) 그리로 수천리를 가노라면 좌편의 대로가 있고 우편의 소로가 있사온대 대로를 발	이리로 수천리를 가노라면 좌편에 대로大路있고 우편에 소로小路 있을테니 좌편 대로를 버리고 우편 소로로 가옵소서

이내황 본	한응회 본	박필관 본
시고 우편소로로 가옵소서	이고(버리고) 소로로 가소서.	
좌편대로는 처음은 길이좋지만 점점갈수록 험악하여 쇠성가시성 칼성을 넘어서 삼천지옥 가는길로써 악한사람을 잡아가는 길이라 그길은 지옥길로써	좌편대로는 츠음(처음) 대로라도 악한 점점갈수록 험하여 칼성가시성 넘어 삼천지옥으로 가는 길이다.	좌편 대로는 악한 사람 잡어가는 길이기로 처음은 대로로되 길이 점점 험악하여 칼성 쇠성 가시성을 넘어서서 삼천지옥으루 가는 길이옵고
그리로 들어가는 죄인망자는 칠월의 백중일이나 한번쯤 세상구경 하거나 말거나 하는 곳이요	그리로 가난 죄인은 칠월 백중 낮이나 세상구경하는 길이요,	
우편소로는 세상의 착한사람을 데려가는 길이온데 하루에 성인군자 한분씩 들어거나 말거나 하는길로써 처음에는 좁고험해도 그길로 점점 들어가면 길이넓고 명랑할 것입니다	우편 소로는 세상의 착한 사람 자버가는 길이 성인군자 한식두의 가거나 말거나 하는 길이기도 츰의난(처음에는) 소로라도 즘즘(점점) 그러가면 길이 발고(밝고) 명낭한대	우편소로는 처음은 소로로되 착한 사람 잡어가는 길이기로 하루에 성인군자 하나씩 들어가거나 말거나 하는 길이오니
은가래에 은줄매고 놋가래에 놋줄매어 청록홍록 후리휘청 매어놓고 오는망자 가는망자 황천길을 닦아보세	은가래 은줄매고 놋가래 놋줄매고 나무가래 집줄매어 청록홍록 후리휘청 매어노코 오는 망자 가던 망자 저승길이나 닥거줍셔	은가래 은줄 매고 놋가래 놋줄 매고 쇠가래 쇠줄 매고
나무아미타불관세음보살 염불노래 부르면서		
협소한길 넓게닦고 굽은길은 곧게닦고 높은곳 밀어다가 깊은곳을 메꾸고 활활이 닦은길로 또수천리를 가노라면	(중략) 십이대왕이 죄인다스리는 소리로다. 망자씨(이하 파손됨)	좁은길은 넓게닦구 굽은길은 곧게높은 디 미루어 깊은 디 메어가며 나무아미타불 소리 주어가며 어진 망자 착헌 망자 황천길을 닦아 주세 활활이 닦은 길로 수천리를 가노라면
좌편에 우물있고 우편에도 우물이 있을테니		좌편에 우물 있고 우편에 우물 있을 테니
어느편 우물이든 망자씨가		좌편 우물 버리고서

이내황 본	한응회 본	박필관 본
선택하여 세모금만 먹고가오 좌편우물을 마시면 여자로 환생하고 우편우물을 마시면 남자로 환생한다 하였으니		우편 우물 먹구가구 좌편 우물 먹으면은 여자 손이 성타 하구 우편 우물 먹으면은 남자 손이 성타하였으니
어느쪽 우물이든 세 모금만 마시면 배도부를 것이요 정 신도 깨끗할 것입니다		우편 우물 세 모금만 더 먹으 면은 배도 부르거니와 정신 두 깨끗할 터이니
그리로 계속해서 가시는중 배가고파도 쪽지꽃도 따먹지 말고 졸리더라도 잠자지말고 졸지도말며 길만보고 계속하 여 가옵소서		가다가 배고파도 쪽찌꽃도 뜯어 먹지 말구 졸지도 말고 자지도 말고 쉬 지도 말고
수천리를 가노라면 또대산이 가로막을 것이니 그산이름은 혈명산이라		수천리를 가노라면 태산이 가려 있네 그 산 이름은 혈명산이라
혈명산하에 석가세존 아미타 불 부처님이 계실터이니		혈명산 하에 우리 석가세존 부처님이 계실테니
그 부처님전 참배하고 염불 하고 가옵소서 나무아미타불 이라하고		그 부처님전에 염불 올리고 가옵소서
나무동방제두뇌타천황보살 나무아미타불,		나무동방비어늑채천왕보살 나무아비타불
나무남방비류늑차천황보살 나무아미타불,		나무서방비어늑채나무아비 타불
나무서방비류박차천황보살 나무아미타불,		나무남방비어늑채나무아비 타불
나무북방비사문천황보살 나 무아미타불,		나무북방비어늑채나무아비 타불
나무중앙황제대변천황보살 나무아미타불		
외우면서 계속하여 수천리를 가노라면 또 대령이 가려있 으니 그 고개명은 어흉재라		염불을 외우고서 또 수천리 를 가노라면 대령大嶺이 막혀 있네

이내황 본	한응회 본	박필관 본
		그 고개는 망자씨가 넘어가는 고개오니
그 고개를 넘어갈적에 어흥 어흥 소리를 두세번만 외치고 넘어가오		그 고개 넘어가실 적에 어흥어흥 소리 이삼십번 하고 가오
어이가리 어이가나 심산험로 어이가나 지칠대로 지친몸을 잠시쉬고 있노라니		망자씨 흉재凶嶺를 넘어서니 정신이 암암하구 기갈이 자심하다 허헤 장탄하는 말이 청천에 뜬 기러기야 너는 있던 곳과 살던 곳과 다니는 곳을 다 알건마는 어이 그리 적막하냐 저승은 어디매고 이승은 어디매냐 우리 고향 산천 부모 형제 처자이며 일가친척들이 나를 보내고서 애원히 통곡하련마는 어이 그리 적막하냐 금의 옥백 좋은 의복 음식 내 문전에 가득한데 먹고가며 쓰고가며 가져가나 못 다 먹고 못 다 입고 못 다 쓰고 이내 망자 황천길이나 닦어주오
홀연이 사자들이 나타났네		
사자님 쉬어가세 힘이들어 못가겠소		
사자님들 들은체도 아니하고 어서어서 바삐가자 재촉하니		
그럭저럭 어흥재를 넘어서 건너산을 바라보니 정신도 암암하고 기곤도 자심하다		
난데없는 검추소리 철석간장 다놀랜다		
정신을 수습하고 사자더러 묻는말이 이것이 웬소리요		

이내황 본	한응회 본	박필관 본
사자들이 이르는말 십이대왕 님 각각이맡은 책임대로 죄 인을 다스리는 소리오이다		
망자씨 애애절절이 눈물지며 한숨쉬고 사자들따라 제일전 진광대왕전 다다르니		눈물로 열양하고 한숨으로 벗을 삼고 사자들을 따러 제일전에 진광대왕秦廣大王 문 전에 다달으니
문지기 내다르며 그대어떤 망자건대 여기왔느냐 바른대 로 아뢰어라 호통하니		문직이 내달으며 네 어인 망자건대 이리 왔느 냐, 바른대로 알외여라
망자씨 애절이 아뢰오되 저 로 말하면 해동의 대한민국 ○○○도 ○○군 ○○면 ○ ○리에 거주하던 ○○생 망 자로서 세왕전에 가려하고 이리로 왔나이다		망자씨 애원히 통곡하며 여 짜오대 해동 조선국 모지에 거주거생 하옵던 모생 망자 로서 세왕+王전을 가려하고 이리 왔나이다
소지일장 받치고 공문한장 받아가지고		성명 삼자 알외고 소지燒紙 일장 바치고 동문通文 한장 받어가지고
제이전 초강대왕 문전에 다 다르니		
문지기 내다르며 그대어떤 망자건대 여기왔느냐 호령이 엄숙하니		
망자씨 선후일장 성명삼자 아뢰고 소지일장 받치고 공 문증명 받아가지고		
그리로서 제삼전 송제대왕 문전을 지나고		제삼전 송제대왕宋帝大王 문 전을 지나가고
그리로서 제사전 오관대왕 문전을 지나고		그로서 제사전 오관대왕伍官 大王 문전을 지나고
그리로서 제오전 염라대왕 문전을 지나고		그리고서 제오전 염라대왕閻 羅大王 문전을 지나고

이내황 본	한응회 본	박필관 본
그리로서 제육전 변성대왕 문전을 지나고		그리고서 제육전 번성대왕 (번성大王) 문전을 지나고
그리로서 제칠전 태산대왕 문전을 지나고		그리고서 제칠전 태상대왕 (태상大王) 문전을 지나고
그리로서 제팔전 평등대왕 문전을 지나고		그리고서 제팔전 평등대왕平 等大王 문전을 지나고
그리로서 제구전 도시대왕 문전을 지나고		그리고서 제구전 도시대왕都 市大王 문전을 지나고
그리로서 제십전 오도전륜 대왕문전을 지나고		그리고서 제십전 전윤대왕轉 輪大王 문전을 지나고
그리로서 제십일전 충정대왕 문전을 지나고		그리고서 제십일전 승관대왕 (승관大王) 문전을 지나고
그리로서 제십이전 왕비대왕 문전을 지나서		그리고서 제십이전 왕비대왕 王府大王 문전을 지나서
세왕궁전에 당도하니		세왕전을 당도하니
사자들 거동보소 망자씨를 새로이 결박하여		거루고각巨樓高閣은 공중 높 이 솟아 있구 별유천지別有天 地에 인간이라 사자들 거동 보소 연직사자 월직사자 일 직사자 저승사자 흑헤사자 망자씨 목을 새로 읽어 세왕 전에 대합하니
세왕전에 아뢰고 대령하여 기다리니 두렵기가 측량없네		
귀면청체 나졸들은 전후좌우 로 벌려서고		
기치창검은 삼엄한데 세왕님 은 용상좌기 하시고		세왕님은 용상좌기龍床坐起 하시고
최판관이 문서잡고 명부의 십이대왕이 열좌한 자리에 남녀망자들 차례차례로 점고 한후 선악을 분별하여 각처 로 보내고나서	최판관이 문서잡고	체판관이 문서 잡고

이내황 본	한응회 본	박필관 본
세왕께서 이망자씨를 향하여 물으시되 저망자야 너는무슨 선심을 하였느냐	+王이 ○○호되 너는 세상에서 무슨 공덕하였간에 이리로 완난야 발른대로 아뢰라	망자씨더러 일으는 말씀이 너 세상에서 무슨 공덕 하였간데 이리 왔느냐
용방비간 본을받아 임금님께 극간하여 나라에 충성하며		
증자왕상 효측하며 혼정신성 늙은이를 공경하고		
형우제공 부화부순 화목하고 붕우유신 하였느냐 바른대로 아뢰어라		
망자씨 애원이도 여짜오되 황홍하와 아뢰올말씀 없나이다		
세왕께서 또물으시되 너그러 하면 무슨공덕 하였느냐		
배고픈이 밥을주어 아사구제 하였느냐		
헐벗은이 옷을주어 구난공덕 하였느냐		
좋은터에 집을지어 행인공덕 하였느냐		
깊은물에 다리놓아 월천공덕 하였느냐		
목마른이 물을주어 급수공덕 하였느냐		
병든사람 약을주어 활인공덕 하였느냐		
높은명산에 불당지어 중생구제 하였느냐		
좋은밭에 원두놓아 만인해갈 시켰느냐		
부처님께 공양드려 염불공덕 하였느냐 바른대로 아뢰어라		
망자씨 여짜오되 웬만한 것		

이내황 본	한응회 본	박필관 본
을 가지고서 하였다한들 했 다고 할수 있사오리까		
세왕께서 또물으시되 너그러 하면 팔도강산 구경하며 왕 도구경도 하였느냐		새로 분부하시옵데 세상에서 팔도강산 구경하였으며 왕도 구경하였으나
망자씨 애원이 여짜오되 애 욕골몰 살림살이 갖은고초 받을적에 어느세월에 승지강 산과 왕도구경을 했사오리까		망자씨 애원히 여짜오데 애욕골목에 사너라니 어찌 팔도강산을 다 구경하였으며 왕도 구경하였아오리까
이리올때에 안산주산 월산화 산을 넘어와서 단발령을 넘 어왔고		이리로 올 제 안산 주산 넘어 서 월산 화산 넘어서 단발령 고개를 지나
수석강 용안강 삼멸강을 건 널적에 남해용왕님 자비하신 덕으로 무사히 건너고		수암강 용암강 삼멸강을 건 너서
혈명산하 석가세존 아미타불 부처님께 참배하옵고		혈명산하 부처님 전에 염불 을 읽고
어흉재를 넘어서 제일전의 진광대왕 제이전의 초강대왕 제삼전의 송제대왕 제사전의 오관대왕 제오전의 염라대왕 제육전의 변성대왕 제칠전의 태산대왕 제팔전의 평등대왕 제구전의 도시대왕 제십전의 오도전륜 대왕님과 제십일전 의 충정대왕 제십이전 왕비 대왕 문전을 지나서 이리로 왔나이다 하고아뢰니		어흉재를 넘어서서 제일전 진광대왕 문전을 지 나서 제십이대왕 문전까지 지나서 이리로 왔나이다 여 짜오니
세왕께서 화안정좌코 새로이 분부하시되 이망자는 세상에 선신공덕도 많이하고 승지강 산과 왕도 많이구경 하였 으니 극락세계로 보내리라		세왕이 또 분부하옵시데 네 그러하였으면 인간에서 부모공양 하였느냐 망자씨 여짜오데 조석으로 시광侍觀은 하였나 이다. 그러하였으면 형제우애 하였으며

248

이내황 본	한응회 본	박필관 본
		일가화목 하였느냐
		망자씨 애원히 여짜오데
		여간 것 가지고 썼은 들 썼다
		고 하오리까
		네 그러하였으면
		인간에서 무슨 공덕하였느냐
		헐벗은 사람 옷을 주어
		무량공덕無量功德 하였으며
		배고픈 사람 밥을 주어
		급수공덕給水功德 하였느냐
		망자씨 애원히 여짜오데
		여간 전곡錢穀 가지고 썼은들
		썼느라고 하오리까
		세왕님이 분부하시데
		이 망자는 세상 구경도 거룩
		하고 공덕도 무량하니
		극락세계로 보내 주라
먼저조문을 보내시고 어주삼 배를 하사하시며 계화를 내 리사 망자씨 머리에 꽂게하 시고 백금포와 옥대를 하사 하사 입게하시고 공경하여 대접하며 분부하시되		먼저 패문牌文을 보내시고 망 자를 당상 위에 올려 앉히고 어주御酒 삼 배를 주시니 망 자씨 받들어 마시고 계화桂花를 내여 주시니 망자씨 머리에 꽂고 공용포衮龍袍를 내여 주시니 망자씨 몸에 입고 옥대玉帶를 주시니 망자씨 허리에 두르고 천리마千里馬를 내여 주니 망자씨 천리마 상上에 뚜렷 이 앉어 극락세계로 가는 거 동이야 당상 추야월에 재봉 이 완연하고 반치화공은 흥 이 영롱한데 청학 백학은 쌍 거쌍화하구 난봉 공작들은 명거명내하구 기린 봉황은 첩첩이 왕래로다 녹수綠水는 진경도秦京道요 청운靑雲은 낙수교洛水橋라 심시화간이 임자혜요 극락세계 석가문이라

이내황 본	한응회 본	박필관 본
		고산 호수 앵무새 날아들고 별유천지 비인간 화류명당 극락세계로다 이리로 가는 망자씨는 옥경선관玉京仙官도 될거시요 왕후장상王侯將相도 될거시며 인도환생人道還生할 마음이면 남의 집 귀문가에 귀동자도 될 것이니 부대부대 편안히 가옵소서
착한망자야 네소원을 말하여라 네원대로 하여주마 극락세계로 가려느냐		
연화대로 가려느냐		
신선제자가 되려느냐		
장생불사 하려느냐		
옥제앞에 신임하여 반화소임 하려느냐		
석가여래 제자되어 석관소임 하려느냐		
선녀차지 선관되어 요지연에 가려느냐		
환생인간 하려느냐		
부귀공명 하려느냐		
남중일색 호풍신에 명문자제가 되려느냐		
삼군사명 총독으로 장수몸이 되려느냐		
팔도감사 육조판서 대신몸이 되려느냐		
수명장수 부귀하여 부자몸이 되려느냐 네원대로 말하여라		
옥제전에 주품하고 석가여래		

이내황 본	한응회 본	박필관 본
아미타불 제도하여 문계하자		
삼신님이 너를다시 점지할제 바삐바삐 제도하라		
극락세계로 천도하니 부디부디 잘가소 망자씨		
극락세계로 가는 거동 참으로 좋을시고		
명부의 십이대왕은 합장하여 축수하고		
삼사자 육사자 삼십사자 삼천수배들 전후로 나열하고		
오색채운 서기가 영롱한데 청학백학은 무상무비 원앙비조는 명거명래며 난봉공작은 쌍거쌍래 기린봉황은 처처에 왕래로다		
백화만발 운심처에 지맥홍진 불면래요 녹음방초 승화시에 노류장화는 처처장이라 녹수는 진경도요 청운은 낙수교라 신취화간 심자희요 극락세계 석가풍이라		
그리로가는 망자씨들은 남녀혼신을 막론하고 소원대로 될 것이니 인간고해 힘들다하여 원통하다 하지말고 악한마음 버리고서 마음닦아 선심하여 극락으로 돌아가면 소원성취 하오리니 부디부디 조심하여 평안히 가옵소서		

참고
문헌

〈문헌자료〉

『高麗史節要』

『大東奇聞』

『東國李相國集』

『眉叟記言』

『三國史記』

『三國遺事』

『世宗實錄地理志』

『新增東國輿地勝覽』

『燃藜室記述』

『慵齋叢話』

『佔畢齋集』

『朝鮮王朝實錄』

〈보고서 및 사전〉

경상북도 상주시, 『상주지』, 1989.

국립문화재연구소, 『한국의 가정신앙』, 경기도편, 2005.

_____, 『한국의 가정신앙』, 강원도편, 2006.

_____, 『한국의 가정신앙』, 충청남도편, 2006.

_____, 『한국의 가정신앙』, 충청북도편, 2006.

_____, 『한국의 가정신앙』, 경상남도편, 2007.

_____, 『한국의 가정신앙』, 경상북도편, 2007.

_____, 『한국의 가정신앙』, 제주도편, 2007.

_____, 『한국의 가정신앙』, 전라남도편, 2008.

_____, 『한국의 가정신앙』, 전라북도편, 2008.

_____, 『한국인의 일생의례』, 충청남도편, 2009.

_____, 『한국인의 일생의례』, 강원도편, 2010.

국립민속박물관, 『한국민속신앙사전』, 무속신앙, 2009.

_____, 『한국민속신앙사전』, 마을신앙, 2010.

_____, 『한국민속신앙사전』, 가정신앙, 2011.

대전광역시사편찬위원회·대전광역시, 『대전민속지』, 1998.

충청남도, 『충청남도지』(민속), 2010.

충청남도·한남대 충청문화연구소, 『도서지』, 1997.

충청매장문화재연구원, 『천안 유통단지 예정 부지 내 문화유산 지표조사 보고서』, 2000.

한글학회, 『한국지명총람』(강원도), 1967.

한남대 박물관, 『대전 석봉정수장 건설사업 부지 내 고고·민속조사보고서』, 1998.

〈경문집〉

김혁제 편, 『소재길상 불경보감』, 명문당, 1965.

김혜승 편, 『해동율경집』, 선문출판사, 1984.

신석봉 편, 『한국전통 무속경』, 한국전통 대전·충청 앉은굿 보존회, 2009.

이무영 편, 『경문요집』, 보련각, 1985.

이윤종 편, 『무속대백과』1, 삼영불교출판사, 1995.

장세일 편, 『경문요집』, 1986.

정종호 외 편, 『경문대요』, 서일, 2007.

최진일 편, 『한국경문대전집』, 대한승공연합회, 1987.

〈학위논문〉

김동국, 「회심곡 연구」, 고려대 박사학위논문, 2004.

김헌선, 「노정기의 서사문학적 변용」, 한국정신문화연구원 석사학위논문, 1989.

나경수, 「제석무가의 연구」, 전남대 석사학위논문, 1982.

박정경, 「회심곡과 서울굿 바리공주의 음악적 비교」, 한국학중앙연구원 박사학위논문, 2017.

박주리, 「한국 저승사자 연구」, 한양대 문화인류학 석사학위논문, 2012.

박혜정, 「충남의 앉은굿 음악 : 안택굿을 중심으로」, 한국학중앙연구원 박사학위논문, 2008.

신상구, 「태안지역 무속문화 연구」, 국제뇌교육종합대학원대학교 박사학위논문, 2011.

신영순, 「조왕신앙 연구」, 영남대 석사학위논문, 1993.

안상경, 「충청북도 무경연구」, 충북대 석사학위논문, 1998.

_____, 「앉은굿 무경연구」, 충북대 박사학위논문, 2006.

오문선, 「충청도 앉은굿 연구 - 충남 부여지역을 중심으로」, 한양대 석사학위논문, 1994.

오선영, 「처녀·총각의 죽음과 그 상례 연구」, 한남대 석사학위논문, 2007.

이관호, 「충남 서해안의 마을공동체 연구 - 홍성지역을 중심으로」, 한양대 석사학위논문, 1992.

_____, 「내포지역 마을신앙의 전승과 변이」, 연세대 박사학위논문, 2008.

이수자, 「제주도 무속과 신화연구」, 이화여대 박사학위논문, 1989.

이용범, 「한국 무속의 신관에 대한 연구 : 서울지역 재수굿을 중심으로」, 서울대 박사학위논문, 2001.

이필영, 「북아시아 샤마니즘과 한국무교의 비교연구 - 종교사상을 중심으로 - 」, 연세대 석사학위논문, 1978.

이필영, 「한국 솟대 신앙의 연구」, 연세대 박사학위논문, 1989.

임승범, 「충남 태안 앉은굿의 「황천해원경」 연구」, 연세대 박사학위논문, 2018.

최 영, 「〈남염부주지〉지옥 형상의 의미와 소설화 방식」, 고려대 석사학위논문, 2016.

최진아, 「무속의 물질문화 연구」, 한국학중앙연구원 박사학위논문, 2008.

〈단행본〉

경기문화재단, 『경기도당굿의 무가』, 『기전문화예술총서』 2, 1999.

고려대박물관, 『조선상고문화의 연구』, 『남창 손진태선생 유고집』 1, 2002.

_____, 『우리의 민속과 역사』, 『남창 손진태선생 유고집』 2, 2002.

구중회, 『옥추경 연구』, 동문선, 2006.

금장태, 『귀신과 제사 - 유교의 종교적 세계』, 제이엔씨, 2009.

김금화, 『김금화의 무가집 - 거므나따에 만신 희나백성의 노래』, 문음사, 1995.

김동국, 『회심곡 연구』, 내일을 여는 지식, 2008.

김영진, 『충청도 무가』, 형설출판사, 1982.

김정희, 『찬란한 불교미술의 세계, 불화』, 돌베개, 2008.

김중묵, 『인과의 세계』, 원불교출판사, 1979.

김진영·홍태한, 『서사무가 바리공주 전집』 1, 민속원, 1997.

김태곤, 『황천무가연구』, 창우사, 1966.

_____, 『한국무가집』 1, 원광대 민속학연구소·집문당, 1971.

_____, 『한국무가집』 2, 원광대 민속학연구소·집문당, 1971.

_____, 『한국무가집』 3, 원광대 민속학연구소·집문당, 1978.

_____, 『한국무속지』 Ⅱ, 경희대 민속학연구소, 1979.

_____, 『한국무가집』 4, 집문당, 1980.

_____, 『한국무속연구』, 집문당, 1981.

김태곤 외, 『한국구비문학개론』, 민속원, 1995.

김헌선, 『서울 진진오기굿 무가 자료집』, 보고사, 2007.

_____, 『서울진오귀굿 - 바리공주연구』, 민속원, 2012.

대순진리회, 『대순회보』 48, 1996.

로저 자넬리·임돈희, 김성철 역, 『조상의례와 한국사회』, 일조각, 2000.

박경신, 『한국의 별신굿 무가』(전12권), 국학자료원, 1999.

박혜정, 『양반고을 양반굿 - 충남의 앉은굿 음악』, 민속원, 2014.

서대석, 『한국무가의 연구』, 문학지성사, 1980.

손진태, 『조선신가유편』(『손진태선생전집』 5, 태학사, 1981), 1930.

_____, 『한국민족문화의 연구』, 을유문화사, 1948.

안상경, 『앉은굿 무경』, 민속원, 2009.

이경수 외 2인, 『금강산 기행가사집』, 강원대출판부, 2000.

이경엽, 『씻김굿 무가』, 박이정, 2000.

이기선, 『지옥도』, 대원사, 1992.

이복규, 『설공찬전 연구』, 박이정, 2003.

이선주, 『한국의 굿 - 서울·인천·경기 편』, 민속원, 1996.

이영금, 『전금순의 무가 전북 씻김굿』, 민속원, 2007.

이창식·안상경, 『충북의 무가·무경』, 충북학연구소, 2002.

이필영·남향, 『논산의 옛길과 그 문화』 I, 논산문화원, 2014.

이필영·오선영, 『서산의 넋 건지기』, 서산문화원, 2015.

이필영·오선영·남향, 『서산의 가정신앙』, 서산문화원, 2017.

이필영·임승범·오선영, 『서산의 법사와 앉은굿』, 서산문화원, 2013.

_____, 『구술생애담에 담긴 태안 법사의 삶과 무속』, 태안문화원,
    2016.

임기중, 『불교가사 원전연구』, 동국대학교 출판부, 2000.

임석재·장주근, 『관북지방무가』, 문화재관리국, 1965.

임승범, 『태안설위설경』, 민속원, 2011.

임재해·한양명, 『한국민속사입문』, 지식산업사, 1996.

장덕순, 『한국구비문학개설』, 일조각, 1971.

장주근·최길성, 『경기도지역무가』, 문화재관리국, 1967.

정구선, 『조선은 뇌물 천하였다 : 뇌물사건으로 살펴본 조선의 정치사회사』, 팬덤북스,
    2012.

정승석, 『간추린 불교상식 100문 100답』, 민족사, 2004.

정종수 외, 『상장례, 삶과 죽음의 방정식』, 두산동아, 2005.

조한욱, 『문화로 보면 역사가 달라진다』, 책세상문고, 2000.

조흥윤, 『한국의 巫』, 정음사, 1983.

_____, 『무와 민족문화』, 민족문화사, 1990.

_____, 『巫 - 한국무의 역사와 현상』, 민족사, 1997.

_____, 『한국의 샤머니즘』, 서울대출판부, 1999.

진성기, 『남국의 무가』, 제주민속연구소, 1968.

최강현, 『한국기행문학연구』, 일지사, 1982.

최길성, 『새로 쓴 한국무속』, 아세아문화사, 1999.

최운식·김정헌·배성진, 『홍성의 무속과 점복』, 홍성문화원, 1997.

최인학·최래옥·임재해, 『한국민속연구사』, 지식산업사, 1994.

최정여·서대석, 『동해안무가』, 형설출판사, 1974.

한국역사민속학회·고려대 박물관, 『남창 손진태의 삶과 학문』, 남창손진태 탄신 100
주년 기념 학술심포지움, 2000.

현용준, 『제주도신화』, 서문당, 1976.

현용준 외, 『제주도 무혼굿』, 열화당, 1985.

홍태한, 『서사무가 바리공주 연구』, 민속원, 1998.

_____, 『한국서사무가연구』, 민속원, 2002.

_____, 『한국의 무가』(전8권), 민속원, 2004~2016.

_____, 『한국서사무가의 유형별 존재양상과 연행원리』, 민속원, 2016.

홍태한 외, 『바리공주전집』(전4권), 민속원, 1997~2001.

〈논문〉

강진옥, 「〈차사본풀이〉의 서술구조와 의미지향」, 『비교민속학』 43, 비교민속학회, 2010.

강진옥, 「저승여행담을 통해 본 제주도 무가 헤심곡과 차사본풀이의 관계양상」, 『구비
문학연구』 39, 한국구비문학회, 2014.

_____, 「〈신무염불〉에 나타난 강림차사의 인물형상과 그 형성배경」, 『국어국문학』
172, 국어국문학회, 2015.

_____, 「동해안 무가 신무염불의 회심곡 수용과 변용 연구」, 『비교민속학』 57, 비교
민속학회, 2015.

곽정식, 「저승설화의 전승 양상과 현실주의적 성격」, 『어문학』 101, 한국어문학회, 2008.

권태효, 「우물의 민속, 그 신화적 상징과 의미」, 『생활문물연구』 16, 국립민속박물관,
2005.

금장태, 「조상숭배의 유교적 근거와 의미」, 『한국문화인류학』 18, 한국문화인류학회,
1986.

김경숙, 「조선시대 유배형의 집행과 그 사례」, 『사학연구』 55·56, 한국사학회, 1998.

_____, 「[옛 길을 따라] 조선시대 유배길」, 『역사비평』 67, 역사문제연구소, 2004.

_____, 「17세기후반 유생 이필익의 유배생활」, 『한국문화』 38, 서울대 규장각 한국학
연구원, 2006.

김국희, 「조선후기 야담에 나타나는 노구의 특징과 의미」, 『한국문학논총』 70. 한국문

학회, 2015.

김기종, 「조선후기 문학작품의 지옥 형상화와 그 성격」, 『동양고전연구』 66, 동양고전
　　학회, 2017.

김나영, 「설화 속에 나타난 죽음과 그 극복 양상 연구 - 재생 설화를 중심으로」, 『돈암
　　어문학』 10, 돈암어문학회, 1998.

김난옥, 「[역비논단]고려시대 유배길」, 『역사비평』 8월, 역사비평사, 2004.

김도현, 「마을신앙에서 조상 숭배 양상」, 『역사민속학』 50, 한국역사민속학회, 2016.

김동국, 「회심곡 발생고」, 『우리어문연구』 21, 우리어문학회, 2003.

김명자, 「가신신앙의 성격과 여성상」, 『여성문제연구』 13, 효성여대 한국여성문제연구
　　원, 1983.

_____, 「독석마을에서 본 오구굿과 사혼」, 『한국무속학』 2, 한국무속학회, 2000.

김은희, 「〈사재삼성거리〉의 굿놀이적 성격 연구」, 『한국학연구』 27, 고려대 한국학연
　　구소, 2007.

김의환, 「조선 중기의 유배형과 유배생활」, 『역사와 실학』 44, 역사실학회, 2011.

김정숙, 「한중 저승체험담 속 저승 묘사와 사상적 경향 비교」, 『민족문화연구』 59, 고
　　려대 민족문화연구원, 2013.

김정숙, 「조선시대 저승체험담 속 죽음과 환생의 이념성」, 『journal of Korean Culture』
　　29, 한국어문학국제학술포럼, 2015.

김정화, 「유배가사〈북정가〉연구」, 『영남대 민족문화연구소 학술대회』, 영남대 민족문
　　화연구소, 2013.

김태곤, 「황천무가의 사상성고」, 『민족문화연구』 2, 고려대 민족문화연구원, 1966.

_____, 「황천해원풀이」, 『국어국문학』 39·40, 국어국문학회, 1968.

김태훈, 「죽음관을 통해 본 시왕신앙」, 『한국종교』 33, 원광대 종교문제연구소, 2009.

김헌선, 「제주도〈조상신본풀이〉의 신화적 성격과 역사적 의의」, 『한국무속학』 11, 한
　　국무속학회, 2006.

김　현, 「귀신」, 『조선유학의 개념들』, 한국사상사연구회, 예문서원, 2002.

김형근·김헌선, 「제주도 무속신화〈차사본풀이〉연구」, 『정신문화연구』 31, 한국학중
　　앙연구원, 2008.

김화경, 「차사 본풀이의 구조 분석」, 『인문연구』 14, 영남대 인문과학연구소, 1993.

류동식, 「한국의 기독교와 조상숭배 문제」, 『신학논단』 17, 연세대 연합신학대학원,

1987.

문현공, 「불교와 유교의 죽음관에 대한 고찰」, 『철학사상문화』 24, 동국대 동서사상연 구소, 2017.

민정희, 「16세기 이문건 가와 무녀 추월의 단골관계 - 묵재일기를 중심으로」, 『역사연 구』 24, 역사학연구소, 2013.

박관수, 「당골 성덕례 집안의 무경」, 『한국무속학』 14, 한국무속학회, 2007.

박성호, 「고문서 패자에 관한 고찰 - 패자의 유형과 성격 고찰을 중심으로」, 『국학연구』 15, 한국국학진흥원, 2009.

박정경, 「회심곡과 서울굿 바리공주의 음악적 비교」, 『한국민요학』 32, 한국민요학회, 2011.

서경호, 「고대 중국에서의 소설적 서사의 형성과정 - 저승사자의 이야기를 중심으로」, 『동양학』 28, 단국대 동양학연구소, 1998.

서대석, 「경무고」, 『한국문화인류학』 1, 한국문화인류학회, 1968.

_____, 「한국무가의 연구」, 『한국민속연구사』, 지식산업사, 1994.

소인호, 「저승체험담의 서사문학적 전개」, 『우리문학연구』 27, 우리문학회, 2009.

손인애, 「20세기 전반기<회심곡>의 전승양상」, 『한국민요학』 37, 한국민요학회, 2013.

심일종, 「유교 제례에 담긴 조상 인식의 다면성 연구」, 『역사민속학』 50, 한국역사민 속학회, 2016.

심재우, 「19세기 전반 평안도 지역 유배인의 성격과 유배행정」, 『한국문화』 59, 서울 대 규장각 한국학연구원, 2012.

안병국, 「저승설화 연구」, 『우리문학연구』 16, 우리문학회, 2003.

_____, 「저승 관념에 관한 비교문화적 고찰 - 저승설화연구를 위한 시론」, 『한국사상과문 화』 26, 한국사상문화학회, 2004.

안상경, 「무경의 사상적 원류」, 『한국무속학』 10, 한국무속학회, 2005.

_____, 「무경의 병렬 구조와 운용 원리 연구」, 『충청문화연구』 14, 충남대 충청문화 연구소, 2015.

안창수, 「<남염부주지>의 작품세계와 의미」, 『한민족어문학』 53, 한민족어문학회, 2008.

양종승, 「대전굿의 경문」, 『한국무속학』 창간호, 한국무속학회, 1999.

_____, 「전북의 독경」, 『한국무속학』 12, 한국무속학회, 2006.

윤동환, 「동해안 굿에서의 오구굿이 지니는 의의」, 『한국학연구』 26, 고려대 한국학연구소, 2007.

윤이흠, 「무속신화의 구조에 관한 연구」, 『한국사상연구』, 한국정신문화연구원, 1983.

이강옥, 「저승생환담의 서사적 특징과 죽음명상 텍스트로서의 가능성」, 『우리말글』 63, 우리말글학회, 2014.

이경화, 「겸재의 신묘년 풍악도첩 1711년 금강산여행과 진경산수화의 형성」, 『미술사와 시각문화』 11, 사회평론, 2012.

이기형, 「복술가 윤석중의 삶과 무경巫經의 성격」, 『비교민속학』 29, 비교민속학회, 2005.

이수자, 「구비문학 연구의 성격과 의의」, 『남창 손진태의 삶과 학문』, 남창손진태 탄신 100주년 기념 학술심포지움, 한국역사민속학회·고려대 박물관, 2000.

이영수, 「저승설화의 전승 양상에 관한 연구」, 『비교민속학』 33, 비교민속학회, 2007.

이용범, 「한국무속에 있어서 조상의 위치」, 『샤마니즘연구』 4, 한국샤마니즘학회, 2002.

_____, 「한국무속의 죽음이해 시론」, 『한국학연구』 38, 고려대 한국학연구소, 2011.

이채원, 「조상신앙의 지역적 양상과 성격에 관한 시험적 고찰」, 『지방사와 지방문화』 12, 역사문화학회, 2009.

이필영, 「북아시아 샤마니즘과 한국무교의 비교연구 - 종교사상을 중심으로 -」, 『백산학보』 25, 백산학회, 1979.

_____, 「조선후기의 무당과 굿」, 『정신문화연구』 53, 한국정신문화연구원, 1993.

_____, 「가을떡과 안택 : 충청지방을 중심으로」, 『한국문화연구』 1, 이화여대 한국문화연구원, 2001.

_____, 「民俗의 持續과 變動 : 出産儀禮 중의 安胎를 중심으로」, 『역사민속학』 13, 한국역사민속학회, 2001.

_____, 「충남지역 가정신앙의 제 유형과 성격」, 『샤머니즘연구』 3, 샤머니즘학회, 2001.

_____, 「우물 신앙의 본질과 전개 양상」, 『역사민속학』 26, 한국역사민속학회, 2008.

_____, 「대전·충청남도 일생의례의 특징」, 『한국인의 일생의례 - 충남편』, 국립문화재연구소, 2009.

_____, 「충남지역 성주신앙의 존재 양상」, 『역사민속학』 34, 한국역사민속학회, 2010.

임승범, 「충청지역의 종이무구」, 『한국무속학』 13, 한국무속학회, 2006.

_____, 「성주신앙의 지역별 양상과 그 의의」, 『지방사와 지방문화』 12, 역사문화학회,

2009.

임승범, 「충청굿의 설경 연구」, 『한국무속학』 18, 한국무속학회, 2009.

장남혁, 「무속신앙의 사령관 연구 - 진오귀굿의 상징분석을 중심으로」, 『종교학연구』 6, 서울대 종교학연구회, 1987.

장주근, 「조상숭배에 대한 종합적 고찰 - 무속의 조상숭배」, 『한국문화인류학』 18, 한국문화인류학회, 1986.

정구선, 「조선 전기 청탁관행 연구」, 『경주사학』 35, 경주사학회, 2012.

정병석, 「儒家의 죽음관」, 『민족문화논총』 58, 영남대 민족문화연구소, 2014.

정연식, 「조선시대의 유배생활」, 『인문논총』 9 서울여대 인문과학연구소, 2002.

정환국, 「17세기 이후 귀신이야기의 변모와 '저승'의 이미지」, 『고전문학연구』 31, 한국고전문학회, 2007.

조상우, 「『저승전』연구」, 『동양고전연구』 14, 동양고전학회, 2000.

조재현, 「古典小說에 나타나는 저승계 연구」, 『어문연구』 35, 한국어문교육연구회, 2007.

조흥윤, 「雜鬼雜神 연구」, 『종교신학연구』, 서강대 비교사상연구원, 1988.

_____, 「한국지옥연구 - 巫의 저승」, 『샤머니즘연구』 1, 샤머니즘학회, 1999.

주강현, 「죽음이란 무엇인가」, 『상장례, 삶과 죽음의 방정식』, 두산동아, 2005.

지병규, 「회심곡의 연구」, 『어문연구』 21, 어문연구학회, 1991.

최 준, 「니샨 사먼의 저승 여행」, 『동아시아 고고학』 21, 동아시아고고학회, 2010.

최광식, 「삼국사기 소재 노구의 성격」, 『사총』 25, 고려대 역사연구소, 1981.

최길성, 「바리공주 신화의 구조분석」, 『한국무속연구』, 아세아문화사, 1978.

최래옥, 「저승설화연구」, 『국어국문학』 93, 국어국문학회, 1985.

최운식, 「충남 홍성지역 '보살'과 '법사'의 성격과 실상」, 『한국무속학』 4, 한국무속학회, 2002.

최종성, 「용부림과 용부림꾼 - 용과 기우제」, 『민속학연구』 6, 국립민속박물관, 1999.

최진아, 「무속의 죽음의례 상징물이 갖는 의미」, 『비교민속학』 56, 비교민속학회, 2015.

하명렬, 「음양오행과 천간지지의 사주명리적 관점에 관한 고찰」, 『인문사회』 21, (사)아시아문화학술원, 2016.

허순우, 「국문 번역본 〈설공찬전〉에 반영된 사생관 고찰」, 『한국고전연구』 21, 한국고전연구학회, 2010.

홍사용, 「〈저승길〉 연구」, 『동양학』 46, 단국대 동양학연구소, 2009.

홍태한, 「한국 무가에 나타난 저승」, 『한국문화연구』 3, 경희대 민속학연구소, 2000.

_____, 「진오기굿의 뜬대왕과 사재삼성거리 무가 연구」, 『구비문학연구』 19, 한국구

비문학회, 2004.

_____, 「군웅의 의미와 지역별 망자천도굿의 구조 비교」, 『비교민속학』 32, 비교민속

학회, 2006.

_____, 「서울 진오기굿 〈바리공주〉의 저승관과 그 의미」, 『한국학연구』 27, 고려대

한국학연구소, 2007.

황경숙, 「동남해안지방의 전통적 조상숭배신앙연구」, 『한국문학논총』 32, 한국문학회,

2002.

〈번역서〉

김시습, 이지하 역, 『금오신화』, 민음사, 2009.

이능화, 서영대 역주, 『조선무속고』(1927), 창비, 2008.

이능화, 이종은 역, 『조선도교사』(1959), 보성문화사, 1996.

일   연, 리상호 역, 『신편 삼국유사』, 신서원, 1960.

정약용, 남만성 역, 『목민심서』, 삼중당, 1986.

최남선, 문성환 역, 『금강예찬』, 경인문화사, 2013.

赤松智城·秋葉隆, 심우성 역, 『朝鮮巫俗の硏究』 上(1937), 동문선, 1991.

_____, 『朝鮮巫俗の硏究』 下(1938), 동문선, 1991.

村山智順, 노성환 역, 『조선의 귀신』(1929), 민속원, 2019.

村山智順, 최길성·박호원 역, 『朝鮮の巫覡』(1932), 민속원, 2014.

秋葉隆, 최길성 역, 『朝鮮巫俗の現地硏究』(1950), 계명대 출판부, 1987.

A. VanGennep, 전경수 역, 『통과의례』(1909), 을유문화사, 1985.

Clifford Geertz, 문옥표 역, 『문화의 해석』, 까치, 2009.

Michel Foucault, 심세광 역, 『주체의 해석학』, 동문선, 2007.

N.K. 샌다즈, 이현주 역, 『길가메시 서사시』, 법우사, 1978.

문화와
역사를
담 다
0 2 9

해원을 위한 저승길 여정

초판1쇄 발행 2021년 5월 31일

지은이 임승범
펴낸이 홍종화

편집 · 디자인 오경희 · 조정화 · 오성현 · 신나래
          박선주 · 이효진 · 최지혜 · 정성희
관리 박정대 · 임재필

펴낸곳 민속원
창업 홍기원
출판등록 제1990-000045호
주소 서울 마포구 토정로25길 41(대흥동 337-25)
전화 02) 804-3320, 805-3320, 806-3320(代)
팩스 02) 802-3346
이메일 minsok1@chollian.net, minsokwon@naver.com
홈페이지 www.minsokwon.com

ISBN   978-89-285-1606-3
S E T   978-89-285-1272-0   94380